_____ 님에게 감사의 마음을 담아

이책을 드립니다.

2024 개정세법 반영

은퇴와 자산이전 CEO 자산관리 이야기

저자 **김기홍 김정훈**
감수 **정원준 세무사**

 도서출판 **위**

머리글

'은자씨 이야기'는 재무설계관련 업무를 20년이상 수행하는 저자들이 다양한 고객과 상담하면서 경험한 것을 바탕으로 작성되었다. 고객에게 가장 하고 싶었던 얘기, 고객들이 꼭 알았으면 하는 얘기를 중심으로 **'은퇴와 자산이전(상속증여), CEO자산관리'**에 관한 3가지 주제를 다룬 책이다.

'누구나 피할 수 없는 두 가지는 바로 죽음과 세금'이라고 말한다. 그러나 죽음에 앞서 누구에게나 닥치고 피할 수 없는 것이 있으니, 그것은 바로 '은퇴 & 노후생활'이라는 것이다. 또한 죽음과 더불어 발생하는 것이 있으니, 그것은 '상속'이라는 사실이다. 죽음 즉 사망이라는 것은 일순간의 일이지만 '은퇴와 노후생활'은 장기간에 걸쳐 본인의 삶에 영향을 주는 새로운 인생의 시작점이고, 상속은 인생을 마친 후 유가족의 남은 삶에 많은 영향을 미치는 중요한 유산이고, 유족에겐 또 다른 시작점인 것이다. 멀리 있는 일이고, 미래에 발생할 일이라 소홀하기 딱 좋은 사항들이다. 하지만 무방비 상태에서 그 시기를 맞이할 땐 엄청난 일들이 발생한다는 사실을 저자들은 경험했다. 그래서 은퇴와 노후생활, 상속에 대비하기 위해 반드시 알고 있어야 할 것들에 대해 얘기하고 싶었다.

1편에서는 은퇴 후 노후생활과 가장 밀접한 관련이 있는 연금과 건강보험료 얘기를 다뤘으며, 2편에서는 상속과 증여에 있어서 세금과 절세방안 관련 내용을 상세하게 다루었다. 그리고 3편에서는 오직 현재의 일에만 매달리다가 안타까운 현실에 직면한 수 많은 중소법인 CEO들과 상담경험을 바탕으로 'CEO 자산관리방안'에 대한 내용을 다루었다. 중소법인 CEO가 반드시 알아야 할 사항들, 미리 준비해야 할 기본적인 내용들로 기업과 자신, 가족을 지키는 방법을 다뤘다.

사람들은 세금에 대해 어렵게 생각하고 멀리하는 경향이 있지만 이 책에는 세금과 관련된 많은 내용들이 담겨있다. 현재와 미래의 자산(삶)을 부유하게 만들고 싶다면, 현재와 미래의 자산(삶)을 유지하고 싶다면, 현재와 미래의 자산(삶)을 자녀들에게 잘 물려 주고 싶다면 세금에 관심을 가져야 한다. 내가 무관심한 것에 대해 '그 누구도 나보다 더 관심 갖고 해결해 주지 않는다'. 그래서 독자들이 필요한 부분만 볼 수 있도록 목차에 상세목록을 기재하여 어렵고 복잡한 세금에 쉽게 접근할 수 있도록 했다. 틈틈이 궁금한 부분만 발췌하여 읽고, 자세한 내용은 해당 전문가에게 질문해 봐라. 당신의 관심만큼 조언하고 도움을 줄 것이다. 질문하고 묻지 않는 것에 대해 답을 주는 사람은 많지 않다는 것을 꼭 기억했으면 한다.

은자씨 이야기는 20년간 재무설계 상담에 함께했던 '고객들의 고민과 질문에 대한 해답을 찾는 과정의 산물'로 그분들께 먼저 감사함을 전한다. 더불어 고객의 다양한 문제 해결을 위해 함께했던 Financial Advisor 동료들, 그리고 책의 완성도를 위해 애써주신 '도서출판 위'의 대표님과 직원들께 감사드린다. 끝으로 항상 함께하며 응원해준 가족들에게 감사하며, 이 책을 대하는 모든 사람들에게 평안과 좀더 나은 미래가 펼쳐지길 소원해 본다.

PART 3 | CEO자산관리

Part : 1

인간은 태어나서 성장의 시기를 거쳐, 다음 세대를 위한 헌신의 삶을 살다가 죽음이라는 삶의 마침표를 찍게 된다. 하지만 태어난 후 성장과 헌신의 시기를 겪은 후 갑자기 죽음을 맞는 것이 아니고 쇠퇴의 시기를 겪게 된다. 쇠퇴기는 삶의 정점을 지나 은퇴와 노후 생활을 의미하기도 하지만 삶에 있어서'나를 위한 가장 중요한 시기'로 새로운 삶의 시작점이다. 따라서 새로운 삶의 시작점인 은퇴와 노후생활에 대한 철저한 준비가 필요하겠다.

은퇴 후 노후생활은 재무적인 경제적 준비뿐만 아니라 비재무적인 부분에 대한 준비 역시 대단히 중요하다. 은퇴와 노후 생활 이야기 편에서는 은퇴준비의 핵심사항이라 할 수 있는 3층연금과 세금, 노후 지출의 큰 부분을 차지하는 건강보험료 관련내용과 필자가 언론에 기고했던 은퇴생활 준비에 관한 내용을 수정 보완하여 실었다.

은퇴와 자산이전 CEO자산관리 이야기

Part 1

은퇴와 노후생활

1장

연금과
건강보험
이야기

연금과 건강보험 이야기

01.

연금소득의 종류에 대하여 알고 싶습니다.

50대 부부입니다. 남편은 회사원으로 연금저축과 국민연금, 퇴직연금을 가입하고 있으며, 저는 공무원이고 보험회사에 연금보험을 가입하고 있습니다. 연금의 종류와 차이점이 무엇인지 궁금합니다.

연금의 종류가 다양하다 보니 그로 인해 혼란을 겪는 고객이 많다. 그 중에서도 연금으로 인한 가장 큰 불만은 세제 혜택을 받기 위해 상품에 가입했으나 세액 공제를 받지 못하거나, 중도해지 또는 연금 수령시 예상치 못한 세금부담 문제일 것이다. 특히 국가에서 관리하는 공적연금이 아닌 개인적으로 가입한 연금에서 이런 문제가 많이 발생한다. 연금은 납입시 세제 혜택을 받는 상품과 그렇지 못한 상품으로 크게 나눠볼 수 있다. 따라서 연금상품을 가입할 때는 납입시 세제혜택이 있는 상품인지 아닌지 여부를 반드시 확인해야 한다. 특히 연금보험 가입시에는 더욱 주의가 필요하다. 연금보험 가입시에는 '보험료 세액 공제 혜택이 있는 상품인지'? 아니면 '10년

유지시 비과세 혜택이 있는 상품인지'?'를 정확히 파악하고 가
입하는 것이 중요하다.

연금의 종류는 어떻게 되는가?

공적연금은 국민연금, 공무원연금, 사학연금, 군인연금 등
으로 분류되며, 사적연금계좌는 연금저축계좌와 퇴직연금계
좌로 구분되어 진다. 연금저축계좌는 금융기관에 개인이 가
입하는 것으로 연금저축보험, 연금저축신탁, 연금저축펀드가
있다. 퇴직연금계좌는 확정급여형 퇴직연금계좌(DB)와 확정
기여형 퇴직연금계좌(DC), 개인형 퇴직연금계좌(IRP)등으로
구분해 볼 수 있다. 또한 보험사의 일반 연금보험은 개인이 준
비하는 노후상품으로 일정 요건 충족시 비과세 되기도 한다.

공적연금소득의 과세 방법은 어떻게 되는가?

공적연금은 공적연금관리공단의 해당 간이세액계산표에
따라 연금 지급시 원천 징수를 하며, 공적연금 소득만 있는 경
우에는 연말정산으로 납세 의무는 종결된다. 다만, 공적연금
과 다른 소득이 추가로 있는 경우에는 종합과세하기에 매년 5
월 종합소득세 신고를 추가로 해야 한다.

사적연금의 과세 방법은 어떻게 되는가?

사적연금계좌에 납입한 금액 중 세액 공제를 받지 않은 부분에 대하여서는 세금을 부과하지 않는다. 세액 공제를 받은 부분에 대해서는 연금 수령시에는 5.5~3.3%의 세금을 과세하며, 연금외 수령시에는 기타소득으로 보아 16.5%로 분리과세 하게 된다.

다만, 퇴직금을 연금으로 수령하는 경우에는 퇴직소득세로 납부할 세금을 연금 수령 기간 동안에 나누어 납부하게 되는데, 퇴직시 계산된 소득세의 70%~60%를 납입하게 되기 때문에 세금 측면에서 절세가 가능하다. 다만 일시 수령시에는 퇴직소득세 전액을 납부하게 된다.

대분류	공적연금	사적연금				기타
소분류	국민연금 공무원연금 사학연금 군인연금	연금저축 계좌	퇴직연금계좌		과학 기술인 공제계좌	연금보험
		보험, 신탁, 펀드	DC. IRP	DC. IRP		
			개인 납입분	회사 납입분		
납입시 혜택	소득공제	세액공제	세액공제	–	세액공제	–
연금 수령시 세금	연금 소득세	연금 소득세	연금 소득세	연금 소득세 (70~60%)	연금 소득세	요건 미충족시 는 이자 소득세 부과(충족시 비과세)

연금과 건강보험 이야기

02.

절세와 투자, 노후 자금확보 1석 3조의 연금계좌 활용하기

이제 갓 직장생활을 시작하는 사회 초년생, 노후 준비를 위해 지금부터 연금 가입해야 하나요? 빨리 돈을 모아 결혼도 해야 하고, 주택마련이 우선이지 않나요?

20대, 30대에게 노후는 까마득히 먼 일이고, 남의 일 정도로 생각될 수 있다. 너무 먼 일이라는 것 때문에 체감하기가 쉽지 않기 때문이다. 하지만 노후는 누구에게나 반드시 다가오는 현실이라는 것이다. 마냥 젊음이 있는 오늘이 될 수 없다. 따라서 연금계좌를 활용하면 절세를 통해 저축액을 늘릴 수 있고, 다양한 상품 선택을 통한 투자의 수단으로 활용할 수 있고 미래의 노후 준비를 할 수 있는 일석 삼조의 효과를 거둘 수 있다.

사적 연금계좌는 연금저축계좌와 퇴직연금계좌((확정기여형 퇴직연금계좌, 개인형 퇴직연금계좌(IRP, Individual Retirement Pension))를 말하며, 국가에서는 적극적으로 개인의 노후 준비를 장려하고 지원하기 위해 세제 혜택을 부여하고 있다. 특히 2023년 세법개정으로 인해 세액공제를 통한 절세 효과가 증대 되었는데 연금저축계좌와 IRP에 납입한 금액의 최대 900만원까지 세액공제 혜택이 주어진다. 다만, 연금저축계좌에 납입한 금액은 최대 연 600만원 이내만 세액공제가 적용됨에 유의해야 한다. 최대 900만원까지 세액공제를 받기 위해서 연금저축계좌에 600만까지만 납입하고 나머지 금액은 IRP계좌에 납입하거나, IRP계좌에 900만원 전부를 납입해도 가능하다.

사적 연금계좌의 절세 효과는 얼마나 될까?

세액 공제를 해준다는 것은 개인이 내야 할 소득세에서 일정액을 공제해 준다는 것을 의미한다. 예를 들어 납부해야 할 세금이 500만원일 경우 100만원의 세액 공제를 받게 되면 개인이 실제 납부하는 세금은 400만원이 된다. 따라서 20%인 100만원의 절세 효과를 누리게 되는 것이다. 사적연금 계좌를 활용할 경우 세액 공제율은 소득에 따라 13.2% 또는 16.5%를 적용 받게 된다. 총급여 5500만원 이하의 근로소득자가 연금계좌에 900만원을 납입할 경우 세액 공제율은 16.5%로 148만 5천원의 절세 효과가 있는데 본인이 내야 할 소득세에서 차감해준다. 또한 총급여 5500만원 초과하는 근로소득자가 최대 900만원을 연금계좌에 납입할 경우에는 13.2%인 118만 8천원의 세액공제 받게 되어, 그에 해당하는 만큼의 세금을 절세할 수 있는 것이다. 결국 **연금계좌를 활용하는 것은 최대 연 16.5%의 수익이 발생하는 금융상품에 가입하는 것과 같은 효과**가 있게 된다.

〈사적 연금 계좌 세제 혜택〉

총급여 (종합소득금액)	세액공제 납입한도 (연금저축계좌 한도)	세액공제율	최대 절세효과
5500만원 (4500만원)이하	900만원 (600만원)	16.5%	148.5만원
5500만원 (4500만원)초과		13.2%	118.8만원

〈총급여: 급여 소득자, 종합소득금액: 급여소득자 외〉

절세한 만큼 추가 저축여력이 발생하게 되는 것이다. 즉 연금계좌를 가입하는 경우에 연금계좌를 가입하지 않은 사람보다 연간 최대 148.5만원을 더 저축할 수 있는 소득이 발생하는 것과 다름없다. 결국 소비가 동일할 경우를 가정하면 연금계좌 미 가입자보다 많은 자금을 미래에 확보 할 수 있게 된다.

연금저축과 IRP 상품은 어떻게 활용하면 좋을까?

연금저축의 대표 상품은 연금저축보험과 연금저축펀드가

있다. 연금저축보험의 경우 가입 초기 환급율이 낮은 반면에 장기적으로 환급율이 높아지는 안정성과 연금 수령시 종신토록 연금수령이 가능하다는 장점이 있다. 반면 연금저축펀드는 높은 수익률을 추구 할 수 있지만, 시장 환경에 따라 수익률 변동의 리스크를 감내해야 한다. 또한 종신으로 연금 수령은 불가능하고 일정기간 안에서만 연금수령이 가능하다는 단점이 있다. 다만, 연금저축보험과 연금저축펀드 간 자유롭게 이동이 가능하기에 시장과 개인의 상황에 맞게 유연하게 활용하는 것이 필요하다.

IRP상품의 경우는 원금보존이 되는 은행 저축 상품과 펀드 등 투자형 상품에 분산 투자도 가능하다. 따라서 **본인의 성향에 맞게 비율을 조정하여 투자 할 수 있고 상품을 자유롭게 변경하거나 교체하여 투자**할 수도 있다.

〈연금저축상품의 일반적 특징〉

구분	연금저축펀드	연금저축보험
수익성/안정성	수익성 중시	안정성 중시
원금보장	×	○
중도인출	○	×
수수료(적립금 증가시)	증가	감소
연금수령기간	확정기간	확정기간, 종신

연금과 건강보험 이야기

03.

퇴직금과 퇴직연금제도 알아보기

근로 소득자입니다. 퇴직급여 관련하여 퇴직금제도와 퇴직연금 제도 (DB, DC, IRP)가 있는데 그 차이점이 무엇인지 궁금 합니다.

퇴직금 제도는 2010년 모든 사업장에 도입되었다. 하지만 퇴직금 제도는 일시금 지급이 대부분이었고, 중간정산 등으로 인출이 빈번하여 노후 소득을 보장하는 기능으로는 미흡하였다. 또한 회사가 도산할 경우 근로자의 퇴직금 지급이 불가능하여 퇴직금을 수령하지 못하는 경우가 아주 흔한 일이었다.

퇴직연금제도의 도입

이러한 퇴직금 제도의 단점을 보완하기 위해 시행된 것이 퇴직연금제도이다. 2005년 12월 근로자 퇴직급여보장법이 시행되면서 퇴직연금제도가 본격적으로 도입 시행되었다. 퇴직연금제도는 기업이 근로자의 노후 보장과 생활안정을 위해 근로자 재직중에 퇴직금의 재원을 외부 기관에 의무 적립하고 근로자가 퇴직할 경우에 일시금 또는 연금으로 지급하는 제도이다.

근로자를 고용한 사업주는 퇴직급여제도인 퇴직금제도와 퇴직연금 제도 중 하나 이상의 제도를 반드시 운영해야 한다. 사업주가 퇴직급여제도를 설정하지 않은 경우에는 퇴직금제도를 설정한 것으로 본다. (근로자 퇴직급여보장법 제11조)

퇴직연금제도의 종류

퇴직연금제도는 확정급여형 퇴직연금제도(DB : Defined Benefit)와 확정기여형 퇴직연금제도(DC : Defined Contribution), 개인형 퇴직연금제도(IRP : Individual Retirement Pension)가 있다.

확정급여형 퇴직연금제도(DB)는 근로자가 퇴직시 받을 수 있는 퇴직급여가 확정되어 있는 것으로 근무기간과 평균임금에 따라 달라지게 된다. 평균임금은 퇴직발생일 이전 3개월간 근로자에게 지급된 임금총액을 3개월간의 일수로 나눈 금액으로 일반적으로 한달 급여 수준이라고 봐도 된다. 따라서 10년 근무한 근로자가 퇴직직전 3개월 평균임금이 300만원이라고 하면 퇴직금은 최저 3000만원이 된다. 따라서 DB형 퇴직연금에 가입하게 되면 사용자는 외부 금융기관에 3000만 원을 예치 운용해서 근로자가 퇴직시 계산된 확정 퇴직급여를 지급해야 한다. 회사가 정한 운영 방법으로 수익율이 마이너스가 될 경우에는 회사의 추가 부담이 발생하고, 수익율이 플러스가 되면 회사는 이익이 발생할 수도 있다. 결국 퇴직급여 운영 책임은 회사에 있게 된다.

퇴직금제도와 퇴직연금제도의 DB형은 퇴직금 수령액에는 차이가 없다. 다만, 퇴직금제도는 사내에 퇴직급여를 보유하고 있기 때문에 퇴직시 회사에 재정 문제가 발생할 경우 퇴직급여 수령에 문제가 발생할 수도 있다. 반면에 DB형은 외부 금융기관에 위탁하기에 퇴직시 회사의 재정 상황과는 관계없이 안정적으로 퇴직급여를 수령할 수 있다. 따라서 안정성 측면에서는 퇴직연금에 가입하는 것이 유리하다.

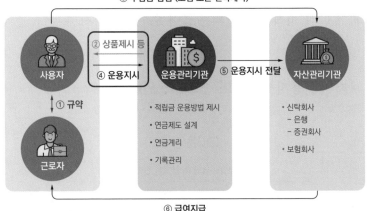

〈DB운영 구조〉

③ 부담금 납입 (보험 또는 신탁계약)

사용자

② 상품제시 등

④ 운용지시

⑤ 운용지시 전달

운용관리기관

자산관리기관

① 규약

근로자

• 적립금 운용방법 제시

• 연금제도 설계

• 연금계리

• 기록관리

• 신탁회사
  – 은행
  – 증권회사
• 보험회사

⑥ 급여지급

(금융감독원 통합 연금포털 참조)

확정기여형 퇴직연금제도(DC)는 사용자가 매년 근로자 임금 총액의 1/12이상의 퇴직급여 부담금을 근로자가 선택한 금융기관과 금융상품에 납입하는 것으로 근로자가 운용 방법을 결정하는 제도이다. 예를 들어 작년 연봉이 1억 2000만원이라고 한다면 퇴직급여 1천만원이 근로자가 지정한 상품에 입금되어 운영된다. 또한 올해 연봉이 1억 800만원으로 감소했다면 퇴직급여 900만원이 근로자가 지정한 상품에 입금되어 운영된다. 따라서 매년 임금에 따라 사용자가 부담하는 퇴직급여 부담금은 매년 변동하게 되고 퇴직급여 부담 의무 또한 매년 종결되게 된다. 근로자 측면에서는 본인이 설정한 운영방법에 따라 수익율이 마이너스도 날 수 있고, 퇴직급

여 적립금 외의 추가수익이 발생할 수도 있기 때문에 운영결
과에 따라 퇴직시 받게 되는 급여 수준이 달라지게 된다. 결국
퇴직급여 운영에 대한 책임을 근로자가 져야 하기 때문에 근
로자의 운용지시 역량이 중요하게 된다.

〈DC운영 구조〉

개인형 퇴직연금제도(IRP)는 퇴직급여를 일시 수령한 사
람이나 DB, DC가입자가 자기 부담금으로 추가 불입하려는
사람(연간 1800만원 한도)이 활용할 수 있는 제도이다. 또한
10인 미만 사업자의 경우 개별 근로자의 동의하에 IRP 개설
시 퇴직급여제도를 설정한 것을 본다. 개인형 IRP의 경우 근
로자 본인 부담금에 대하여서는 일정액의 세액 공제의 세제
혜택이 주어진다.

연금과 건강보험 이야기

04.

퇴직연금제도의 DB, DC형 선택시 고려사항

근로 소득자입니다. 퇴직급여 관련하여 퇴직금제도와 퇴직연금 제도의 DB형과 DC형 선택에 따라 퇴직금 차이가 아주 크다는데 그 이유가 궁금합니다. 또한 선택시 고려 사항도 함께 알고 싶습니다.

퇴직연금제도의 DB형과 DC형은 근로자와 사업주 측면에서 서로 상반된 장단점을 가지고 있기 때문에 선택에 신중을 기할 필요가 있다. 똑같은 급여를 받고 있어도 퇴직연금제도 선택에 따라 퇴직금 차이가 발생하기 때문이다. 따라서 근로자 본인의 급여흐름에 따라 적합한 연금제도를 선택하는 것이 중요하다.

급여가 계속 인상되는 구조의 근로자인 A고객

근로자 측면에서는 급여가 계속 인상될 것이라고 예상된다면 DB형이 DC형보다 유리하다. DB형의 경우 재직기간 중 급여 수준은 중요하지 않으며, 퇴직시점의 급여 수준이 중요하다. 왜냐하면 퇴직급여는 퇴직직전 급여를 전체 재직기간에 반영하여 산출하기 때문이다. 결국 최종 급여가 오르는 만큼 퇴직급여가 증가된다. 예를 들어 급여가 계속 인상된 A고객의 퇴직 직전 급여가 월 1000만원이었고, 10년 재직 후 퇴직하는 것으로 가정했을 경우에 DB가입시 퇴직급여가 1억원이다. 반면 DC형 가입시에는 6600만원으로 감소하게 된다. DB형 가입시 DC형 수령액의 약 50%에 해당하는 '3400만원' 더 많은 퇴직급여를 수령할 수 있다.

A고객										(단위:만원, 연초 퇴직 가정)
비교	13년	14년	15년	16년	17년	18년	19년	20년	21년	22년	23년
월급	400	500	500	500	700	700	700	800	800	1000	퇴직급여
DB		400	1000	1500	2000	3500	4200	4900	6400	7200	10000
DC		400	900	1400	1900	2600	3300	4000	4800	5600	6600

최종 급여가 감소하는 구조의 근로자인 B고객

반면에 **급여가 인상되다가 최종 급여가 감소하거나 최종 급여가 불투명하다면 DC형이 유리할 수 있다.** 왜냐하면 DC 형은 매년 퇴직급여가 퇴직연금 계좌에 입금됨으로 최종 퇴직급여가 감소하더라도 전년도에 퇴직연금에 입금된 급여에는 적용되지 않기 때문이다. 급여가 오르다가 퇴직직전 급여가 감소한 B고객의 예를 보자. B고객은 급여가 오르다가 퇴직 직전 급여가 월 500만원으로 감소하였고, 재직기간은 10년이다. B

고객이 DB형 가입시 퇴직급여는 5000만원이다. 반면 DC형 가입시에는 6100만원으로 증가하게 된다. DC형 가입시 DB형보다 1100만원 더 많은 퇴직급여를 수령할 수 있다.

B고객										(단위:만원, 연초 퇴직 가정)	
비교	13년	14년	15년	16년	17년	18년	19년	20년	21년	22년	23년
월급	400	500	500	500	700	700	700	800	800	500	퇴직급여
DB		400	1000	1500	2000	3500	4200	4900	6400	7200	5000
DC		400	900	1400	1900	2600	3300	4000	4800	5600	6100

급여가 오르다 감소하는 구조의 근로자인 B고객의 올바른 선택은?

최근에는 호봉제와 연봉제를 혼합하여 운영하는 회사들이 증가하고 있다. 그러할 **경우에는 DB형으로 유지하다가 본인의 급여가 최고조라고 예측될 때 DC형으로 전환**하는 것이 좋다(DC형에서 DB형으로 전환은 불가).

B고객은 DB형 퇴직연금 유지시 퇴직급여는 5000만원이고 DC형일 경우에는 6100만원이 될 것이다. 하지만 21년 급여가 최고였기에 22년 급여가 줄어들기 전에 DC형으로 전환하고 23년에 퇴직하게 된다면 퇴직급여는 7700만원으로 증가하게 된다. 결국 B고객은 DB형을 유지하다가 임금이 가장 높은 상태에서 감소 직전에 DC형으로 전환하는 것이 가장 많

은 퇴직급여를 수령하는 방법이 된다.

형태	DB형	DC형	DB에서 DC형 전환
퇴직급여	5000만원	6100만원	7700만원

사업주가 유리한 퇴직연금 제도는?

근로자와는 반대로 사업주 입장에서는 급여가 계속 인상되는 호봉급 구조를 가지고 있다면 DC제도를 도입하는 것이 유리하다. 급여인상에 따른 퇴직급여 증가 부담으로부터 자유로울 수 있기 때문이다.

DC형 선택시 고려할 사항은 무엇인가?

DC형의 경우 가입자 본인이 자산운용 지시를 하여야 한다. 즉 예금과 펀드 등 다양한 금융상품에 투자할 수 있기에 가입자가 적합한 상품을 선정하여 한다. 따라서 본인의 투자 성향에 따라 수익률은 낮지만 안정적인 예금상품을 가입할 건인지? 리스크는 있지만 수익을 추구하는 펀드형 상품에 운용을 할 것인지? 선택에 신중을 기하여야 한다. 특히 **수익을 추구하는 투자형 상품에 가입시 시장 상황에 따라 유연하게 상품 변경을 통한 리스크 관리가 필수다.**

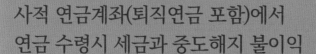

05.

사적 연금계좌(퇴직연금 포함)에서 연금 수령시 세금과 중도해지 불이익

연금계좌에 노후 자금을 마련하고 있습니다. 연금 수령시 얼마의 세금을 납부하는지 궁금하고 긴급자금이 필요해 중도해지 할 때는 어떤 불이익이 있는지 궁금합니다

연금계좌에 적립한 금액은 연금으로 수령할 수도 있고, 일시금으로 수령할 수도 있다. 연금은 만 55세부터 연금으로 수령할 수 있는데 연금 수령시에는 연령과 수령 방법에 따라 연금소득세를 분리 과세하게 된다. (소득세법 제 129조)

연금 수령시 세금은 얼마나 내나?

연금저축계좌와 IRP 개인 불입분에서 연금 수령시 소득세를 부과하게 되는데 연령이 70세 미만일 경우에는 5.5%, 70세 이상이고 80세 미만일 경우에는 4.4%, 80세이상일 경우에는 3.3%를 부과하여 연령이 높아질수록 세부담은 점차 감소하게 된다. 하지만 연금 수령방법에 있어서 종신형을 선택

하면 70세 미만인 경우에는 4.4%(55세~79세)를 부과하여 하고 80세 이상은 3.3%를 부과하여 종신형 선택시 세부담을 약간 완화시켜 주었다. 연금 불입시 세액공제(13.2% or 16.5%) 받은 것을 감안하면 5.5%~3.3%의 소득세율은 낮은 편이다.

다만, 연금 수령 금액이 연간 1500만원 초과시에는 16.5%로 분리과세(연금소득) 또는 종합과세 중 선택하여야 한다. 절세를 위해서는 연금액을 1500만원이하로 관리하는 것이 필요한데 연금개시 연령이나 기간을 조정하는 것이 필요하다.

연금 수령하지 않고 해지하여 일시금으로 받을 시 불이익은 없나?

연금저축계좌와 개인형 IRP에 납입한 금액을 긴급자금이 필요하여 일시금으로 수령하게 될 경우에는 15%의 기타 소득세(지방소득세 포함시 16.5%)를 부과하게 된다. 예를 들어 총 수령금액이 1억이라고 하면 1650만원의 세금을 납부해야 하는 것이다. 연금계좌에 세액공제 혜택을 부여한 것은 안정적인 노후 자금 확보를 위해 국가에서 정책적 지원을 한 것이기 때문에 연금외 수령시에는 기타소득으로 보아 16.5%의 높은 세율로 과세를 하는 것이다. 다만 연금계좌에 납입한 금액 중 세액 공제를 받지 않은 납입액에 대해서는 과세를 하지 않고,

수익 부분에 대해서만 과세하게 된다. 따라서 연금저축계좌는 반드시 연금으로 수령하는 것을 고려해야 한다.

퇴직금 수령 방식에 따라 세금 차이가 난다.

퇴직금을 퇴직연금으로 전환 후 수령할 때 일시금 수령 시에는 퇴직소득세를 납부하고, 연금으로 수령시에는 이연 퇴직소득세(정식 명칭은 연금소득세)의 70~60%를 연금수 령 기간에 분할하여 납부하게 된다. 예를 들어 60세에 퇴직 하면서 납부해야 할 퇴직소득세가 1억인 고객이 20년간 연 금을 나누어 수령할 경우에 세금은 다음과 같다. 납입 퇴직 소득세 1억을 연간 500만원씩 20년 나누어 납부하게 되는 데, 연금수령 10회차 까지는 500만원의 70%인 350만원씩 납부하게 되고 11회 차부터는 500만원의 60%인 300만원 식 납부하게 되어 실제 총 납입세액은 6500만원이 된다. 결 국 **퇴직금을 일시금으로 수령시 납부세액이 1억이었던 것이 연금으로 수령시에 6500만원으로 감소하여 3500만원의 이 익이 발생하게 된다.**

〈사적연금 계좌 관련 세율〉

연금 수령시 연령	연금 소득 세율	종신연금 수령시 연금소득 세율	중도 해지시	연간 연금 수령액 1500만원 초과시
55세이상 ~70세미만	5.5%	4.4%	연령 관계없이 16.5% 기타 소득으로 분리 과세	연금수령액 전액 16.5% 분리과세 OR 종합과세 선택
70세이상 ~80세미만	4.4%			
80세 이상~	3.3%	3.3%		

〈퇴직연금 회사 납입금은 제외, 회사납입금은 퇴직소득세 또는 이연과세〉

〈연금수령 시 과세〉

퇴직연금은 일시금 또는 연금 형태로 수령할 수 있으며, 10년 이상 연금으로 수령하는 경우 퇴직소득세의 70%를 부과합니다.

※ 개인형 IRP의 가입자 추가부담금에 대한 과세는 연금저축과 동일합니다.
* '연금저축 세제 – 연금수령' 참고

단계별 과세 방법

급여 수령 형태	소득 분류	과세 방법
연금수령 (연금수령 한도 내)	이연퇴직소득	연금소득세 (퇴직소득세의 70%~60%) 분리과세
	새액공제 받은 금액 + 운용수익	택1 → 연 1,500만원 이하 분리과세 (5.5%~3.3%) / 연 1,500만원 초과 분리과세 (16.5%) / 전액 종합과세
연금 외 수령 (연금 개시전 해지 또는 수령한도 초과)	이연퇴직소득	퇴직소득세
	새액공제 받은 금액 + 운용수익	기타소득세 (16.5%) 분리과세

① 2015년 이후 수령하는 소득분부터 적용되며, 지방소득세가 포함된 세율임
① 연금수령 한도산식, 연금소득세 세율은 연금저축과 동일

사례1. 이연퇴직소득 1억 2천만원인 경우 (연금수령한도 1억원)

연금 재원	과세 방법
이연퇴직소득 1억원 (연금수령한도 내)	연금소득세 분리과세 (퇴직소득세×70%)
이연퇴직소득 2천만원 (연금수령한도 초과	퇴직소득세

사례2. 이연퇴직소득 3천만원, 세액공제받은 금액 및 운용수익 1천만원인 경우 (연금수령한도 5천만원)

연금 재원	과세 방법
이연퇴직소득 3천만원 (연금수령한도 내)	연금소득세 분리과세 (퇴직소득세×70%)
세액공제 받은 금액 및 운용수익 1천만원	연금소득세 (5.5%~3.3% 원천징수)

사례3. 이연퇴직소득 5천만원, 세액공제받은 금액 및 운용수익 2천만원인 경우 (연금수령한도 8천만원)

연금 재원	과세 방법
이연퇴직소득 5천만원 (연금수령한도 내)	연금소득세 분리과세 (퇴직소득세×70%)
세액공제 받은 금액 및 운용수익 2천만원	① 연금소득세 분리과세(16.5%) 또는 ② 연금소득 및 타 소득 합산액에 대한 종합과세(6.6%~49.5%) 中 선택 가능

(출처 : 통합 연금 포털)

06.

퇴직금(퇴직연금) 중간 정산(중도인출) 후 퇴직시 절세방법

올해로 30년째 직장생활을 하고 있는 박씨. 5년전에 퇴직금 3억원을 중간정산 하였다. 그리고 올해 명예퇴직금을 포함하여 2억원의 퇴직금을 받을 예정인데 퇴직소득세로 걱정이 많다. 퇴직소득세를 절세할 수 있는 방법은 없을까?

퇴직소득은 주 평균 근로 시간이 15시간 이상이고 1년이상 계속 근무한 근로자에게 지급되는 소득이다. 또한 퇴직 소득을 수령하게 되면 퇴직 소득세를 납부하게 된다.

다만, 퇴직소득은 장기간에 걸쳐 형성된 소득으로 오래 근속할수록 세제혜택을 주기 위해 '연분연승'이라는 계산법을 적용하고 있다. 퇴직금을 근속 기간으로 나누어 계산함으로 낮은 소득세율이 적용되어 소득세가 적어지게 되고, 계산된 소득세에 다시 근속 기간을 곱하여 최종적인 퇴직소득세를 납부하게 된다.

또한 근속연수 공제와 환산급여 공제 등 다양한 공제를 적용하여 줄 뿐 만 아니라 퇴직소득은 다른 소득에 합산하여 과세하지 않고 별도로 분류과세 함으로 세부담을 줄여주고 있다.

퇴직금 5억에 대한 세금은 얼마나 될까?

박씨의 경우 25년 근무하고 중간 정산한 퇴직금 3억에 대한 퇴직소득세를 1360만원 납부하였을 것이다. 또한 중간 정산 후 5년간 근무하고 받은 2억에 대하여서도 퇴직소득세 3570원을 납부하여야 한다. 퇴직금 3억 받았을 때 세금은 1360만원원이었는데 그보다 적게 받은 2억에 대한 퇴직소득세가 3570만원으로 더 많다. 너무 억울한 일이 아닐 수 없다.

퇴직소득 세액정산 제도 활용으로 절세하기

이런 억울한 일을 막기 위해 퇴직소득 세액정산 제도를 운영하고 있다. 퇴직소득 세액 정산은 이미 중간 정산한 퇴직금과 최종 퇴직금을 합산하고 근속기간도 합산하여 퇴직소득세를 계산하는 것이다. 근로자의 요구가 있을 경우 원천징수 의무자인 회사는 이미 지급된 퇴직소득과 지급할 퇴직소득을 합한 금액에 대하여 정산한 소득세를 원천징수 해야 한다. (소득세법 제148조)

박씨가 퇴직소득 세액 정산 제도를 활용할 경우 퇴직소득세 절세가 가능하다. 박씨의 총 근속기간 30년, 퇴직금 누계액 5억원을 받은 것으로 합산하여 세금을 계산하면 퇴직소득세는 3557만원이 된다. 과거 중간정산 하면서 납부한 퇴직소득세 1360만원을 빼면 실제 납부할 세금은 2197원이 된다. 결국 퇴직소득 세액 정산 특례제도를 활용할 경우 1373만원의 절세 효과를 보게 된다.

따라서 중간정산한 경우에는 세액 정산 제도를 활용하여 세액 계산을 해보고 유리한 방법을 택하는 것이 바람직하다. 대부분 퇴직소득 세액정산 제도 활용시 세금이 줄어든다. 한 가지 반드시 유념해야 할 것은 회사에서 알아서 처리해 줄 의무가 없다. 따라서 박씨는 반드시 회사에 퇴직소득 세액정산 신청을 해야만 회사에서 처리해 준다.

비교	중간정산 퇴직금 3억	퇴사시 퇴직금 2억	퇴직시 세액정산 특례제도 신청시
근속기간	25년	5년	30년
퇴직소득세 (지방소득세 포함)	1360만원	3570만원	3557만원

퇴직 5년내 돌려 받을 기회가 있다

많은 근로자들이 이런 내용을 모르고 세금을 많이 납부하는 경우가 있다. 또한 회사에 신청을 하지 못해 혜택을 받지 못하는 경우도 있다. 하지만 퇴직시 세액정산 신청을 하지 못하였다고 너무 억울해할 필요는 없다. 최종 퇴직금 정산 5년 이내에 주소지관할 세무서에 경정청구를 신청하면 환급을 받을수 있기 때문이다. 자세한 내용은 '국세상담센터'를 통해 도움을 받을 수 있는데, 인터넷 서면질의나 126번 전화를 통해 확인할 수 있다. 또한 필요 서류(퇴직소득원천징수 영수증)를 구비해서 신청하면 환급이 가능하다. 따라서 중간정산시 발급받은 영수증은 보관하여 두면 유용하다.

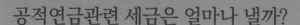

연금과 건강보험 이야기

07.

공적연금관련 세금은 얼마나 낼까?

60세부터 월 200만원을 수령하게 될 경우 납부하게 되는 세금에 대하여 궁금합니다.

공적연금 소득만 있을 경우와 공적 연금소득 외 다른 소득이 있을 경우 차이가 있나요?

공적연금의 경우 2001년 12월 31일까지 불입한 보험료는 소득공제를 받지 않았기에 연금수령시 비과세되며, 2002년 1월 1일 이후 불입분부터는 소득공제 혜택을 받음으로 인해 연금수령시 연금소득세를 과세하게 된다.

공적연금소득세는 어떻게 부과되는가?

공적연금 소득은 무조건 종합과세가 원칙이고, 연금지급시 간이세액표에 따라 원천징수한 후 연금소득에 따라 연말정산을 하게 된다. 이때 공적연금 소득만 있는 경우에는 연말정산으로 납세의무가 종결된다.

〈노령연금 과세 흐름도〉

연금소득자 소득·세액 공제신고서 제출	노령(분할)연금 청구시배우자 등 과세 관련 소득·세액공제신고서 제출
매월 연금에서 소득세 (지방소득세) 원천징수	매월 본인 및 소득·세액공제신고서에 신고된 부양가족을 반영하여 연금소득간이세액표에 의거 세액 원천징수
연말정산 소득세액공제 신고	신고된 내용과 변동된 사항이 있거나 미제출한 경우 「연금소득자 소득·세액공제신고서」 12월 말 까지 제출
연금소득 연말정산	연금수급자가 신고한 소득·세액 공제내역 (인적공제, 추가공제 및 자녀세액공제)을 반영하여 연말정산 – 연금소득세율 : 과세표준액(과세대상 연금액– 소득공제액)에 따라 연금소득세율표에 의거 산출세액을 계산한 후 세액공제액을 차감하여 소득세 결정
정산세액 환급·공제	연말정산 결과 정산세액 연금 지급시에 환급 공제 (다음연도 1월)
연금소득원천징수 영수증 발송	연말정산 대상자에게 연말정산 결과 통지 (다음연도 2월)
종합소득 과세표준 확정신고 (대상자에 한함)	다음연도 5월

(참조: 국민연금관리 공단)

다만, 공적연금이 연간 350만원을 초과하며 다른 소득이

있을 경우 합산하여 5월에 종합소득세 확정 신고를 하여야 한

다. 하지만 분리 과세에 해당하는 연간 소득(금융소득 2000만원 이하, 사적연금 1500만원이하, 기타소득 300만원 이하, 일용직 근로소득)은 합산하지 않는다. 또한 **사적연금의 경우 연간1500만원이 초과하더라도 16.5%로 분리과세를 선택하게 되면 종합 소득세 부담을 줄일 수도 있다.**

〈공적연금 과세액 비교(본인 60세, 배우자55세)〉

내용	공적연금 월100만	공적연금 월200만	공적연금 월100만 근로소득 월200만	공적연금 월100만원 근로소득 월500만원
연간 세금	56만원	204만원	384만원	1109만원
비고	본인공제 150만원, 표준세액공제 7만원 반영			

연금과 건강보험 이야기

08.

은퇴 후 건강보험료 절감비법 (1)

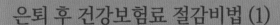

은퇴를 앞둔 근로소득자 오씨. 은퇴 후 지역가입자로 전환되면 건강보험료가 증가된다는 얘기를 듣고 걱정이 많습니다. 좋은 방법이 없을까요?

오씨 보유자산: 서울 아파트 2채 기준시가 25억, 자동차 5천만원

오씨 소득: 근로 소득 월 1000만원,

은퇴: 은퇴 후 근로 소득은 없으며, 국민연금 월 150만원 수령 예정임.

건강보험료의 이해

건강보험은 직장 가입자와 지역 가입자로 구분되는데, 모든 사업장의 근로자(1개월 60시간 미만 단기근로자 제외) 및 사용자(근로자가 없는 사용자는 제외)와 공무원 및 교직원은 직장가입자가 되며, 직장 가입자를 제외한 자와 1개월 60시간 미만 단기 근로자, 근로자가 없는 사용자는 지역 가입자로 건강보험료를 부과하게 된다. 다만, 소득이 2000만원이하이거나 자산이 일정 규모 미만일 경우 직장 또는 지역가입자의 피부양자로 등재되어 건강보험료가 부과되지 않는다.

직장가입자는 원칙적으로 근로소득에 대하여 7.09%의 건강보험료가 부과하는데 50%는 직장에서 부담함으로 근로자의 건강보험료 실질적 부과율은 소득의 3.545% 정도에 불가하다. 다만 **근로소득외 소득이 2000만원을 초과할 경우에는 초과소득에 대하여 7.09%의 건강보험료를 납부**해야 한다. 반면 지역가입자는 소득 및 재산(자동차 포함)을 기준으로 부과점수를 계산하여 보험료를 부과한다.(2024년 자동차 제외 및 일부 변경 예정)

보험료 부과 방법이 다름에 따라 직장 가입자가 은퇴 후 근로소득이 중단되고 지역가입자로 전환시 소득과 재산에 대하여 건강보험료를 부과하게 된다. 또한 100% 본인이 부담하게 되어 건강보험료가 크게 증가되는 난감한 상황에 직면하는 경우가 많이 발생한다.

오씨의 경우 월 1000만원의 소득이 발생할 경우 오씨가 납부하는 건강보험료(이하:장기요양보험료 포함)는 월 399,910원이다. 그러나 **은퇴 후 지역가입자로 전환하게 되면 2채 아파트 재산세 과세표준(2주택자의 경우 기준시가의 60%, 15억) 공적연금 수령액의 50%(900만원), 보유 자동차 등이 건강보험료 산정에 반영되어 건강보험료로 월 402,750원을 납부**해야 한다. 소득이 연금뿐인 상황에서의 건강보험료는 상당한 부담이 되게 된다. 이러한 경우 건강보험료를 줄일 수 있는 방법은 근로소득이 발생하는 일을 찾는 것이다.

은퇴 후 직장 가입자 유지하기

오씨가 **취업 후 월 100만원의 소득이 발생할 경우 직장가입자가 되어 근로소득만 건강보험료 산정에 적용된다**(근로소득외 소득의 경우 2000만 초과시에만 건보료 산정에 반영). 따라서 오씨의 경우 근로소득외 2000만원이 초과되지 않는 연금소득과 재산 자동차 등은 건강보험료 산정 기준에서 제외되어 건강보험료는 월 39,990원만 납부하면 되기 때문에 매월 362,760원을 절약할 수 있다.

은퇴후 직업을 갖는 다는 것은 단순히 건강보험료를 절약하는 것 이상의 의미가 있다. 60세 은퇴 후 85세까지 생존을 가정할 경우 살아갈 날은 무려 약 9450일, 22만 6900시간이나 된다. 긴 시간을 일 없이 사회와 단절된 삶을 사는 것은 대단히 끔찍한 현실이 될 것이다. **따라서 주된 일자리에서 은퇴한 이후에도 일을 통해 '인간관계와 정신적, 육체적 건강유지, 건강보험료 절감'의 1석3조의 효과를 누릴 수 있다.** 소득과 무관하게 근로소득자로 재취업을 하거나, 본인의 경험을 살려 계속 일 할 수 있는 1인 법인을 설립 운영하는 것도 좋은 방법이다.

〈건강 보험료 가입자 유형별 보험료 부담 비교〉

내 용	은퇴前 직장가입자	은퇴後 지역가입자로 전환	은퇴後 직장가입자
자 산	건보료 부과 미대상	건보료 부과 대상	건보료 부과 미대상
근로소득	월1000만원 건보료 부과 대상	소득 없음	월100만원 건보료 부과 대상
공적연금	소득 없음	연 1800만원 부과 대상	연 1800만원 미부과 대상
개인부담 건보료	월 399,910원	월 402,750원	월 39,990원
차액			월 362,760원 ↓

※ 기준 변경 시 보험료는 변경 가능

은퇴 전후 또는 지역가입자 전환시 건강보험료 예상액이 궁금하다면, 국민건강보험(www.nhis.or.kr) 홈페이지의 '보험료계산기'를 활용하여 누구나 보험료를 직접 계산하여 볼 수 있다.

재직자 노령연금 감액제도에 유의하기

다만, 국민연금 수령시에는 '재직자 노령연금 감액제도'에 유의해야 한다. 재직자 노령 연금 감액제도는 노령연금 수급

연령에 도달한 사람이 소득활동을 통해 '최근 3년간 연금 전체가입자의 평균소득월액(A값, 2023년 기준 월 평균소득금액 2,861,091원)을 초과하여 소득이 발생할 경우, 연금 수급 개시연령부터 최대 5년간 연금액을 감액하게 된다. 월평균소득금액은 근로소득, 사업소득(임대소득)을 합산한 금액으로 당해 연도의 종사 개월 수로 나눈 금액이다.

〈소득활동에 따른 노령연금 감액 예시〉

A값 초과소득월액	노령연금 지급 감액분	월 감액 금액	근로소득만 있는 경우 근로소득공제 전 기준 금액 (12개월 종사 기준)	
			총급여	월급여
100만원 미만	초과소득월액의 5%	5만원 미만	46,403,254원 초과	3,866,938원 초과
100만원 이상 200만원 미만	5만원+(100만원을 초과한 소득월액의 10%)	5~15만원 미만	59,034,834원 이상	4,919,569원 이상
200만원 이상 300만원 미만	15만원+(200만원을 초과한 소득월액의 15%)	15~30만원 미만	71,666,413원 이상	5,972,201원 이상
300만원 이상 400만원 미만	30만원+(300만원을 초과한 소득월액의 20%)	30~50만원 미만	84,297,992원 이상	7,024,832원 이상
400만원 이상	50만원+(400만원을 초과한 소득월액의 25%)	50만원 이상	96,929,571원 이상	8,077,464원 이상

주) 연령별 감액기준 (2015.7.29. 전 수급권 취득자) : 지급개시연령부터 1년마다 감액률 차등 적용(50~10%)
☞ 감액한도 : 노령연금의 1/2

(참고:국민연금관리공단)

연금과 건강보험 이야기

09.

은퇴 후 건강보험료 절감비법 (2)

은퇴 후 건강보험 지역가입자로 전환되어 건강 보험료를 납부하고 있습니다. 보유자산을 매각하거나 소득이 줄어 들 경우 건강보험료 조정신청을 통해 건강보험료를 절감할 수 있다는데 그 방법이 궁금합니다

직장가입자의 건강보험료 부과와 정산구조

직장가입자는 당해 연도 건강보험료를 전년도 소득을 기준으로 부과한 후, 다음 년도에 정산하는 구조다. 예를 들어 2021년 1월부터 21년12월까지 확정된 보수총액(소득)으로 22년 4월부터 23년 3월까지 건강 보험료를 부과하고 징수하게 된다. 하지만 실제 22년 1월부터 12월까지의 보수총액이 많을 수도 있고, 적을 수도 있게 된다. 따라서 23년 3월에 22년 실제 소득과 비교하여 건강보험료를 정산하여 추가 납부 또는 환급을 해주는 구조로 건강보험료에 실제 소득이 정확히 반영되는 구조다.

22년 3월 (21년 소득 확정 후 21년 건보료 정산)	22년 4월 ~ 23년 3월		23년 4월 ~ 24년 3월
	21년 확정소득 기준으로 건보료 부과	23년 3월 22년 확정소득으로 22년 건보료 정산	22년 확정소득 기준으로 건보료 부과

지역가입자의 건강보험료 부과와 정산구조

하지만 지역가입자는 건강보험료 산정에 있어서 소득과 재산변동 사항이 바로 건강보험료 산출에 반영이 되지 않는다. 또한 지역가입자는 실제 소득이나 자산 변동에 따라 건강보험료를 정산해 주는 제도를 시행하고 있지 않다. 따라서 본인의 소득이나 재산 변동이 있을 경우 건강보험료 조정신청을 해야만 건강보험료 조정이 가능하다.

21년 발생한 소득에 대하여 22년 5월에 종합소득세를 국세청에 신고한다. 국세청은 자료를 정리한 후 22년 10월에 〈21년 발생 소득 자료〉를 건보공단에 넘겨주게 되고, 건보공단은 21년 확정된 소득 자료를 활용하여 〈22년 11월부터 23년 10월까지〉 건강보험료를 부과하게 된다. 따라서 21년 소득이 감소했음에도 불구하고 소득자료가 건보공단에 늦게 넘어 감으로 수개월 동안 건보료를 많이 내야하는 경우가 발생한다.

22년 10월 (21년 발생 소득에 대한 종소세 확정 신고(5월) 후 건보 공단에 자료 제공(10월))	22년 **11월**~ 23년 10월 **21년 확정소득 기준으로 건보료 부과**	23년 10월 (22년 발생 소득에 대한 종소세 확정 신고(5월) 후 건보 공단에 자료 제공(10월))	23년 11월~ 24년 10월 22년 확정소득 기준으로 건보료 부과

전년도 소득 감소시 건보료 조정신청제도 활용하기

전년도 소득이 감소했을 경우에는 건강보험료 조정 신청을 통해 건강보험료를 절감할 수 있다. 21년 소득이 감소했을 경우 22년 7월에 국세청으로부터 〈21년 귀속 소득금액증명원〉을 발급받아 **건보공단에 조정신청을 하면, 22년 6월부터 10월까지 5개월분의 건강보험료 절감이 가능하다.(6월분과 7월분은 환급)** 만약 8월에 신청하게 되면 2개월분 절감이 가능하고, 9월 신청시에는 익월인 10월분 1개월 보험료만 조정된다. 따라서 **전년도 소득이 감소했을 경우 반드시 매년 7월에 건보료 조정신청을 통해서 5개월분 보험료를 절감 받을 수**

있도록 해야 한다. 1개월 늦은 8월에 신청할 경우에는 2개월 치가 조정되기에 3개월치의 손해를 보게 된다.

22년 10월 (21년 발생 소득에 대한 종소세 확정 신고(5월) 후 건보 공단에 자료 제공(10월))	22년 6월 ~ 23년 10월	23년 10월 (22년 발생 소득에 대한 종소세 확정 신고(5월) 후 건보 공단에 자료 제공(10월))	23년 11월 ~ 24년 10월
	21년 소득감소 시에는 22년 7월 조정신청으로 6월부터 낮은 건보료 적용		22년 확정소득 기준으로 건보료 부과

재산 매각 또는 사업장 휴폐업시 조정신청하기

지역가입자의 건보료 부과 기준이 되는 부동산의 경우 재산세 부과기준일인 6월 1일 소유시점을 기준으로 당해년도 11월부터 익년10월까지 건보료가 부과된다. 따라서 부동산 또는 사업장 휴폐업시에도 건보공단에 신고를 해야만 건보료 절감이 가능하다. **소득기준과는 달리 재산을 매각하거나 사업장을 폐업했을 경우에는 당월에 건보공단에 신고를 하여 건강보험료를 즉시 절감 받는 것이 필요**하다. 다만 자동차의 경우에는 전산시스템이 잘 갖추어져 있어 별도로 신고할 필요는 없다.

〈건강보험료 조정신청 필요서류〉

	조정 신청 사유	필요서류	발급처
소득	소득금액 감소	소득금액 증명원 OR 소득세 과세표준 확정신고서 (발급 불가시 '신고사실 없음' 증명원)	세무서 홈텍스
	폐업, 휴업	휴폐업 사실 증명서	세무서
	소득활동 중단 등	해촉 해지 증명서	소득 지급처
재산	재산 매각 등 소유권 변동시	등기부등본, 건물,토지대장, 매매계약서	등기소, 민원24

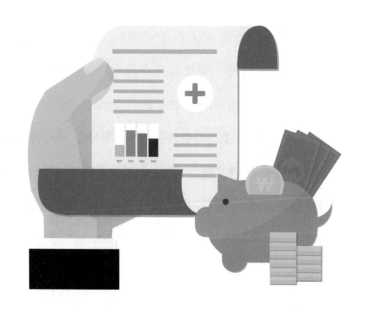

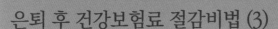

연금과 건강보험 이야기

10.

은퇴 후 건강보험료 절감비법 (3)

건강보험료 피부양자 유지 조건과 건강보험에 반영되는 소득이 어떤 것이 있으며, 다양한 건강보험료 절감 방안에 대하여 궁금합니다

피부양자 유지 조건

22년 9월부터 피부양자로 유지되는 소득 기준이 대폭 강화되었다. **피부양자 연간소득 기준이 3400만원에서 연간 2000만원이하로 대폭 낮아 졌다. 재산의 경우 재산세 과표가 5.4억을 초과하고 연간 소득이 1천만원을 초과하는 경우에도 피부양자에서 탈락**하여 지역가입자로 전환되게 된다. 더불어 **재산세 과표 기준이 9억원을 초과하게 되더라도 지역가입자로 전환**된다.

주택임대 소득의 경우에는 그 소득 기준이 대폭 낮아져 임대사업자 등록자의 경우 연간 소득 1000만원 초과시, 임대 미등록자의 경우 연간 400만원 초과시에도 피부양자에서 탈락된다. 따라서 현재 피부양자로 등재되어 있는 경우에는 재산과 소득요건을 유심히 살펴볼 필요가 있다.

또한 **직장 가입자의 경우에도 보수외 소득이 2000만원이 초과할 경우에는 추가로 건강보험료를 납부**해야 한다.

소득의 종류와 건강 보험

건강보험료와 피부양자 유지기준 산정에 포함되는 소득은 근로소득, 사업소득, 금융소득(이자배당), 연금소득과 기타소득이 모두 포함된다. 다만 여기서 주목할 점은 공적연금 소득은 포함되지만 사적연금 소득(연금계좌)은 포함되지 않는다는 점이다. 다른 소득은 하나도 없지만 국민연금 등 공적연금만 연간 2000만원을 초과하여 받는 노년층도 건강보험 피부양자에서 탈락하여 지역가입자로 전환된다. 하지만 공적연금 연간 1000만원, 사적연금 연간 2000만원을 수령하여 총 연간 연금소득이 3000만원

이 되어도 피부

양자로 계속 유지가 가능하다. 다만 연금계좌를 해지하거나 인출하여 연금소득이 아닌 기타소득에 해당하여 기타소득세를 납부하게 되는 경우에는 소득기준에 포함되어 건보료 추가 납부나 피부양자에서 유지 기준에서 탈락할 수 있다는 것에 유념해야 한다.

건강보험에 반영되지 않는 소득은 사적연금의 연금소득과 비과세 소득이 대표적이다. 특히 비과세 요건을 충족한 월 적립식 연금 및 저축 보험과 종신형 연금, 비과세 요건을 충족하고 환급율이 높은 종신보험 등을 활용하는 것은 노후에 건강보험료를 절감하는데 효과적이다. 비과세 요건은 상당히 복잡하기에 반드시 전문가의 조언을 듣고 활용하는 것이 필요하다..

건강보험 임의 계속 가입제도를 활용하기

직장가입자로 있던 근로소득자 등이 퇴직하게 되면 지역가입자로 전환되게 된다. 다만 지역가입자로 전환 후 직장 가입자로 있었을 때 보다 과도한 건강보험료 부담이 있는 경우에는 건강보험 임의계속가입제도를 활용하면 건강 보험료를 절감할 수 있다. 1년이상 건강보험 직장가입자였던 사람은 퇴직 후 최초 지역가입자 건강보험료 납부 기한으로부터 2개월

이내에 신청하면 된다. **임의계속 가입제도를 활용하면 직장 가입자로 납입했던 것과 동일하게 건강 보험료를 36개월 동안은 납부할 수 있다. 따라서 퇴직 후 과도하게 건강보험료가 증가된다면 적극적으로 임의 계속 가입 제도를 활용**할 필요가 있다.

〈건강 보험 임의 계속 가입제도 활용 예시〉

비교	직장가입자	퇴직 후 지역가입자 전환	퇴직 후 임의 계속가입제도 활용
본인부담	월 10만원	월 30만원	월 10만원
회사부담	월 10만원		
계	월 20만원	월 30만원	월 10만원
차액	–	월 20만원↑	월 20만원↓

연금과 건강보험 이야기

11.

건강보험료 부과 기준 요약

은퇴 후 건강보험료 관리는 중요한 재무관리의 한 부분이 될 것이다. 소득이 급감한 상황에서 건강보험료 지출은 상당한 부담으로 작용할 수 있기 때문이다.

건강보험료 부과 기준

직장가입자와 지역가입자의 부과기준의 가장 큰 차이점은 직장가입자는 소득기준임에 비해 지역가입자는 소득과 자산 및 자동차까지를 반영하여 건강보험료를 부담한다는 것이다. 또한 직장가입자는 건강보험료의 50%만을 근로자가 부담하지만 지역가입자는 100% 자기 부담이라는 큰 차이가 있다.

직장가입자의 경우 급여소득외 소득이 2000만원을 초과할 경우 초과소득에 대하여 7.09%의 건강보험료가 부과된다. 예를 들어 급여 소득외 소득이 3000만원일 경우 2000만원 초과분인 1000만원에 대하여 7.09%인 709,000원이 연간 추가 부담 건강보험료가 된다.

또한 주의해야 할 사항은 이자 배당소득은 연 1000만원이 초과하게 되면 전체 금액이 소득 계산시 합산된다. 예를 들어 이자,배당 소득이 900만원이라면 직장가입자나 지역가입자 모두 소득계산시 포함되지 않는다. 하지만 연간 이자,배당소득이 2000만원이라고 한다면 2000만원 전체가 소득계산시 포함되어 건강보험료 부과기준이 되게 된다. 따라서 이자배당소득은 연간 소득기준 1000만원이 대단히 중요한 기준점이 된다.

〈건강보험료 부과 기준 요약〉

23년 5월 기준

구분	내용
직장가입자	– 보수월액 : 급여소득 (소득의 7.09%, 단 근로자 50% 부담) – 소득월액 : (이자+배당+사업+근로+연금+기타소득) 합계액 연 2000만원 초과시 초과소득의 7.09% 부담(100%)
지역가입자	– 소득 : (이자+배당+사업+근로+연금+기타소득)의 7.09% 부담(100%) – 자산 : 재산세 과세표준 가격 등급별 점수부여 부과 – 자동차 : 4000만원 이상시 점수부여 부과
피부양자 조건	– 소득 : (이자+배당+사업+근로+연금+기타소득) 합산금액 2000만원 이하 –재산 : 재산세 과세표준 5억 4000만원 이하 재산세 과세표준 5억4000만원 초과 9억이하 + 소득1000만원 이하
공통사항	**– 이자 배당소득은 연 1000만원 초과시에만 합산(전체금액 합산)** **– 장기 요양보험료의 경우 건강보험료의 12.8% 별도 부과**

4대보험료 계산기 활용하기

참고로 4대 사회보험료 예상액을 조회하고 싶으면 국민건강보험 공단의 '4대보험료 계산기'를 활용하면 예상액 산출이 가능하다. '국민건강보험 공단 → 민원여기요 → 개인민원 → 보험료 조회/신청 → 4대보험료 계산하기'를 통해 확인하면 된다.(www.nhis.or.kr)

2장

노후 생활 이야기

노후 생활 이야기는 저자가 그 동안 언론에 기고했던 은퇴 및 노후 생활관련 이야기들을 일부 편집하여 실었다. 노후 생활하면 대부분 노후의 경제적 삶에 초점을 맞춰 얘기를 많이 한다. 하지만 저자가 많은 고객들과 상담하면서 경험한 것은 재무적인 부분만큼이나 중요한 것이 비재무적인 노후생활 준비였다. 그 동안 고객과의 상담경험을 살려 행복한 노후 생활에 대해 기고한 글들을 모아 공유하고자 한다.

노후 생활 이야기

01.

계산해 봅시다, 나의 노후

가난한 시대에 태어나 고도성장을 이끈 산업역군으로서 우리나라를 풍요로운 위치에 오르게 한 베이비 붐 세대(1955년-1963년생)의 본격적인 은퇴가 2010년부터 시작되었다. 베이비붐 세대의 본격적인 은퇴가 있기 몇 년 전부터 우리사회는 베이비붐 세대 은퇴에 따른 노후문제의 심각성을 경고하며 엄청난 관심을 보였다.

금융기관에서는 은퇴와 노후문제를 연구하는 연구소들이 설립되었고, 학계에서도 노후문제와 대책에 대한 연구를 활발히 진행하여 다양한 대안들을 제시했다. 하지만 노후에 대한 준비실태는 전혀 개선되지 않은 것으로 보인다. 국민연금연구원의 국민노후보장 패널조사(2021년)의 노후 경제적 독립에 대한 조사 결과에 따르면 **노후시기 해당자의 42%만이 경제적 독립에 긍정적**으로 응답했다. 이는 반대로 58%는 노후에 경제적 독립이 되고 있지 못하다는 의미이다. 은퇴 이후 노후 대책에서 가장 중요한 것이 경제력(50%) 이라고 응답한 비율이 가장 많았으며, 그 다음으로 건강(약 47%)이라고 답해 은퇴 후 가장 큰 고민거리는 경제력과 건강임을 알 수 있다.

은퇴 후 여유가 있는 노후

최근 젊은이들 사이에서는 일과 삶의 균형을 뜻하는 워라밸(Work-and -life Balance)이 새로운 삶의 기준과 가치관으로 주목 받고 있다. 연봉이 많은 직장도 좋지만 정시퇴근이 보장되는 직장을 선호한다. 취미와 여가생활을 중시하며 저녁이 있는 삶을 추구하는 등 삶의 질을 중시하는 경향으로 변화가 이루어지고 있다.

마찬가지로 은퇴에 대한 계획과 준비도 적극적인 변화가 필요하다. 다른 것보다 우선하여 노후 삶에 대한 준비를 최우선으로 계획하고 실천하는 것이 중요하다. 은퇴 전 삶과 은퇴 후 삶의 균형에 대한 적극적인 고민과 계획으로 한 해를 시작해보자. 자녀들의 미래가 중요한 만큼 본인들의 미래도 중요하다는 인식의 대전환이 필요하고 그에 대한 준비가 이루어져야 한다. 이제는 은퇴 후 평안과 여유가 있는 노후의 삶을 준비해보자.

은퇴 계획 세우기

은퇴 후 삶에 대한 계획에서 재무적인 부분과 비재무적인 부분에 대한 준비가 필요하다. 그러나, **가장 우선 되어야 할 것은 '은퇴 후 경제력을 어떻게 확보할 것이냐'** 이다.

은퇴 후 경제력 확보를 위한 계획을 세움에 있어서 가장 중요한 **첫 번째는 은퇴 후 본인들이 필요로 하는 생활비 수준을 결정하는 것이다.** 개인의 주관적 생활 수준에 따라 은퇴 후 생활비 수준은 달라질 것이지만 국민연금연구원의 노후보장패널(2021)조사에서 **노후 생활비 수준을 조사한 결과를 참조하면 최소생활비는 부부 기준 월평균 약 1,987천원, 적정 생활비는 부부기준 약 2,770천원이 필요**한 것으로 조사되었다. 따라서 최소한 이 금액 이상은 준비가 되어야 할 것이다. 당신의 노후 생활비는 얼마로 생각하고 있는가?

두 번째로는 은퇴 후 생활비로 쓸 수 있도록 준비된 소득에 대하여 확인이 필요하다. 은퇴 후 소득 중에서 최저 생활비로 활용할 수 있는 노후소득은 개인연금, 퇴직연금, 국민연금 등의 연금 소득이다. 하지만 대부분 노후에 연금소득이 어느 정도 지급되는지 알지 못한다. 준비된 연금을 확인할 수 있는 가장 좋은 방법은 금융감독원의 통합연금포털 사이트(100lifeplan.fss.or.kr)를 활용하는 것이다. **통합연금포털의**

'내 연금 조회하기'를 통해 공적연금인 국민연금 외에도 개인이 가입한 사적연금인 퇴직연금과 각 금융기관에 가입한 개인연금까지 한 눈에 조회할 수 있다. 그를 통해 본인의 은퇴 준비 수준을 확인 할 수 있으며 추가적으로 보완할 부분을 확인해 볼 수 있다.

세 번째로는 부족한 은퇴 생활비를 추가적으로 마련할 계획을 세울 필요가 있다.

경제적 준비를 하지 않는 이유를 묻는 질문(국민노후보장패널조사, 2015년 조사)에 의하면 준비할 능력이 없기 때문이라고 응답한 비율이 50% 이상을 차지하고, 앞으로 준비할 계획이라고 응답한 비율이 약 25% 이상을 차지하였다. 이러한 현상은 대부분 소득이 왕성하게 발생하는 기간에는 주택마련과 자녀들에 대한 투자로 은퇴 준비할 여력이 없게 되고, 자녀 양육이 어느정도 마무리 되면 본인들의 소득이 줄거나 단절되기 때문이다. 또한 25%의 응답처럼 앞으로 준비할 것이라고 미루는 현상이 초래한 결과이다.

생애주기 가설에 의하면 사람은 남은 평생을 염두에 두고 현재의 소비를 결정한다고 한다. 사람은 일정한 소비를 유지하기 위해서는 소득이 있는 기간 저축을 통해 소득이 없는 기간을 대비하여야 한다. 따라서 은퇴 후 생활비 준비가 부족한 것을 확인하였다면 은퇴 후 소득 감소와 소득 단절에 대비하여 은퇴 후 기본 생활비는 반드시 지금 준비하여야 한다. 한 해가 저물어 가면 소득 발생 기간이 한 해가 줄어들고 은퇴 준비는 더욱 어려워 질것이기 때문이다.

은퇴 후 삶에 대한 고민은 누구나 한다. 하지만 매년 연례행사처럼 계획만 세우고 작심삼일이 되는 현상이 반복되는 경우가 많다. 먼 미래의 일인 노후 보다는 현재의 소비로 얻는 기쁨이 당장 크기 때문이다. 하지만 분명한 것은 소득이 감소하고 단절될 날이 한 해가 더 다가왔다는 현실을 인식해야 한다. 누구에게나 현실이 되는 소득없는 노후를 위한 계획적인 준비와 실천이 반드시 필요하다.

〈필요 노후 생활비〉

(단위, 천원)

구분		필요최소노후생활비		필요적정노후생활비	
		부부기준	개인기준	부부기준	개인기준
거주지역	서울	2,320	1,440	3,301	2,053
	광역시	2,037	1,222	2,799	1,739
	도	1,858	1,190	2,587	1,701
전체		1,987	1,243	2,770	1,773

출처 : 국민연금연구원 국민노후보장패널조사 9차 조사자료 (2021년)

月 174만원은 있어야 한다는데… 난 연금 얼마나 받을까?

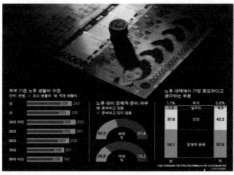

朝鮮日報
2018년 02월 14일
C07면 (금융/재테크)

한화생명 은퇴백서
계산해봅시다, 나의 노후

베이비붐 세대(1955~1963년생)의 본격적인 은퇴가 시작된 건 지금부터 8년 전인 2010년이다. 이들의 은퇴가 시작되기 전인 2000년대 중반부터 한국 사회에서는 '실버 파산' 등 노후 준비 미비에 대한 경고음이 끊임없이 울렸다. 지난 10여년간의 '경고'에도 우리 사회의 노후 준비 실태는 크게 개선되지 않은 것으로 보인다. 국민연금연구원의 국민노후보장 패널 조사(2015년)에 따르면 응답자 3명 중 1명만이 노후 준비를 하였거나 하고 있다고 응답했다. 특히 평균 수명이 긴 여성의 경우에는 응답자의 4분 중 1명만이 은퇴 준비를 하는 것으로 나타났다. 100점 만점으로 치면 30점 전후의 저조한 성적인 셈이다. 하지만 '시작이 반'이라는 말처럼, 노후 준비는 아예 손대지 않는 것보다 늦게라도 시작하는 것이 유리하다. 2018년 황금 개띠 해를 맞아 노후에 대한 기초적인 대비를 시작하는 것은 어떨까.

◇은퇴 부부 최소 월 174만원 있어야

은퇴 후 삶에 대한 계획에서 재무적인 부분과 비재무적인 부분에서 준비가 필요하다. 실제 사람들이 은퇴 이후 노후 대책에서 가장 중요한 요소로 꼽는 건 '경제력'과 '건강'이다.

이 둘 중 굳이 우선순위를 꼽자면 바로 '경제력'이다. 은퇴 후 경제력 확보를 위한 계획을 세운다면, 제일 먼저 은퇴 후 필요한 생활비 수준을 결정해야 한다. 물론, 개인의 생활수준에 따라 은퇴 후 생활비 수준은 다를 수 있다. 하지만 인간적인 최소한의 생활을 위한 비용 수준은 비슷할 것이다. 2015년 국민연금연구원이 42세 이상을 조사한 결과 최소 생활비는 부부 기준 월평균 약 174만원, 적정 생활비는 부부 기준 약 237만원이었다. 적어도 이 정도는 준비해야 한다는 것이다.

◇은퇴 후 소득 '자가 진단' 해야

은퇴 후 생활비로 쓸 수 있도록 소득이 얼마나 준비됐는지는 미리 진단해야 한다. 은퇴 후 소득 중 최저 생활비로 활용할 수 있는 노후 소득은 개인연금, 퇴직연금, 국민연금 등 연금 소득이다. 하지만 대부분 노후에 대비한 연금 소득이 얼마나 들어오는지, 사적 연금의 경우 언제부터 언제까지 나오는지 등은 잘 알지 못한다.

개인별로 준비된 연금을 확인할 수 있는 가장 좋은 방법은 금융감독원의 통합연금포털 사이트(100lifeplan.fss.or.kr)를 활용하는 것이다. 통합연금포털의 '내

100lifeplan.fss.or.kr

부부 적정 생활비는 月 237만원
금감원 '통합연금포털' 접속하면
내가 가입한 모든 연금 나오고
90세까지 받게되는 금액도 조회

advisor.fss.or.kr

내게 맞는 연금상품 알고싶을 땐
'연금저축 어드바이저' 접속
예약하면 전문가와 상담도 가능

연금 조회하기'를 클릭하면 공적 연금인 국민연금 외에도 개인이 가입한 사적 연금인 퇴직연금, 개인연금 등의 적립금 평가액 등 계약 정보와 55~90세까지 매년 받게될 연금액을 조회할 수 있다. 가입 후 영업일 기준 3일 뒤부터 자신의 정보를 조회할 수 있다. 매월 말 기준 연금 정보가 자동 갱신된다. 통합연금포털에 가입하지 않아도 자신의 연금 정보를 알 수 있다. 국민연금은 국민연금공단(nps.or.kr)의 '내 연금 알아보기'로 확인이 가능하며, 퇴직연금은 본인 직장의 담당 부서에 문의해야 한다. 직접 가입한 개인연금은 해당 금융사에 문의하면 된다.

노후 자금이 얼마나 부족한지 알고 싶다면 '연금저축 어드바이저'(advisor.

fss.or.kr)에 접속하면 된다. '노후재무 진단 서비스'를 이용하면 자신의 노후 자금이 얼마나 부족한지, 필요한 추가 납입액이 얼마인지 확인할 수 있다.

◇생활 빠듯해도 '최소 생활비' 쌓아둬야

자가 진단 결과 은퇴 후 생활비가 부족하다는 결과가 나왔다면, 추가 자금 조달 계획을 세워야 한다. 하지만 은퇴를 앞둔 이 4명 중 1명은 '나중에 준비하겠다'고 준비를 미루는 실정이다.

근로자 대부분 소득이 완성하게 발생하는 중장년 시절에는 주택 마련과 자녀 양육 등으로 은퇴를 준비할 여력이 없다. 자녀를 어느 정도 키우고, 은퇴 준비를 시작하려 치면 소득이 줄어든 경우가 많다. 이때 평생 일정한 소비 수준을 유지해 주는 것이 바로 '저축'이다. 소득이 있는 기간 저축을 통해 소득이 없는 기간을 대비해야 한다.

자신에게 맞는 연금 상품을 알고 싶다면 '연금저축 어드바이저'에 접속해 '맞춤형 연금저축상품 선별서비스'를 이용하면 된다. 원금 손실 여부, 납부 방법, 수령 방법, 수수료 등 원하는 조건에 맞는 상품 유형이 나열된다.

금융 전문가로부터 직접 상담을 받는 것도 좋다. '연금저축 어드바이저'의 '금융자문서비스'를 활용하면 진단 및 상품 추천 결과에 대해 온라인으로 상담을 받을 수 있다. 예약을 통해 대면이나 전화 상담도 가능하다. 대면 상담은 금융감독원 본원 1층에 있는 금융민원센터 내 상담 부스에서 이뤄진다. 전화 상담은 금감원 콜센터(1332)로 전화해 7번을 누르면 된다.

은퇴 후 삶에 대한 고민은 누구나 한다. 하지만 매년 연례행사처럼 계획만 세우고 '작심삼일'이 되는 현상이 반복되는 경우가 많다. 노후보다는 현재의 소비로 얻는 기쁨이 당장 크기 때문이다. 하지만 분명한 것은 소득이 감소하고 단절될 날이 한 해가 더 다가왔다는 현실을 인식해야 한다. 노후가 있는 삶을 위한 계획적인 준비와 실천이 반드시 필요하다.

김기웅 한화생명 연수팀 부장

노후 생활 이야기

02.

피할 수 없다면 준비해라

최근 우리 사회는 과거 대가족주의를 기반으로 한 다인가
구 중심의 가계 구성이 1인 가구 중심으로 급격히 변화하고
있다. 1980년 5인이상 가구가 전체 가구의 절반이상을 차지
하고 있었으나, 2021년 기준 1인 가구가 33.4% (716만가구)
를 차지하여 가장 높은 비율을 보였다. 이는 세 가구 중 한 집
은 '나홀로 족'임을 의미한다.

이러한 사회적 변화를 반영하는 듯 '나 혼자 산다, 미운 우
리새끼 ' 등의 TV예능 프로그램이 인기리에 방영되고 있기도
하고, 솔로이코노미 (solo economy), 일코노미(1conomy)
와 같은 신조어가 탄생하기도 하였다.

1인 가구의 증가 원인은 다양한 사회환경의 변화에 기인한
다. 젊은 층의 경우 자신의 경제력을 바탕으로 자신만의 삶을
즐기기 위해 싱글 라이프를 택한 사람들의 비혼과 만혼이 원
인 중 하나다. 기성 세대에서는 급격히 늘어나는 이혼가구와

더불어 평균 수명 연장에 따른 사별에 의한 홀로 사는 노령 1
인 가구 증가하였다.

이러한 사회적 흐름이 계속되면서 가장 심각한 문제는 1
인 노인가구의 증가에 있다. 통계청에서 2022년 발표한 장례
가구 추계에 의하면 전체 1인가구에서 65세이상 1인 노인가
구가 차지하는 비율은 22%지만, 2050년에는 1인 노인가구
가 49.8%를 차지할 전망이다. 혼자 사는 2가구중 1가구는 65
세 이상 가구가 된다. 사회적 변화에 능동적이고 익숙한 젊은
층은 싱글라이프를 즐기기 위한 자발성이 가미된 1인 가구임
에 비해, 사회경제적으로 취약한 노인세대의 비자발적 1인 가
구의 증가는 개인 뿐만 아니라 사회적으로도 크나큰 문제가
될 것이다.

독거노인은 가족, 친구, 이웃 등과의 교류 단절과 역할 감
소에 따른 외로움으로 인해 사회적으로 고립되곤 한다. 보건
사회 연구원 조사에 의하면 1인 노인가구의 경우 만성질환율
과 우울 의심증이 2배이상 높으며, 또한 대인관계 결핍에 따
라 정서적 불안정으로 10가구중 4가구가 우울 의심증을 보인
다고 한다.

따라서 **노년에 홀로 사는 것에 대한 철저한 준비가 필요
하며, 단순히 오래 사는 것보다 건강하게 오래 사는 것이 중**

요하다.

규칙적인 생활 습관을 유지하고 무료 건강검진 활용하자

혼자 살면 불규칙적인 식사나 수면, 운동 등으로 생활 습관이 나빠져 질병 발생 위험이 늘어난다. 따라서 규칙적인 생활 습관을 유지하고 정기적인 건강검진을 받는 것이 좋다. 건강 검진은 국민건강보험공단에서 시행하는 무료 건강 검진을 적극적으로 활용할 필요가 있다. 2년에 한번 홀수 출생자는 홀수 년도에, 짝수 출생자는 짝수 년도에 기본적인 검사와 더불어 주요 암 검사를 통해 규칙적이고 정기적인 건강관리가 가능하다. **건강검진 관련한 궁금증은 건강정보전문 포털사이트 (http://hi.nhis.or.kr)나 국민건강보험공단 콜센터(1577-1000)를 이용**하면 편리하다.

응급상황에 누구에게 연락할 것 인가?

1인 가구의 경우 혼자 있을 때 응급 상황이 발생하면 적절한 조치가 이루어지지 않아 사망하는 경우가 크게 늘어나고 있다. 보건복지부에서 발표한 1인 노인가구 고독사의 경우 2011년 693명에서 2015년 1,245명으로 179%가 증가하여 사회적으로 큰 이슈가 되고 있다. 22년 조사에 의하면 고독사의 48%이상이 60세 이상 홀로 사는 노인의 고독사로 조사되었다. 따라서 **응급상황에 대비하여 친구나 가족 친지와의 핫라인을 확보하여 주기적으로 연락하고 관계를 이어갈 필요가 있다.** 또한 독거 노인의 경우 독거노인 종합지원센터의 독거노인 돌봄 기본서비스를 통해 주기적인 방문과 전화확인, 독거노인대상 복지, 문화 프로그램을 지원받거나 노인상담 전화(1661-2129)를 이용하는 것도 좋다.

스마트폰과 인터넷에 익숙해지자

이제 혼자 살기에 익숙해질 필요가 있다. 그런데 혼자 살면서도 원하는 여가생활을 보내고 시간과 공간의 제약 없이 더 넓은 인간관계를 맺는 방법이 있다. 그것은 1인 가구일지라도 컴퓨터와 모바일을 통한 인터넷 세상에 익숙해지는 것이다. 인터넷을 통해 집안에 혼자 있어도 외부 세상과 얼마든지 교류하고 소통할 수 있기 때문이다.

일본에서 유명한 83세의 스마트폰 게임 개발자 '와카미야 마사코' 씨는 "디지털 기술은 인간을 창조적으로 만들어주며 이는 고령자에게도 마찬가지"라고 말하였다. 평생을 독신으로 살던 와카미야 씨는 90년대 중반 와병 중인 어머니를 돌보며 사람들과 소통하기 위해 컴퓨터 통신을 처음 활용했고, 80

대에 노인 전용 앱과 컴퓨터 게임까지 개발하게 되었다. 이런 와카미야 씨가 '디지털 기술은 새로운 세계를 접하는 날개가 되었다'고 말한 것과 같이, 노인들 또한 다양한 앱을 활용하여 혼자 할 수 있는 운동과 취미생활을 가지는 것이 좋다. 인터넷 활용법에 대한 교육은 거주 지역의 노인종합복지관 등 많은 곳에서 배울 수 있다.

노후 빈곤에 대비하자

홀로 사는 노후에 가장 큰 문제는 경제력이다. 2016년 가계금융복지조사에 의하면 65세이상 빈곤율(65세 이상 노인 가구 중 소득이 전체가구 중위소득의 50% 미만인 비율)은 61.8%로 전체 빈곤율 19.5%의 3배에 달하고 있다. 특히 65세 노년층 1인가구의 약 74% 이상을 차지하는 여성 1인 노인 가구의 경제적 문제는 더욱 심각한 상황이다. **빈곤한 노후 경제력 보완을 위해서는 젊어서부터 생활비를 쪼개 사적연금 가입이나 국민연금 임의 가입을 통해 노후의 일정 소득을 확보할 필요가 있다. 또한 노후 긴급 의료비를 위해 별도 자금마련이나 실손보험 간편가입을 고려할** 필요가 있다.

우리에게 주어진 시간은 누구에게나 동일하게 24시간이다. 하지만 이 24시간을 어떻게 나누어 쓰고 준비하는가에 따라 노년의 삶에 차이가 발생한다. 바쁜 일상 속에서 홀로 살 날들을 미리 준비하는 것도 필요하며, 혼자 사는 삶을 어떻게 가치 있게 살 것인가? 에 대한 고민과 노력이 필요하다.

〈1인가구 추이〉

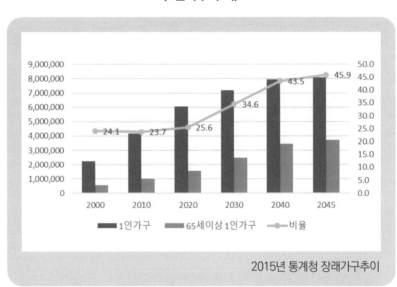

2015년 통계청 장래가구추이

급증하는 1인 노인가구… 건보공단의 무료 검진으로 건강 챙기세요

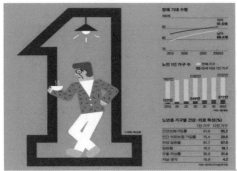

장래 기대 수명

노인 1인 가구 수

노년층 가구별 건강·의료 특성(%)

朝鮮日報
2018년 02월 28일
C07면 (금융/재테크)

한화생명 은퇴 백서
피할 수 없다면 준비하라

통계청이 5년마다 실시하는 인구 주택 총조사의 가구 구성비는 우리 사회의 변화를 단적으로 보여준다.

1975년 이전만 해도 5인 이상 가구가 보편적이었다. 1980~2005년에는 4인 가구가 세 집 중 한 집꼴로 가장 많았다.

2010년에는 2인 가구가 가장 많아 네 집 중 한 집꼴이었고, 급기야 2015년 센서스에서는 처음으로 1인 가구(27.2%)가 2인 가구(26.1%)보다도 많아져 가장 흔한 가구 형태가 됐다. 2015년 한국의 1인 가구는 전체 가구(1911만1000가구)의 27.2%인 520만3000가구였다. 세 집 중 한 집은 '나홀로족(族)'인 것이다.

최근 '나 혼자 산다' '미운 우리 새끼' 등 1인 가구의 생활을 다룬 TV 프로그램이 인기를 끌고, '일코노미(한 사람을 나타내는 숫자 1과 경제를 뜻하는 영단어 이코노미의 합성어)'가 등장한 것도 이러한 가구 구성 변화의 연장선에 있다.

1인 가구 중 빠르게 비중이 늘고 있는 집단은 바로 1인 노인 가구, 즉 독거 노인이다. 통계청 장래 가구 추계에 따르면 전체 1인 가구에서 만 65세 이상 1인 가구가 차지하는 비율은 2015년 24.5%에서 2045년 45.9%로 증가할 전망이다. 독신 가정 둘 중 하나는 노인 가구라는 것이다.

사회 변화에 능동적이고 익숙한 젊은 층은 싱글 라이프를 즐기기 위한 자발적 '싱글'의 길을 택하는 경우가 많다. 하지만 사회경제적으로 취약한 노인 세대의 비자발적 1인 가구 증가는 개인뿐 아니라 사회적으로도 큰 문제가 되고 있다. 노년에 홀로 지내기 위해서는 철저한 준비가 필요하다.

◇건보공단의 무료 건강검진 적극 활용

혼자 살면 불규칙적인 식사나 수면, 운동 등으로 생활 습관이 나빠져 질병 발생 위험이 늘어난다. 한국보건사회연구원이 발간한 '우리나라 세대별 1인 가구 현황과 정책과제' 보고서에 따르면 독거 노인 10명 중 4명이 우울증에 걸렸을 가능성이 있다. 또 독거 노인 10명 중 1명이 자살을 생각하는 것으로 나타났다. 노인 평균의 2배에 달하는 수준이다. 이와 함께 독거 노인은 가족과 생활하는 노인보다 건강보험과 민간 의료보험 가입률은 낮고, 만성질환율과 입원율은 높은 것으로 나타났다.

따라서 규칙적인 생활 습관을 유지하고 정기적인 건강검진을 받는 것이 좋다.

독거노인, 가족과 사는 노인보다
건보 가입률 낮고 질환율 높아

노후 위해 사적연금이나
국민연금 임의 가입 통해
일정 수준의 소득 확보해야

건강검진은 국민건강보험공단에서 시행하는 무료 건강검진을 적극적으로 활용할 필요가 있다. 2년에 한 번 홀수 해 출생자는 홀수 해에, 짝수 해 출생자는 짝수 해에 기본적인 검사와 더불어 주요 암 검사를 받을 수 있다. 건강검진과 관련한 궁금증은 건강정보 전문 포털사이트(http://hi.nhis.or.kr)나 국민건강보험공단 콜센터(1577-1000)를 이용하면 편리하다.

◇응급 상황에서 누구에게 전화할 것인가

응급 상황에 대비해 친구나 가족 친지와의 핫라인(비상연락망)을 확보하고 주기적으로 연락하며 관계를 이어 가야 한다. 1인 가구의 경우 응급 상황이 발생했을 때 적절한 조치가 이루어지지 않아 사망할 확률이 높기 때문이다. 복지부에서 발표한 1인 노인 가구 고독사의 경우 2011년 693명에서 2015년 1245명으로 증가했다.

독거 노인의 경우 독거 노인 종합지원센터의 독거 노인 돌봄 기본 서비스를 통해 주기적인 방문과 전화 확인, 독거 노인 대상 복지·문화 프로그램을 지원받거나 노인 상담 전화(1661-2129)를 이용하는 것도 좋다.

◇스마트폰과 인터넷에 익숙해지자

스마트폰과 인터넷을 이용하면 혼자 살면서도 시간과 공간의 제약 없이 더 넓은 인간관계를 맺을 수 있다. 일본의 유명한 스마트폰 게임 개발자 와카미야 마사코씨는 83세다. 평생을 독신으로 살던 와카미야는 1990년대 중반 와병 중인 어머니를 돌보며 사람들과 소통하기 위해 컴퓨터 통신을 처음 활용했고, 80대에 노인 전용 앱과 컴퓨터 게임까지 개발했다.

와카미야씨가 "디지털 기술은 인간을 창조적으로 만들어주며, 이는 노인에게도 마찬가지"라고 말한 것처럼, 노인들 또한 다양한 앱을 활용하여 혼자 할 수 있는 운동과 취미 생활을 가지면 좋다.

지자체에서 24시간 운영하는 많은 노인종합복지관에서 인터넷 활용법에 대한 교육을 받을 수 있다.

◇노후 빈곤에 대비해야

홀로 사는 노후에 가장 큰 문제는 경제력이다. 2016년 가계금융복지조사에 의하면 65세 이상 빈곤율(65세 이상 노인 가구 중 소득이 전체 가구 중위소득의 50% 미만인 비율)은 61.8%로 전체 빈곤율(19.5%)의 3배에 달한다. 특히 노년층 1인 가구의 약 74% 이상을 차지하는 여성 1인 노인 가구의 경제적 문제는 더욱 심각하다.

노후 경제력 보완을 위해서는 생활비를 쪼개 사적 연금에 가입하거나 국민연금 임의 가입 등을 통해 일정 수준의 노후 소득을 미리 확보해야 한다. 또한 노후 긴급 의료비를 위해 별도 자금 마련이나 실손보험 간편 가입을 고려할 필요가 있다.

우리에게 주어진 시간은 누구에게나 동일하게 24시간이다. 하지만 이 24시간을 어떻게 나누어 쓰고 준비하는가에 따라 노년의 삶은 달라진다. 바쁜 일상 속에서 홀로 살 날들을 미리 준비하고, 어떻게 가치 있게 살 것인가에 대해 고민해야 한다.

김기홍 한화생명 연수팀 부장

03.

은퇴 후에도 '친구 아이가'
하다 빈 지갑 된다.

　　은퇴 후 노년기에 접어든 많은 사람들이 느끼는 감정은 사회와의 단절에 따른 두려움, 외로움, 우울감 등이라고 한다. 활발한 사회 생활을 한 경우에 외로움과 상실감을 더 크게 느낀다. 조직과 사회 생활에서 가졌던 부와 명예, 권위 중심의 사회적 관계 감소가 인간관계의 약화를 초래한 결과이다.

　　국민노후보장 패널자료(2013년) 자료를 활용하여 은퇴한 1260가구주의 노후생활 만족도와 관계만족도에 대한 상관관계를 분석한 결과, 친구관계만족도와 노후생활만족도가 가장 높은 상관관계를 보였다. 그 다음으로 이웃관계만족도, 형제관계만족도, 자녀관계만족도 순으로 나타나 친구관계 만족도가 높을수록 노후생활 만족도가 높음을 알 수 있다.

　　은퇴 이후에는 가족관계에 변화가 발생한다. 자녀들은 분가하고 자녀들의 가정을 이루기 때문에 부모세대와는 분리될 수밖에 없다. 부부관계 역시 최근에는 졸혼, 이혼 등으로 가족관계에 많은 변화가 이루어 지고 있다. 친척관계와 이웃관계 역시 개인주의가 심화되고 바쁜 일상으로 친족, 이웃보다는 직장 등의 사회 생활 중심으로 관계의 무게 중심이 옮겨갔다. 이러한 연유로 그 존재감이 축소되어 친구관계만족도와 노후생활 만족도가 가장 높은 상관관계를 보였을 것으로 예상된다.

따라서 **평안한 노후의 삶을 위해서는 경제적 준비와 더불어 함께 시간을 보내고 공통의 관심사를 나눌 수 있는 친구관계를 어떻게 형성하고, 노후에도 지속할 수 있느냐가 중요할** 것이다.

조직의 인간관계에 All-IN 하지 마라

대부분 인간관계의 시작은 가족관계에서 출발하나 사회생활을 시작하면서 직장이나 사업상의 인간관계로 급격히 이동하게 된다. 그러나 조직과 사업상 맺은 인간관계는 상하 관계로 엮여 있어 조직을 떠나거나 사업상 단절이 발생하면 인간관계의 지속성은 소멸하게 되는 경우가 대부분이다. 은퇴 후 사라질 직장이나 사업관계를 통해 맺은 아무리 좋은 인간관계도 노후에는 지속되기가 힘들다는 것을 유념할 필요가 있다.

인간관계의 양보다는 질이 중요하다.

행복한 노후생활을 위해서 얼마나 많은 친구가 필요할까? 우리는 마당발 흔히 인간관계의 폭이 넓은 사람들을 부러워한다. 하지만 폭넓은 인간관계는 경제적 부담이 초래될 수도 있으며 지속적인 좋은 관계를 유지하는 것에도 한계가 있다. 특히 노후에 많은 사람들과 좋은 인간관계를 지속하는 것은 경제적으로 불가능할 수도 있다. 개인의 인간관계를 과학적으로 설명한 영국의 인류학자 로빈 던바의 '던바의 법칙'에 의하면 아무리 인맥이 풍부하고 관계가 좋아도 최대의 수는 150명이라고 주장한다. 던바의 주장에 의하면 SNS를 통해 친구의 수가 수 천명이 되고, 그들과 자주 소통하더라도 안정적으로 관계를 유지할 수 있는 사람은 최대 150명이라고 주장한다.

어려움에 처했을 때 도움을 요청할 수 있는 완전 절친은 5명, 그 다음 절친은 15명, 좋은 친구는 35명, 그냥 친구150명, 아는 사람 500명, 알 것도 같은 사람 1500명이라는 것이다. 따라서 행복한 노후 생활을 위해서는 완전 절친 5명이면 충분할 수 있다. **당신에게 완전 절친은 몇 명이나 되는가? 수 많은 사람들 속에서 맘을 터놓고 예기할 수 있는 완전 절친 5명만 있어도 성공한 인생이고 좀더 나은 노후 생활을 할 수 있을 것**

이다. 은퇴 이후를 대비하기 위해서는 많은 친구 보다 절친에 집중해야 할 것이다.

좋은 인간관계 맺기 위해 취미와 가치를 공유하고 소통하라

한국 고용정보원의 2016년 통계로 본 노동동향 보고서에 의하면 주된 일자리에서의 퇴직 연령을 보면 평균 49.1세로 나타났다. 주된 일자리에서 가장 많은 시간과 인간관계가 이루어진다. 따라서 조직과 업무 관련한 관계 속에서 지속 가능한 친한 친구를 만드는 것도 중요하다. 조직에서도 상하관계에 의한 피상적인 관계보다는 동일한 취미, 가치관을 공유할 수 있는 진정한 친구관계 형성이 필요하다. 평소 일과 관련된 만남 과 대화뿐 아니라 사적인 만남과 진정한 소통이 중요하다. 서로의 생각과 가치관을 공유할 수 있는 친구관계가 형성되어야 은퇴 이후에도 만남이 지속될 있을 것이다.

법정스님은 홀로 사는 즐거움이라는 책에서 '고독과 고립은 다르다. 홀로 사는 사람은 고독할 수는 있어도 고립되어서는 안 된다. 모든 살아있는 존재는 관계 속에서 거듭거듭 형성되어간다. 홀로 있을수록 함께 있으려면 '자기관리'가 철저해야 한다'고 하였다.

노후에 고립되지 않는 삶을 위한 친구관계는 한 순간에 이루어지지 않는다. 은퇴後에 관계를 형성하는 것은 더더욱 어려울 수도 있다. 따라서 은퇴前부터 차근차근 친구의 양보다는 질에 집중하여 준비하는 것이 필요하다.

〈노후생활만족도와의 상관 관계〉

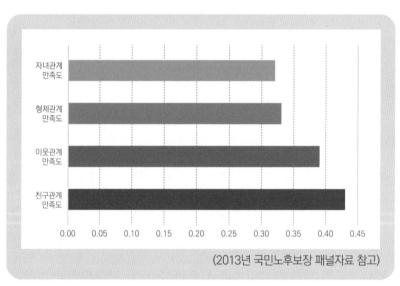

(2013년 국민노후보장 패널자료 참고)

朝鮮日報

2018년 03월 14일
311면 (금융/재테크)

은퇴 후에도 "친구 아이가" 하다 빈 지갑된다

영화 '친구'

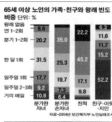

65세 이상 노인의 가족·친구와 왕래 빈도

비중 단위: %

	분가한 자녀	분가한 손자녀	친척	친구·이웃 ·지인
왕래 없음 연 1~2회	8.8		22.2	6.3
분기 1~2회	20.2	35.0		11.6
				11.7
한 달 1회	31.5	25.3	45.2	15.2
일주일 1회	17.7	19.7	17.1	52.2
일주일 2~3회	9.2	7.3	9.8	
거의 매일	10.8	6.4		

자료=2014년 보건복지부 노인실태조사

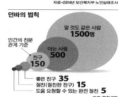

던바의 법칙

인간의 친분
관계 기준

- 알 것도 같은 사람 **1500명**
- 아는 사람 **500**
- 친구 **150**
- 좋은 친구 **35**
- 절친(절친한 친구) **15**
- 도움 요청할 수 있는 완전 절친 **5**

자료=한화생명

한화생명 은퇴백서

친구도 구조조정이 필요해

평안한 노후를 위해서는 은퇴 자금 등 경제적 준비뿐 아니라 시간을 보내고 관심사를 나눌 수 있는 친구 관계를 만들고 이 관계를 노후에도 유지하는 게 중요하다. 통상적으로 은퇴 후 노년기에 접어든 많은 사람이 사회와의 단절에 따른 두려움, 외로움, 우울감 등을 느낀다. 은퇴 전에 활발하게 사회생활을 해왔던 사람일수록 그 상실감은 더 크다. 조직과 사회생활에서 가졌던 부와 명예, 권위 중심의 사회적 관계가 감소하며 인간관계도 약화되기 때문이다. 이로 인해 은퇴 후 인간관계에 대한 준비를 미리 하지 않으면 이 같은 상실감은 견디기 어려울 수 있다.

국민연금연구원이 2013년 국민노후보장 패널자료를 활용해 은퇴 가구주 1260명의 노후 생활 만족도와 관계 만족도에 대한 상관관계를 분석한 결과는 흥미롭다. 노후 생활 만족도와 가장 높은 상관관계를 보인 것은 친구 관계 만족도였다. 이웃 관계, 형제 관계, 자녀 관계 만족도가 그 뒤를 이었다. 은퇴 이후에는 자녀들은 분가해 가정을 이루고 좋은(부부가 이혼하지 않고 따로 사는 것)·이혼 부부 관계도 과거와 달라지면서 친구 관계 만족도나 노후 생활 만족도가 가장 높은 상관관계를 보였을 것으로 예상된다.

◇인간관계는 양보다 질이다

그렇다면 행복한 노후 생활을 위해서 얼마나 넓은 친구가 필요할까? 우리는 인간관계의 폭이 넓은 사람들, 흔히 말하는 마당발을 부러워한다. 하지만 은퇴 후에는 사회생활에서 쌓았던 폭넓은 인간 관계가 오히려 경제적 부담을 초래할 수 있다. 좋은 관계를 지속적으로 유지하는 것도 한계가 있다.

개인의 인간관계를 과학적으로 설명할

영국의 인류학자 로빈 던바의 '던바의 법칙'은 재미있는 시사점을 준다. 영장류를 대상으로 조사를 해봤더니, 정교한 사고를 담당하는 대뇌 영역인 신피질이 클수록 알고 지내는 친구가 많았다는 것이다.

친구들과 관계 좋을수록

노후 생활 만족도 높지만

폭넓은 '마당발'은 오히려

경제적 부담 초래할 수 있어

던바는 인간의 신피질의 크기를 근거로 인간의 친분 관계는 150명이라고 추정했다. 실제 원시부족 마음을 구성한 주민의 수도 평균 150명이라는 사실을 발견했다. 한 사람이 제대로 사귈 수 있는 친구는 최대 150명이라는 것이다. 던바 교수는 소셜미디어를 통해 친구의 수가 수천 명이 되고, 그들과 자주 소통하더라도 안정적으로 관계를 유지할 수 있는 사람은 최대 150명이라고 주장한다. 150명은 '던바의 수'로도 불린다. 이 밖에도 어려움에 처했을 때 도움을 요청할 수 있는 완전 절친(절친한 친구)은 5명, 그다음 절친은 15명, 좋은 친구는 35명, 그냥 친구는 150명, 아는 사람은 500명, 알 것도 같은 사람은 1500명이라고 한다. 예컨대 조선일보가 작년 20~60대 성인 남녀 1038명을 조사한 결과, '진짜 친구는 몇 명인가' 란 질문에 대해 5명 이하라고 대답한 비중이 69.4%로 압도적으로 많았다.

수많은 사람 속에서 마음을 터놓고 이야기할 수 있는 완전 절친 5명만 있어도 성공한 인생이며 좀 더 나은 노후 생활을 할 수 있다. 은퇴 이후를 대비하기 위해서는 그저 많은 친구를 사귀기보다는 어려움이 닥쳤을 때 의지할 수 있는 '완전 절친'을 만드는 데 집중해야 한다.

◇직장·사업 인간관계에 몰입하지 마라

대부분 인간관계의 시작은 가족 관계

에서 출발한다. 학교를 다니면서 인간관계는 친구로 확장된다. 이후 사회생활을 시작하면서 직장이나 사업상의 인간관계로 중심이 급격히 이동하게 된다. 한국고용정보원의 2016년 통계로 본 노동 동향 보고서에 따르면 주된 일자리에서의 퇴직 연령은 평균 49.1세였다. 20대 후반에 직장 생활을 시작한다면 20여 년 이상 주된 일자리에서 가장 많은 시간과 인간관계가 이루어진다는 의미이다.

하지만 이런 직장·사업상의 인간관계는 가족 관계와는 다르다. 직장 동료나 사업상 인맥은 상하 관계로 엮여 있기 때문이다. 아무리 좋은 관계라도 직장이나 사업을 통해 맺어진 인간관계는 은퇴 후에는 지속되기 힘들 수 있다.

◇좋은 인간관계를 맺으려면 취미·가치를 공유하라

그래서 직장과 같은 조직에서도 상하 관계에 의한 피상적인 관계보다는 동일한 취미, 가치관을 공유할 수 있는 진정한 친구 관계 형성이 필요하다. 평소에도 일과 관련된 만남과 대화뿐이 아니라 사적인 만남과 진정한 소통이 중요하다. 서로의 생각과 가치관을 공유할 수 있는 친구 관계가 형성돼야 은퇴 이후에도 만남이 지속될 수 있다.

법정스님은 '홀로 사는 즐거움' 이라는 책에서 "고독과 고립은 다르다. 홀로 사는 사람은 고독할 수는 있어도 고립돼서는 안 된다. 모든 살아있는 존재는 관계 속에서 거듭거듭 형성되어 간다. 홀로 있을수록 함께 있으려면 '자기 관리' 가 철저해야 한다"고 했다.

노후에 고립되지 않는 삶을 위한 친구 관계는 한순간에 이루어지지 않는다. 특히 은퇴 후에는 관계를 형성하는 것이 더욱 어려울 수 있다. 따라서 은퇴 전부터 차근차근 친구의 양보다는 질에 집중하여 준비하는 것이 필요하다.

김기홍 한화생명 연수팀 부장

노후 생활 이야기

04.

주택연금, 불효자보다 낫다.

1985년 노벨 경제학상 수상자인 이탈리아 경제학자 모딜리아니가 1950년에 발표한 생애주기가설에 의하면 현재 소비는 현재의 소득뿐만 아니라 평생 동안 예상되는 생애 소득에 의해 결정된다. 즉 사람은 일정한 소비 수준을 유지하기 위하여 소득이 있는 기간 저축을 통하여 소득이 없는 기간을 대비하여야 한다. 결국 소득이 높은 중장년기에는 이를 모두 소비하는 것이 아니라 은퇴 후 소득이 줄거나 단절될 경우를 대비하여 일부를 저축하여야 한다. 은퇴한 노후에는 중장년기에 모아둔 자산으로 종전과 비슷한 소비수준을 유지하여야 한다. 하지만 현실은 무척이나 다르다.

노후자산 부동산에 묶여

통계청이 발표한 2022년 가계금융복지 조사에 의하면 **60세 이상 가계의 평균 총자산은 5억400여만원인데 그 중 부동**

산 자산이 4억5천만원이었고, 금융자산은 9200만원에 불과하여 순자산대비 부동산 자산비율이 83%로 대단히 불균형적인 자산 구조를 이루고 있다. 부채를 제외한 은퇴 자금으로 활용이 가능한 금융자산은 아주 미미한 상태였다.

또한 은퇴한 가구주를 대상으로 생활비 충당 정도를 물어본 결과에 의하면 충분히 여유 있거나, 여유 있다는 응답은 8%에 불과하였고 부족하다는 응답은 39.9%, 매우 부족하다는 응답이 22.4%로 은퇴 후 생활비 가 상당히 부족하고 빈곤한 삶을 살아가는 것을 알 수 있다. 또한 은퇴 후 생활비 마련 방법은 공적연금과 공적수혜금이 57.6%로 가장 높은 비중을 차지하였고, 가족의 수입이나 자녀, 친지 용돈(27.9%) 기타(10.3%) 사적연금 저축액(4.2%) 순으로 나타났다. 공적연금의 경우에도 국민연금공단 2021년 발표에 의하면 국민연금 월평균 수령액은 월 53만원 정도에 불과하였고 노후준비를 위해 개인이 가입한 사적연금은 더욱더 부족한 것이 현실이다. 결국 노후 생활비의 대부분을 자력이 아닌 국가나 타인에 의존함을 알 수 있다. 하지만 이미 은퇴한 가구가 자력으로 생활비 충당을 위해 할 수 있는 일은 거의 불가능한 상태이다.

빈곤한 노후의 원인은 소득수준이 높은 기간에 소비통제를 통한 저축이 제대로 이루어 지지 못했거나, 과도한 자녀 교

육비와 결혼 자금 지출이 원인이 될 수 있다. 그 결과 은퇴후에는 집 하나가 재산의 전부인 경우를 흔히 볼 수 있다.

은퇴자가 부족한 생활비를 충당 할 수 있는 가장 좋은 대안은 거주 하고 있는 집을 활용하는 것이다. 집에 대한 생각을 전환하여 주택을 단순히 거주의 목적뿐만 아니라 은퇴 후 빈곤을 해결 할 수 있는 주택연금으로 활용하는 것이다. 주택에 대한 관점을 전환하면 은퇴에 대한 불안감을 해소 할 수 있고 부족한 노후 생활비를 확보 할 수 있다.

2007년 515명의 가입자가 2017년에는 누적 가입자 4만 9815명으로 10년사이 20배가 증가 하여 주택이 은퇴 생활비 확보의 주요한 수단으로 인식의 전환이 이루어 지고 있다.

3억원짜리 집 가진 70세, 평생 901천원 받아

주택연금은 고령층의 주거 와 노후 생활의 안정을 위해 만 60세 이상 (주택 소유자 또는 배우자)의 고령자가 거주주택을 담보로 제공하고 평생 또는 일정한 기간 동안 매월 연금 방식으로 노후 생활 자금을 지급 받을 수 있는 국가 보증의 금융상품이다. 주택 수와 상관없이 9억이하의 주택을 소유하고 있으면 주택 연금 가입이 가능하며 보유주택 합산 가격이 9억 이상인 2주택자의 경우에는 3년내 1주택을 처분하는 조건으로 가입도 가능하다.. 다만, 거주 주택이 아닌 전세를 주고 있는 경우에는 현재 불가능하지만 향후 법개정을 통해 전세 주택도 가능해질 전망이다.

연금 수령 방식은 월지급액을 종신토록 지급 받을 수 있는 종신 방식과 고객이 선택한 일정기간 동안만 월지급금을 지급 받을 수 있는 확정기간 방식, 주택담보 대출 상환용으로 인출 한도(대출한도의 50% 초과 70%이내)범위 안에서 일시에 찾아 쓰고 나머지 부분을 월지급금으로 종신토록 지급 받을 수 있는 대출상환방식과 부부기준 1.5억 이하 1주택 보유자가 종신방식보다 월지급금을 최대 20% 우대하여 지급 받을 수 있는 우대 방식 등으로 다양하다. 다양한 방식 중에서 가장 좋은 방식은 종신지급형으로 실제 주택연금 가입자의 90% 이상이 종신지급방식을 선택하고 있다. 예를 들어 3억 주택을 소유한 70세 가입자의 경우 종신지급방식을 선택할 경우 매월 901천원을 확정적으로 종신토록 지급 받을 수 있다.. 금리가 오르거나 자산가치가 떨어지더라도 최초 약정 금액은 변함없이 지급받을 수 있다. 따라서 금리인상과 주택시장 하락에 대한 위험으로 부터 안전하게 노후 생활비를 확보할 수 있다 또한 긴급 자금이 필요할 경우를 대비하여 혼합방식(종신 혼합방식, 확정기간혼합방식)을 선택할 경우 인출 한도내에서 인출하여 사용할 수도 있다.

　주택연금 가입 후 주택 가격이 급격히 인상되어 중도 해지를 희망할 경우에는 그동안 지급받은 연금액과 이자상당액만 상환하면 된다. 또한 사망시에는 배우자가 있다면 배우자로 명의이전 후 계속적으로 연금을 수령할 수 있으며, 부부 모두 사망시에는 연금의 지급이 중단되고 대출을 상환하여야 한다. 이때 주택가격이 대출금액보다 초과할 경우에는 남은 금액은 유가족이 받을 수 있다. 반대로 대출금액이 주택가격을 초과하여도 상속인에게 대출금액을 청구할 수는 없다.

　주택연금은 주택가격과 평균수명에 따라 받는 금액이 달라지게 된다. 평균 수명이 계속적으로 연장되는 것을 감안하면 조금이라도 빨리 신청하는 것이 유리 할 수 있으며, 주택가격이 높을 때 활용하는 것이 유리하다.

　주택연금 예상액 조회와 자세한 내용은 한국주택금융공사 홈페이지를 활용하거나 스마트폰 어플 주택금융공사 앱을 활용하면 쉽게 연금 신청 방법과 예상액을 조회해 볼 수 있다.

　노벨경제학 수상자 로버트 머튼은 '은퇴 시점에 우리가 이루고자 하는 것은 자산을 축적하는 것이 아니라 은퇴 전 생활을 유지하는 것' 이라 하였다. 따라서 단순히 주택을 축적된 자산으로 활용하는 것이 아니라 부족한 생활비를 충당 할 수 있

는 수단으로 활용하는 것이 필요하다. 은퇴준비는 결국 개인의 몫이다 따라서 개인연금을 통한 노후 생활비를 적극적으로 확보해야 한다. 또한 거주 주택의 개념을 평생 가족을 위한 집에서 자녀들이 출가한 은퇴 후에는 단순 거주 목적이 아니라 은퇴 소득원으로 활용하는 결단도 필요할 것이다.

노후 생활 이야기

05.

은퇴자산, 몰빵하지 말고
분산하세요.

"내 인생은 나의 것, 내 인생은 나의 것, 나는 모든 것 책임질 수가 있어요. 그냥 나에게 맡겨 주세요"

1983년 발표된 '내 인생은 나의 것'이란 노래 가사다. 당시 젊은이들에게 대단한 인기를 누린 곡이다. 과거에는 젊은 층에서 인기를 누렸지만 은퇴를 앞두고 노후 준비를 걱정하는 모든 사람들이 한번쯤은 생각해 볼 필요가 있다. 왜냐하면 은퇴 후 30-40년의 긴 인생 후반기에 대한 책임은 본인의 몫이고 본인의 인생이기 때문이다.

부모세대는 아직도 자녀 부양의무라는 큰 짐에 짓눌려 사는 것이 현실이다. 보건사회 연구원 2012년 자료에 의하면 자녀 1명의 대학 졸업시까지 소요되는 비용을 3억 896만원으로 추정 하였다. 자녀 결혼비용까지 포함한다며 노후 준비의 최대 적은 자녀에 대한 지원일 것이지만 자녀의 성공이 본인의 성공이고, 본인의 미래라는 생각에 빠져 있는지도 모른다.

　하지만 자녀로부터 부모 노후 봉양에 대한 기대는 하지 않는 것이 좋다, 통계청 사회 조사의 '노후 생활비 주 제공 주체'에 대한 질문에서 ' 부모 스스로 해결해야 한다'는 응답이 2010년 48%에서 2016년 57.1%로 높아졌으며, 반대로 자녀에게 의지한다는 응답은 51.6%에서 42.8%로 줄어 들었다. 결국 자녀세대의 부모 부양책임에 대한 인식이 낮아졌고 과거와 많이 달라졌음을 인식하여야 한다.

　또한 노령화 지수가 2017년 100%를 넘어서 노년층 인구(65세이상)가 유소년 인구(0-14세) 를 추월하였다. 2030년에는 유소년1명당 노년층 인구가 2명이 될 것으로 예상되고 있다. 또한 현재 노년부양비(총인구 중에서 생산가능인구(15~64세)에 대한 고령인구(65세 이상)의 백분비)는 19.6%로 생산 가능 인구 5.1명이 노인 1명을 부양해야 한다. 멀지 않은 2030년에는 2.6명, 2060년에는 1,2명이 노인 1명을 부양하는 시대가 도래한다. 결국 생산 가능인구가 줄어들고 저성장 구조가 심화되면서 자녀 본인들 먹고 살기도 힘들 뿐 아니라 부모 부양도 현실적으로 불가능하며, 사회나 국가의 노후 보장지원도 한계에 부딪힐 수 밖에 없음을 의미한다.

　따라서 본인의 노후준비는 철저하고도 계획적으로 젊은

시절부터 은퇴 후 사용할 재산을 축적하여야 할 것이다. 그러나 은퇴를 위해서는 단순히 재산을 많이 모으는 것만이 중요한 것은 아니다. 재산(財産)이라는 글자를 풀이하여 보면 '재'(財)는 〈쌓을 재〉 즉 쌓아 놓은 부를 의미하고, '산'(産)은 〈낳을 산〉으로 지속적인 현금 창출 능력을 의미한다. 따라서 근로소득이 중단되거나 줄어드는 은퇴 이후에는 단순히 쌓아 놓은 자산보다는 소득이 창출되는 자산의 확보가 중요하다.

은퇴자산은 안전성과 유동성이 핵심

행복한 노후를 위한 은퇴 자산과 소득원을 준비하는데 있어서 몇 가지 고려해야 할 사항이 있다.

첫째, 은퇴자산은 안전성과 유동성이 최우선시 되어야 한다. 100세 시대에는 65세 은퇴한다고 하더라도 은퇴 후 35년간 소득이 단절되거나 줄어들었을 경우 사용되어야 할 은퇴자산이다. 따라서 은퇴 자산은 주식이나 파생 상품 등 高위험에 노출되어 있거나 변동성이 큰 자산은 자제하는 것이 좋다. 또한 노후 생활자금이 안정적으로 창출되어야 하기에 상권변화나 시장환경 변화에 민감한 임대소득 비중은 적절히 조정하는 것이 좋다.

둘째, 은퇴 자산은 구입비용과 유지비용이 적어야 한다. 초저금리상황에서 안정성을 최우선으로 하는 은퇴자산은 조금이라도 더 많은 수익을 위해서는 비용이 최대한 적게 드는 자산을 선택하는 것이 최선이다. 비용은 취득비용, 운용비용, 각종세금, 보수비용 등을 의미하는데 이러한 비용이 최대한 적게 들어야 좋은 은퇴자산이다.

셋째, 관리하기 쉬우며 장기적으로 사용 가능한 자산이어야 한다. 은퇴 자산은 사망시까지 사용되어야 할 자산이다. 따라서 종신토록 생활비 지급이 가능해야 한다, 또한 나이가 들어가면서 판단력과 분별력이 떨어질 수 밖에 없기에 은퇴자산은 잦은 투자 의사결정이 요구되는 상품 또는 계속적으로 관리를 하면서 신경을 써야 하는 자산은 곤란하다.

넷째, 은퇴자산은 은퇴 생활비라는 고유목적에 사용될 가능성이 높아야 한다. 노후를 위해 준비한 자산이 은퇴 외 다른 목적으로 사용되어 정작 본인의 노후는 불행해지는 경우가 많다. 따라서 자녀들의 요구에 의해 자녀 지원비로 활용하기 쉬운 자산은 좋은 은퇴자산이라 할 수 없다. 따라서 은퇴자산은 어떠한 일이 있어도 본인의 노후 생활비라는 고유 목적으로만 사용될 수 있는 자산을 확보하는 것이 중요하다.

연금 예금 등 다양한 소득원을 갖춰라

마지막으로 은퇴를 위한 경제적 준비는 하나의 소득원에

몰빵하는 것보다는 투자의 원칙을 적용해 분산하는 것이 좋다. 국민연금연구원 2015년 자료에서 노후 준비를 하고 있는 사람들의 노후 준비 방법을 알아본 결과에 의하면 국민연금(55.7%), 예적금,저축성보험(46.9%), 부동산 운용(28.5%) 순으로 나타났지만 노후 생활비로 활용하는 은퇴 소득원은 평균 1.9개에 불과하였다. 은퇴 소득원 갯수와 노후 만족도 분석 결과에서는 은퇴 소득원이 많으면 많을수록 노후 생활만족도가 높은 것으로 나타나 은퇴소득원을 다양하게 구성하는 것이 중요하다. 왜냐하면 연금, 예금, 임대소득 각각이 장점과 단점이 다르기 때문이다. 연금은 유지나 관리비용이 적게 들고 재투자 위험이 없다. 또한 종신지급 되며, 연금 지급 이후에는 중도 해지가 불가능하여 은퇴 생활비 고유 목적으로 사용이 가능하지만 물가 상승 대처에는 미흡하고 각자가 본인의 의지에 따라 준비해야 한다는 단점이 있다. 예적금은 유동성과 안정성은 좋으나 은퇴 고유목적 외에 자녀 지원비등으로 쉽게 활용될 가능성이 높다. 많은 사람들의 로망인 부동산 임대소득을 통한 은퇴 생활은 부동산 구입과 유지를 위한 높은 비용, 상권변화와 공실에 따른 소득 단절의 위험이 있다. 따라서 가능하면 3가지 은퇴 소득을 적절하게 보유하는 것이 좋다.

　은퇴 생활비를 기본생활비와 긴급생활비나 여유생활비로

나누어 기본생활비는 개인연금, 국민연금, 퇴직연금, 주택연금 등의 연금 소득으로 확보하고, 긴급생활비와 여유생활비는 예금이나 임대소득으로 나누어 준비하는 것이 효과적이다. 그래야 각각의 은퇴 소득원이 가지고 있는 장단점을 골고루 활용하여 안전한 노후 생활이 가능하다.

　독일의 철학자이며 문학가인 괴테는 '각자가 자기의 문 앞을 쓸어라, 그러면 거리의 온 구석이 청결해 진다. 각자 자기의 과제를 다하여라. 그러면 사회는 할 일이 없어진다.'라는 말을 통해 개인 책임의 중요성을 언급하였다. 100세 시대에 행복한 노후 생활과 불행한 노후 생활은 누구의 책임도 아닌 본인의 선택이고 책임의 결과이다. 노후 준비는 자녀나 배우자, 국가와 사회의 몫이 아닌 각자가 해야 한다. 늦었다고 생각하는 지금이 가장 빠른 때이다.

〈통계청 장례인구 추계〉

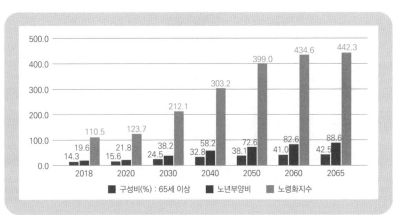

임대소득	이자소득	연금소득
장점 – 물가 상승 대처 가능 – 자산가치 상승 기대감 – 노후 안정 소득(심리)	**장점** – 안정성 과 유동성 – 긴급 자금 활용가능	**장점** – 안정적 노후자금 – 종신 지급 – 중도해지 불가
단점 – 관리 유지 비용 과다 – 각종 세금 부담 – 상권변화, 공실위험 – 초기 투자금 과다	**단점** – 만기시 재투자 위험 – 저금리 소득 축소 – 물가 상승 대처 　어려움 – 휘발성 위험노출 　(자녀지원)	**단점** – 공적연금 　지급수준낮음 – 물가 상승 대처 　어려움 – 개인이 자의적 준비

朝鮮日報　2018년 04월 18일 B11면 (금융/재테크)

3총사 있으면 노후가 즐겁다

연금 / 부동산 / 예금

임대 소득과 이자 소득, 연금 소득의 장단점

	임대 소득	이자 소득	연금 소득
장점	- 물가 상승에 대응할 수 있다 - 부동산 등 자산 가치 상승 기대 - 노후를 위한 안정적 소득이라는 심리	- 안정적이고 유동성이 높다 - 긴급 자금으로 활용 가능	- 안정적 노후 자금 - 사실상 평생 받을 수 있다
단점	- 관리·유지비와 각종 세금 부담	- 만기에 재투자할 위험 - 저금리로 소득이 줄어들 수 있다	- 국민연금 등 공적 연금은 지급 수준이 낮다 - 물가가 오를 때 대체하기 어렵다

자료 = 한화생명

한화생명 은퇴백서

"내 인생은 나의 것, 내 인생은 나의 것, 나는 모든 것 책임질 수가 있어요. 그냥 나에게 맡겨 주세요."

1983년 발표된 '내 인생은 나의 것'이란 노래 가사다. 당시 젊은이들에게 큰 인기를 누린 곡이다. 지금은 은퇴를 앞두고 노후 준비를 걱정하는 모든 사람이 한 번쯤은 이 가사에 대해 생각해 볼 필요가 있다. 은퇴 후 30~40년의 긴 인생 후반기의 책임은 본인의 몫이고 본인의 인생이기 때문이다.

부모 세대는 아직도 자녀 부양 의무라는 짐에 짓눌려 있다. 보건사회연구원 2012년 자료에 의하면 자녀 1명이 대학을 졸업할 때까지 드는 비용은 약 3억원이다. 하지만 자녀가 부모의 노후를 부양할 것이라 기대하기는 갈수록 어려워질 것이다. 통계청 사회 조사에서 "노후 생활비를 해결하는 주체가 누구냐"고 물었을 때 "부모 스스로 해결해야 한다"는 응답이 2010년 48%에서 2016년 57%로 높아졌다. 자녀에게 의지한다는 응답은 52%에서 43%로 줄었다.

인구 구조를 봐도 자녀가 부모를 부양하는 게 현실적으로 더 어려워진다. 현재는 생산 가능 인구(15~64세) 5.1명이 65세 이상 노인 1명을 부양해야 하는 상황이다. 2030년에는 2.6명, 2060년에는 1.2명 이 노인 1명을 부양하는 시대가 도래한다.

그렇기에 젊은 시절부터 은퇴 이후 사용할 재산을 축적하는 게 중요해지고 있다. 그런데 단순히 재산을 많이 모으는 게 목적이 되어선 안 된다. 재산(財産)이라는 글자를 풀이해 보면 '재(財)'는 '쌓을 재', 쌓아 놓은 부를 의미하고, '산(産)'은 '낳을 산'으로 지속적인 현금 창출 능력을 의미한다. 은퇴 후에는 단순히 쌓아 놓은 자산보다는 소득 창출이 되는

분산투자로 인생 후반기 준비를 기본 생활비는 연금 소득으로 긴급 생활비와 여유 생활비는 예금이나 임대 소득으로

자산이 더 중요하다.

◇은퇴 자산은 안정성과 유동성이 핵심

행복한 노후를 위한 은퇴 자산과 소득원을 준비하는 데 몇 가지 고려해야 할 사항이 있다. 우선 은퇴 자산은 안정성과 유동성이 최우선이다. 100세 시대에는 65세에 은퇴해도 그후 35년간 소득이 없을 때 사용할 자산이 필요하다. 은퇴 자산이 주식이나 파생 상품 등 고위험에 노출되어 있거나 변동성이 큰 자산은 자제하는 것이 좋다. 또한 노후 생활 자금이 안정적으로 창출되어야 하기에 상권 변화에 민감한 임대 소득 비중은 적절히 조정하는 것이 좋다.

둘째, 은퇴 자산은 비용이 낮아야 수익률을 높일 수 있다. 비용은 취득 비용, 운용 비용, 각종 세금, 보수 비용 등을 의미한다. 셋째, 관리하기 쉽고 장기적으로 활용 가능한 자산이어야 한다. 은퇴 자산은 사망 시까지 써야 한다. 사실상 평생 생활비 지급이 가능해야 한다는 뜻이다. 나이가 들면서 판단력과 분별력이 떨어지면 투자와 관련해 의사 결정을 자주 내려야 하거나, 계속 관리해야 하는 자산은 피하는 게 좋다.

넷째, 은퇴 자산은 은퇴 생활비라는 고유 목적에 맞게 쓸 수 있게 준비해야 한다. 다른 용도로 돈을 쓰면 정작 본인의 노후는 불행해지는 경우가 많다. 예컨대 자녀의 요구에 의해 쉽게 자녀 지원비로 활용하거나 환금성이 낮아 급히 쓸 수 없는 자산은 좋은 은퇴 자산이라 할 수 없다.

◇연금·예금 등 다양한 소득원 갖춰라

마지막으로 은퇴 준비 때 분산 투자하

는 것이 좋다. 국민연금연구원 2015년 자료에 따르면 사람들의 노후 준비 방법은 국민연금(55.7%), 예·적금, 저축성보험(46.9%), 부동산 운용(28.5%) 순으로 나타났다. 노후 생활비로 활용하는 은퇴 소득원이 평균 1.9개에 그친다. 은퇴 소득원이 많을수록 노후의 생활 만족도가 높은 것으로 나타나고 있다. 왜냐하면 연금, 예금, 임대 소득의 장점과 단점이 다르기 때문이다. 연금은 유지나 관리 비용이 적게 들고 평생 받을 수 있다. 연금 지급 이후에는 중도 해지가 불가능해 은퇴 생활비로만 쓸 수 있다. 반면 물가 상승 때 대처하기 어렵다. 예금과 적금은 유동성과 안정성은 좋으나 은퇴 고유 목적 외에 자녀 지원비 등으로 쓰게 될 수도 있다. 부동산 임대 소득을 통한 은퇴 생활은 부동산 구입과 유지를 위해 비용이 많이 들고, 상권 변화와 공실에 따라 소득이 줄 수 있는 위험이 있다. 가능하면 3가지 은퇴 소득을 적절하게 보유하는 것이 좋다.

은퇴 생활비는 기본 생활비와 긴급 생활비 여유 생활비로 나눠보자. 기본 생활비는 개인연금, 국민연금, 퇴직연금, 주택연금 등의 연금 소득으로 하고, 긴급 생활비와 여유 생활비는 예금이나 임대 소득으로 준비하면 좋다. 소득원 각각의 장단점을 골고루 활용하면 안정된 노후 생활을 할 가능성이 높아진다.

독일의 철학자이며 문학가인 괴테는 "각자가 자기의 문 앞을 쓸어라. 그러면 거리의 온 구석이 청결해진다. 각자 자기 일의 과제를 다하여라. 그러면 사회는 할 일이 없어진다"라는 말을 통해 개인 책임의 중요성을 강조했다. 100세 시대에 행복한 노후 생활과 불행한 노후 생활은 누구의 책임도 아닌 본인의 선택이고 책임의 결과이다. 늦었다고 생각하는 지금이 가장 빠른 때이다. 김기홍 한화생명 연수원 부장

노후 생활 이야기

06.

은퇴 후엔 3D 에 대비해라

우리는 부모로서 자녀 양육이라는 삶의 무게 또는 자녀로 서 부모 봉양이라는 삶의 무게에 짓눌려 하루 하루를 살아 간다. 정신 없이 살다 보면 은퇴와 노후라는 커다란 장벽에 맞닥뜨리게 된다. 현재 삶의 무게에 눌려 노후라는 미래 준 비에는 소홀해진 탓이다. 더욱이 최근 유행하는 YOLO(You Only Live Once) 현상은 미래에 닥칠 여러 상황들을 애써 무시하기 위해 현재를 즐기는 미래도피적 행동일지도 모른 다.

하지만 이러한 현재 삶 중심의 사고와 행동은 우리의 노 후를 더 암울하게 만들 수 있다. YOLO도 중요하지만 머지 않아 닥치는 노년에 대한 현실 인식도 무시할 수 없다. 따라 서 '나의 노후에 발생할 일들을 예측해보거나 생각해보고 그 에 대한 대비를 하는 사람이 현명하다' 할 수 있을 것이다. 미 래를 예측해 보고 그에 대한 대비를 차근차근 해보는 것이 노년의 소확행(작지만 확실한 행복)을 이룰 수 있는 방법이 될 것이다.

은퇴 후 노년에는 소위 ID (Increase. Decrease,) 즉 늘어나는 것과 줄어드는 것에 대한 이해와 준비가 필요하다. **즉 노년에 줄어드는 대표적인 세가지를 예방하고 늘리는 방향으로 철저한 노년의 삶을 준비하기 위해 3D(Decrease)를 3I(Increase)로 바꾸는 노력이 필요**하다.

노년에 할 일을 준비해라

첫째, 행복한 노년을 살기 위해서는 줄어드는 일의 양과 시간을 어떻게 대체할 것인가에 대한 고민이 필요하다. 2017년 통계청 자료에 의하면 일자리에서 그만 둔 후 이직을 경험하는 연령은 49세이고 실제 은퇴 연령은 66.9세였다. 또한 65세에서 79세 인구 5,575천명 중 취업자는 2,087천명으로 37.4%만이 취업 중이지만 53%는 단순 노무직이나 농림어업 종사하고 있었다. 체력이 저하되는 노년에는 적합하지 않은 일에 종사하는 경우가 대부분이었다. 또, 취업자의 30%는 본인의 주된 일과 관계없는 일을 하고 있었다. 결국 노년기의 대부분은 일 없는 삶을 살아가고 있으며 일이 있는 경우도 양질의 일자리는 극히 드문 것이 현실이다.

　　행복한 노년을 준비하기 위해서는 무엇보다 줄어드는 노동의 시간과 양을 대체할 취미나 여가생활 또는 새로운 일을 갖는 것은 필수이다. 많은 은퇴자들이 새로운 일을 위해 자영업의 문을 두드린다. 하지만 2021년 통계청 기업생멸행정통계에 의하면 102만 2천 업체가 창업이 이루어졌지만 소멸기업도 76만 1천개나 되었다. 대표자 연령이 50대 이상인 경우가 60%를 차지해 고연령 사업가가 많았다. 2019년 신생기업의 1년 생존율은 64%에 불과하였고 2015년 신생기업 중 2020년 까지 생존한 기업비율(5년 생존율)은 33%에 불과하였다. 은퇴 후 가장 손쉽게 일을 구하는 것이 자영업이지만 그만큼 위험이 도사리고 있음을 알 수 있다.

　　새로운 일을 위해서는 철저한 사전 준비와 점검이 필요하다. 실패할 확률을 줄이기 위해서는 본인의 주된 일자리와 관련이 있는 일을 하는 것이 좋다. 또한 사전에 그 일을 경험해 보는 것이 필수다. 단순한 소득을 위한 일보다는 본인이 가진 재능을 활용하고 기부 할 수 있는 일이면 더욱 좋다. 일을 하면서 가치와 보람을 느끼고 약간의 소득이라도 발생할 수 있다면 금상첨화다. 또한 좋은 취미생활은 노년에도 지속 할 수 있는 것이 좋다. 노년에도 계속할 수 있도록 경제적 부담도 적게 들며, 신체적 부담도 적은 취미생활을 준비하는 것이 일 없거나 줄어드는 노년을 대비하는 좋은 방안이 될 것이다. 인생의 1/3을 그냥 놀면서 보낼 수는 없다. 은퇴前부터 은퇴 후 할 일을 철저히 준비해야 한다.

노년 건강은 운동과 실손보험으로 대비해라

둘째, 노년기에 누구나 맞닥뜨리는 한가지는 체력의 감소다. 어쩔 수 없는 현실이지만 최대한 체력 감소를 늦추고 **건강한 체력을 유지하기 위해 꾸준한 운동량을 확보**하는 것이 필요하다.

2020년 노인실태조사(한국보건사회연구원)에 의하면 노인의 84%가 만성질환 1개 이상을 보유하고 있었다. 가장 흔한 만성질환은 고혈압, 당뇨, 고지혈증, 관절염의 순이었다. 또한 54.9%가 2개 이상의 만성질환을 보유하고 있었다. 국민건강보험공단 자료에 의하면 신체적 질병뿐만 아니라 정신적으로도 노인 100명중 10-15명은 노년기 우울증 경험이 있는 것으로 나타났다. 체력저하에 따른 질병의 증가는 의료비 증가로 이어져 2021년 전체 진료비에서 65세 이상 노인진료비가 차지하는 비율이 43%까지 증가되었고 점점 그 추세는 늘어 날 것이다. 노년기 질병에 의한 각종 합병증은 심리적으로 자신감을 저하시키고 자신에 대한 상실감과 경제적 압박

에 더해 심리적 부담감으로 불행한 노년을 만드는 가장 큰 요
인이 된다.

따라서 건강한 체력을 최대한 유지하기 위해 꾸준한 운동
이 필요하다. 나이가 들어도 근육과 뼈의 기능을 충분히 유지
시킬 수 있다. 많은 전문가들이 1) 걷기나 조깅하기 2) 무리하
지 않는 수준의 근력 운동하기 3) 시간을 정해 놓고 꾸준히 하
기 4) 혼자하는 것보다는 2-3명이 같이 할 수 있는 운동하기
5) 적절한 운동과 휴식을 조화롭게 하기를 권하고 있다. 특히
하버드 대학 브리검영 여성병원 연구에 의하면 '빨리 걷기 등
중고강도 신체활동을 지속하는 여성이 그렇지 않은 여성보다
60-70% 사망 확률을 낮출 수 있다'는 연구 결과가 있다. 무리
하지 않는 수준의 운동을 권하기도 하였다.

노년기 건강관리를 위한 건강관련 정보는 국민건강보험공
단의 건강IN (http://hi.nhis.or.kr)사이트를 활용하면 다양
한 맞춤형 건강 정보를 얻을 수 있고, 우울증 관련 상담은 정
신건강증진센터의 정신건강 상담전화(1577-0199)를 활용하
는 것도 도움이 된다. 또한 노년기 치료비 부담이 큰 질병에
의한 경제적 부담을 최소화하기 위해 노후실손의료보험이나
단독형실손보험, 유병력자를 위한 유병자 실손의료보험 등에
가입하는 것도 효과적이다.

줄어드는 소득은 연금으로 준비해라

마지막으로 **줄어드는 소득에 대한 대비책을 마련**해야 한다. 한국FP학회 2017년 2월에 발표된 논문 '은퇴기간에 따른 가계경제구조 분석'에서 은퇴 후 10년, 10년에서 20년, 20년 이후 기간으로 나누어 분석한 '은퇴 후 연간 소득금액'에 따르면 약 1960만원에서 1600만원, 1470만원으로 각각 감소하여 10년단위로 20% 가깝게 소득이 줄어 들고 있음을 알 수 있다. 이러한 현상은 근로중단에 의한 근로소득 감소가 가장 큰 원인이 되었다. 따라서 은퇴 후 줄어드는 소득에 대한 대비책 마련이 필요하며, 소득 수준에 맞는 소비생활 또는 소득 보완책 마련을 위한 개인연금을 가입하는 것도 바람직할 것이다.

행복한 노년을 위해 '시간, 건강, 돈' 중에서 하나를 선택해야 한다면 무엇을 선택할 것인가? 어느 하나 소중하지 않은 것이 없다. 일과 취미 생활, 즐길 시간이 있어도 건강하지 않거나 돈이 없다면 무슨 의미가 있겠는가? 돈이 아무리 많아도 건강하지 못하고 시간이 없다면 그 역시 무의미하다. 또한 경제적으로 준비되어 있지 못하다면 건강하게 100세까지 사는 것 자체가 재앙이 될 수 도 있다. 따라서 우리는 노년의 소확행을 위해 적절한 일과 취미생활을 갖고 그러한 시간을 확보하고, 건강한 체력을 유지하며, 일정 수준의 노후 경제력을 확보해야 할 것이다.

　마하트마 간디의 '미래는 현재 우리가 무엇을 하고 있는가에 달려있다' 는 말처럼 현재 우리의 행동 습관과 준비도에 따라 불행한 100세 시대가 될 수 도 있으며, 행복한 100세 시대가 될 수도 있을 것이다.

朝鮮日報

2018년 05월 02일
811면 (글·돈/재테크)

은퇴 후엔 3D에 대비하라

(3 Decrease, 일·건강·소득의 감소)

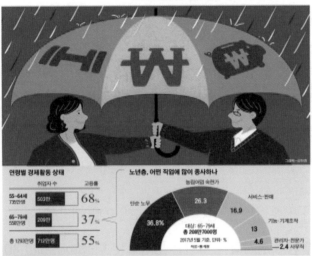

연령별 경제활동 상태

	취업자 수	고용률
55~64세 739만명	503만	68%
66~79세 558만명	209만	37%
총 1293만명	712만	55%

노년층, 어떤 직업에 많이 종사하나

농림어업 숙련가 26.3
서비스·판매 16.9
기능·기계조작 13
관리자·전문가 4.6
사무직 2.4
단순 노무 36.8%

대상: 65~79세
총 208만7000명
2017년 5월 기준, 단위 · %

한화생명 은퇴백서

일… 49세에 이직, 67세에 은퇴
건강… 어르신 89%가 만성 질환
소득… 퇴직 후 매년 20%씩 줄어

우리는 부모로서 자녀 압박, 자녀로선 부모 봉양이라는 삶의 부채의 짐을 늘려 한 부하부를 살아온다. 그러다 보면 은퇴와 노후라는 커다란 장벽에 맞닥뜨리게 된다. 더욱이 최근 유행하는 욜로(YOLO·You Only Live Once·한 번뿐인 인생 즐기며 살자는 뜻) 현상은 미래에 닥칠 여러 상황을 애써 무시하기 위해 현재를 즐기는 퇴폐적인 행동일지도 모른다.

하지만 현재의 삶만 중심으로 하는 행동은 노후를 더 암울하게 만들 수 있다. 욜로도 중요하지만 머지않아 닥치는 노년에 대한 현실 인식도 부시할 수 없다. 미래를 예측해 보고 그에 대한 대비를 차근차근 해보는 것이 노년의 '소확행'(작지만 확실한 행복)을 이룰 수 있는 방법이 될 것이다.

은퇴 후 노년에는 소위 'ID'(Increase, Decrease), 즉 늘어나는 것과 줄어드는 것에 대한 이해와 준비가 필요하다. 노년에 줄어드는 대표적인 세 가지인 노동, 건강, 소득이라는 3D(Decrease)에 대해서 잘 알고, 이를 예방하는 방향으로 철저히 노년의 삶을 준비해 3D를 3I(Increase)로 바꾸는 노력이 필요하다.

◇노년에 할 일을 미리 준비하라

첫째, 행복한 노년을 살기 위해서는 줄어드는 노동의 양과 시간을 어떻게 대체할 것인지 고민해야 한다. 2017년 통계청 자료에 의하면 일을 그만둔 후 이직을 결합하는 연령은 49세이고 실제 은퇴 연령은 66.9세였다. 또한 65~79세 인구 557만5000명 중 취업자는 37%인 208만 7000명이지만, 그중 53%는 단순 노무직

이나 농림어업에 종사하고 있다. 체력이 저하되는 노년에 적합하지 않은 일에 종사하는 경우가 많다는 뜻이다.

행복한 노년을 준비하기 위해서는 새로운 일을 갖는 게 필수다. 많은 은퇴자가 새로운 일을 위해 자영업의 분을 두드린다. 2016년 통계청 자영업자 현황 분석에 의하면 하루 평균 3000명이 개업 신고를 했다. 하지만 폐업 신고로 하루 2000건에 달한다. 3집 중 2집이 망하는 것이 현실이다.

새로운 일을 위해서는 철저한 사전 준비와 점검이 필요하다. 실패할 확률을 줄이기 위해서는 자기가 잘할 수 있는 일과 관련이 있는 일을 하는게 좋다. 단순한 소득을 위한 일보다는 본인이 가진 재능을 활용하고 기부할 수 있는 일이면 더욱 좋다. 일을 하면서 가치와 보람을 느끼고 약간의 소득이라도 발생할 수 있다면 금상첨화다. 또 노년에 즐길 수 있는 좋은 취미 생활을 준비하는 게 일이 없거나 줄어드는 노년을 대비하는 훌륭한 방법이 된다.

◇노년 건강은 운동과 실손보험으로 대비하라

둘째, 나이가 들면서 체력이 떨어지고 건강이 나빠지는 문제도 미리 대비해야 한다. 한국보건사회연구원이 2014년 실시한 노인실태조사에 따르면 노인의 89.2%가 만성 질환을 앓고 있었다. 가장 흔한 만성질환은 고혈압, 관절염, 당뇨 순이다. 또 국민건강보험공단 자료에 의하면 신체적 질병뿐만 아니라 정신적으로도 노인 100명 중 10~15명은 우울을 겪었다고 하니 노년의 삶이 밝게만 나타날까.

질병의 증가는 의료비 증가로 이어진다. 지난해 전체 진료비에서 65세 이상 노인 진료비가 차지하는 비중이 이미 40%까지 늘었고, 더 증가하는 추세다. 노년기에 몸이 아프면 자신감이 떨어지는 데다 경제적 압박까지 더해져 불행한 노년을 만드는 가장 큰 요인이 된다.

따라서 건강한 체력을 최대한 유지하기 위해 꾸준한 운동이 필요하다. 많은 전문가가 걷기나 조깅하기, 무리하지 않는 수준의 근력 운동하기, 혼자보다는 2~3명이 같이 할 수 있는 운동들이 들을 권한다. 노년기 치료비 부담이 큰 질병에 대한 경제적 부담을 최소화하기 위해 노후 실손 의료보험이나 단독형 실손보험, 유병력자를 위한 유병자실손의료보험에 가입하는 것도 효과적이다.

◇줄어드는 소득은 연금으로 준비하라

마지막으로 줄어드는 소득에 대한 대비책을 마련해야 한다. 작년 2월 한국FP학회에서 발표된 논문 '은퇴 기간에 따른 가계경제구조 분석'에 따르면, 은퇴 후 소득은 은퇴 후 10년은 평균 1960만원, 은퇴 후 10~20년은 1600만원, 은퇴 후 20년 후에는 1470만원으로 각각 줄어드는 것으로 나타났다. 은퇴 후 매년 20% 가까이 소득이 줄어들고 있는 것이다. 은퇴 후 줄어드는 소득에 대한 대책 마련이 필요하다는 것을 분명히 보여준다. 소득 수준에 맞는 소비 생활 또는 소득 보완책 마련을 위한 개인연금에 가입하는 것이 바람직하다.

행복한 노년을 위해 '시간, 건강, 돈' 중에서 하나를 선택해야 한다면 무엇을 선택할 것이냐? 어느 하나 소홀히 할 것은 없다. 일과 취미 생활, 즐길 시간이 있어도 건강하지 않거나 돈이 없다면 무슨 의미가 있겠는가? 돈이 아무리 많아도 건강하지 못하고 시간이 없다면 그 역시 무의미하다.

철저하게 노후를 준비하고 있지 못하다면 건강하게 100세까지 사는 것 자체가 재앙이 될 수도 있다. 마하트마 간디의 "미래는 현재 우리가 무엇을 하고 있는가에 달려 있다"는 말처럼 현대 우리의 준비에 따라 불행한 100세 시대가 될 수도 있고 행복한 100세 시대가 될 수도 있을 것이다.

김기홍 한화생명 연수원 부장

07.

얼리 힐링족(Early Healing Consumer)을 위한 은퇴 설계

과거 우리는 30년간 부모의 도움으로 성장한 후 30년동안 생업에 종사하며 자녀를 양육하는 더블(Double) 30시대를 살았다. 하지만 평균 수명의 증가로 100세 시대를 앞둔 현재는 트리플(Triple) 30시대를 준비하여야 한다. **30세까지 초기 30년은 부모의 도움을 받아 성장하고, 30세부터 60세까지 중반 30년은 생업에 종사하면서 자녀 양육에 집중하는 시기가 된다. 이후 60세부터 후기 30년간은 은퇴 후 본인만의 노후 생활기간을 보내게 된다.**

인생에 있어서 매 순간 순간 중요하지 않은 시기가 없다. 하지만 초기 30년을 보내고 새로운 30년의 시작인 30대는 취업, 결혼과 출산 등 본격적인 본인의 삶이 시작되는 중요한 시기이다. 하지만 대한민국의 30대는 사회적·경제적으로 엄청난 어려움의 시기를 살고 있는 것이 현실이다. 연애, 결혼, 출산을 포기한다는 삼포세대와 더불어 인간관계와 주택마련까지 포기한다는 오포세대가 유행어가 되기도 하였다. 취업 후에는 학자금 상환, 결혼자금준비 등 목돈마련을 위한 투자에 관심이 많아 은퇴나 노후 준비라는 단어가 생소할 수도 있다. 최근에는 얼리 힐링족(Early Healing Cousumer)이라는 신조어도 생겼다. 경제적, 정신적 스트레스 속에 사는 30대들이 본인만의 가치 추구를 위한 소비를 하는 경향을 말한다. 그들은 현재의 삶을 즐기며 적은 돈을 들이면서도 당장의 즐거움을 얻는 소비 트렌드를 추구한다.

하지만 인간은 현재와 더불어 미래를 동시에 살고 있다. 일과 소득이 있고, 육체적으로 건강한 인생의 중반 30년도 존재하지만, 일과 소득이 없고 육체적으로 쇠퇴해지는 후반 30년도 우리를 기다리고 있다. 따라서 인생의 30대는 향후 60년의 삶을 살아가는 재무적 기반을 쌓는 중요한 시기이다.

다른 재무적 준비 못지않게 중요한 것이 노후 준비이다. 30대에 시작하는 은퇴 준비에 부정적인 생각을 가질 수 있다. 그러나, KB금융지주 경영연구소의 2017년 KB골든라이프 보고서에 의하면 30대 가구의 46.1%가 은퇴 준비를 시작한 것으로 나타났다.

30대에 노후 30년을 효과적으로 준비하기 위해 실천해야 할 것은 다음과 같다.

첫째, 올바른 저축과 소비 습관 갖기

재테크와 노후 준비의 최대 방해물은 소비 습관이다. 많은 사람들이 현재 저축할 여력이 없어서 은퇴준비를 하지 못하며, 향후 소득이 증대되면 은퇴 준비를 한다면서 미루는 경향이 있다. 하지만 현재 소비생활로 얻는 만족감 때문에 은퇴 준비를 못하고 있다면 소득이 증가해도 은퇴 준비는 어렵다. 왜냐하면 소득이 증가하면 더 큰 소비를 통해 현재의 만족을 누리려 할 것이기 때문이다. 소비는 마약과 같아서 한번 늘어난 소비 습관은 줄이기 어렵다. 따라서 현재 부족한 소득 수준에서도 저축 하는 습관을 갖는 것이 중요하다. 많은 전문가들은 30대에 소득의 50% 이상을 저축하고, 소비 통제를 위해 체크카드 사용 등을 권한다. 올바른 소비와 저축 습관을 갖기 위해서는 저축액을 먼저 정하는 것이 좋다. 저축액을 정하고 나머지 돈으로 생활하는 습관을 가져야 한다. 특히 직장인들의 경우 월급여와 비정기적 상여금으로 급여가 구분되는 경우가 있다. 일반적으로 상여금이 나오는 달에 소비가 급격히 증가할 수 있다. 따라서 상여금도 미리 저축액과 소비액을 정해 둘 필요가 있다. 또한 본인의 소비 습관 체크를 위해 가계부를 작성하는 것이 도움이 된다. 모바일의 가계부 어플을 활용하면 손쉽게 소비형태를 체크해 볼 수 있다. 다음으로는 급여통장과 소비, 저축 통장을 분리하고 급여 날에 저축액을 자동이체로 인출되게 만들자. 생활비가 정해지면 급여 날에 생활비는 생활비통장에 이체하여 사용하고, 은퇴자금이나 목돈마련 계좌는 급여일과 자동 이체일을 동일하게 설정할 필요가 있다. 다른 용도로 돈이 빠져 나가 저축을 방해하는 것을 사전에 예방할 수 있기 때문이다.

둘째, 적은 금액이라도 일찍 시작하고 길게 가기

투자에 있어서 인간의 기본적인 심리는 단기 대박을 노리는 것이다. 하지만 30대에 시작하는 노후준비는 30년 후를 대비하는 것이다. 따라서 30년 후에 사용 할 수 있는 장기 상품에 가입하는 것이 좋다. 단기 상품의 경우에는 다른 용도로 쓰여질 가능성이 높다. 적은 금액이라도 일찍 시작하는 것이 좋다. 저금리 상황에서 한 푼이라도 더 늘릴 수 있는 복리효과를 누릴 수 있기 때문이다. 예를 들어 연 3% 금리상품에 매년 500만원씩을 10년간 저축완료 후에 65세에 은퇴자금으로 사용할 때까지 예치한다고 가정해 보자. A씨는 30세에 시작하여 40세에 총 6000만원을 납입 완료하고 65세까지 기다릴 경우 1억 4400만원을 은퇴자금으로 활용할 수 있다. 하지만 소득이 증가할 때 은퇴준비를 하겠다고 미룬 B씨는 40세에 시작하여 50세에 총 6000만원을 동일하게 납입 완료하고 예치 후 65세에 수령시 1억 7백만원이 된다. 동일한 금액을 저축했지만 일찍 시작한 A씨가 늦게 시작한 B씨보다 3700만원을 더 확보할 수 있게 된다. 자녀 양육비로부터 자유로운 30대에 은퇴 준비는 여러모로 효과적이다.

셋째, 연금과 기본적인 보장상품에 가입하기

30대의 많은 사람들은 자산증식을 위한 공격적인 투자에 관심이 많다. 하지만 노후 준비의 가장 좋은 투자방안은 연금상품에 가입하는 것이다. 연금 저축계좌는 연말정산때 세액공제 혜택을 누릴 수 있어 노후준비와 절세의 두 마리 토끼를 잡을 수 있는 좋은 상품이다. 연간 최대 900만원을 불입할 경우 최저 118.8만원에서 최대 148.5만원의 세금을 돌려 받을 수 있게 된다. 또한, 만일의 신체적 위험에 대비하여 최소한의 보장성 보험을 가입하는 것은 필수다. 힘들게 모은 돈이 질병이나 상해로 인해 병원비로 지출되는 것을 막기 위해서 보장성 보험에 반드시 가입하는 것이 현명하다. 보장성 보험에서 치료비가 충당된다면 본인이 애써 모은 자산을 허비하지 않고 지킬 수 있기 때문이다.

은퇴 가구의 경제적 노후 준비에 있어서 56%는 가장 후회하는 것으로 노후 자금 마련을 위해 더 저축하지 못한 것이라고 응답하였다 (2017년 KB 골든라이프 보고서). 삶에 있어서 30대의 욜로(YOLO)와 얼리 힐링도 굉장히 중요한 가치다. 하지만 그에 못지않게 은퇴 후 30년을 준비하는 최적기로써 30대를 보내는 것도 의미가 있을 것이다.

'잘 보낸 하루가 행복한 잠을 가져오듯이, 잘 쓰인 인생은 행복한 죽음을 가져온다'는 레오나르도 다빈치의 말처럼 많은 어려움 속에서도 잘 시작하고, 잘 보낸 30대의 삶은 현재와 더불어 인생 후반기의 30년을 결정짓는 중요한 시기가 될 것이다.

〈은퇴가구가 노후준비 과정에서 제일 후회하는 것〉

2017년 KB골든라이프 보고서

朝鮮日報.

화녀 05월 16일
[금융/재테크]

서른 저축이 여든 간다, 아니 100세까지 간다

한화생명 은퇴백서

과거 우리는 30년간 부모의 도움으로 성장한 후 30년 동안 생업에 종사하며 자녀를 양육하는 '더블(Double) 30' 시대를 살았다. 하지만 눈앞에 다가온 100세 시대는 '트리플(Triple) 30' 시대라 할 수 있다. 초반 30년(0~30세)은 부모의 품 안에서 자라고, 중반 30년(30~60세)은 생업에 종사하며 자녀를 키운다. 후반(60세 이후) 30년간은 은퇴 후 인생을 살게 된다.

30대는 초반 30년을 마치고, 중반 30년으로 접어드는 시기다. 취업·결혼·출산 등 본격적인 본인의 삶이 시작된다. 하지만 우리 사회의 30대는 사회·경제적으로 어려움을 겪는 것이 실정이다. 취업을 해도 학자금 대출 상환, 결혼 자금 준비 등에 여념이 없다. 그러나 몸이 건강하고 법이가 있는 중반 30대도 존재하지만, 임금 소득이 없고 육체도 쇠약해지는 후반 30년도 우리를 기다린다. '트리플 30' 시대를 대비하기 위해선 생활에 여력있도 30대부터 은퇴 준비에 나설 필요가 있다.

지난해 KB금융지주 경영연구소가 발간한 'KB골든라이프 보고서'에 따르면 은퇴 가구의 56%는 "노후 자금 마련을 위해 더 저축하지 못한 것을 후회한다"고 했다.

◇30대 10명 중 5명 은퇴 준비 시작

일부 30대에게 '은퇴' '노후 준비'라는 말은 낯설 수 있다. 하지만 골든라이프 보고서를 보면 국내 30대 가구의 46.1%가 은퇴 준비를 시작한 것으로 나타났다. 최근 늘어나는 '욜로(YOLO·You Only Live Once·한 번뿐인 인생 즐기며 살자는 뜻)'나 '소확행(小確幸·작지만 확실한 행복이루는 뜻)'의 영향도 속에서도 30대 젊은은 노후 준비를 시작한 것이다.

실제 인생의 30대는 앞으로 60년의 삶을 살아가는 재무적 기반을 쌓는 중요한 시기다. 아직 자녀가 없거나 어려서 양육비로부터 비교적 자유롭기 때문에 다른 연령대보다 효과적으로 은퇴 준비가 가능하다. 레오나르도 다빈치는 '잘 보낸 하루가 행복한 잠을 가져오듯이, 잘 쓰인 인생은 행복한 죽음을 가져온다'고 했다. 잘 보낸 30대의 삶이 인생 후반 30년을 결정하는 것이나다.

◇소득 절반 저축하고, 체크카드 써야

노후 준비론 아니라 재테크의 최대 방해물은 소비 습관이다. 많은 이들이 지금 자금 사정이 빠듯해서 은퇴 준비는 엄두를 못 낸다고 이야기한다. '은퇴 준비는 나중에 여유로워지면 하겠다'고 생각하는 것이다. 하지만 소비로 얻는 만족 때문에 은퇴 준비를 못한다면 소

'트리플 30' 시대
초반 30년: 부모 도움으로 크고
중반 30년: 돈 벌고 자녀 키워
후반 30년: 60세 이후 은퇴 인생

득이 늘어도 은퇴 준비는 어렵다. 소득이 증가하면 더 큰 소비를 통해 현재의 만족을 누리려 할 가능성이 크기 때문이다.

소득이 적더라도 저축하는 습관을 갖는 것이 중요하다. 전문가들은 "30대의 경우 소득의 50% 이상을 저축하라"고 말한다. 저축액을 먼저 정하고, 나머지 돈으로 생활하는 습관을 가져야 한다. 직장인의 경우라면 급여가 월급과 상여금으로 구분될 수 있다. 상여금이 나오는 달에 씀씀이가 커질 수 있는 만큼, 상여금도 미리 저축예금과 소비액을 정해 둘 필요가 있다.

급여통장, 소비통장, 저축통장을 분리하는 것도 좋다. 은퇴자금이나 목돈마련 계좌는 급여일에 자동 이체될수 있게 설정할 필요가 있다. 다른 용도로 돈이 빠져나가 저축을 방해하는 것을 막는 것이다. 월급이 들어오는 날 저축액을 저축통장에 자동 이체시키고, 미리 정한 생활비를 생활비 통장에 이체해서 쓰는 것을 추천한다. 소비 통제를 위해서는 신용카드 대신에 체크카드를 사용하는 것이 좋다. 가계부 작성도 소비 습관 점검에 도움된다. 최근에는 모바일 가계부 애플리

케이션 등을 통해 손쉽게 소비형태를 점검할 수 있다.

◇아직 자녀 양육비로부터 자유로울 때 은퇴 준비 시작해야

투자에 대한 인간의 본능적인 기대 심리는 '대박부자'다. 특히 30대 대부분은 자산 증식을 위한 공격적인 투자에 관심이 많다. 하지만 노후 준비는 30년 이상을 내다보는 것인 만큼, 안정적인 장기 상품에 가입하는 것이 좋다. 단기 상품의 경우에는 다른 용도로 쓰일 가능성이 크기 때문이다.

노후 준비는 적은 액수라도 일찍 시작하는 것이 좋다. 또 저금리 상황에서 한푼이라도 더 늘릴 수 있는 저리효과를 누릴 수 있다. 예를 들어 매년 600만원씩을 10년간 저축원을 후에 은퇴자금으로 사용할 때까지 예치된다고 가정해 보자. A씨가 30세부터 10년간 총 6000만원을 납입 완료하고 65세까지 기다릴 경우 1억4400만원을 은퇴자금으로 활용할 수 있다. 하지만 A씨가 소득이 증가할 때까지 은퇴 준비를 미루다가 40세부터 10년간 총 6000만원을 넣는다면 65세에 1억710만원을 받게 된다. 같은 액수를 저축하더라도 10년 일찍 시작할 경우 3700만원을 더 확보하는 것이다.

노후 준비를 위한 좋은 투자처 중 하나는 연금상품이다. 연금저축의 경우 연말정산 때 세액 공제 혜택을 누릴 수 있는 만큼, "노후 준비'와 '절세'라는 두마리 토끼를 잡을 수 있다. 연간 최대 700만원 납입 경우 세금을 84만~105만원 돌려받는다. 아프거나 다칠 경우에 대비해 최소한의 보장성 보험에 가입하는 것도 필요하다.

김기홍 한화생명 연수팀 부장

08.

자영업자여, 노후준비 D.N.A를 깨워라

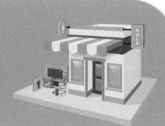

　2017년 통계청 경제활동인구조사에 의하면 자영업자는 573만명으로 5가구 중 1가구로 대한민국 경제의 근간을 이루고 있지만 그 현실은 암울하다. 자영업자의 평균 연령은 54.7세이며, 28%는 60세 이상의 노년층이다. 자영업자의 72.1%는 부채를 보유하고 있고, 72%는 직원이 없는 1인이거나 가족들이 운영하는 영세 사업체다. 2010년부터 2015년 까지 6년간 연평균 약 71만여개의 1인 사업체가 설립되었지만 약 61만개는 소멸되고 있다.

　자영업자들은 사업을 하는 동안에는 적던 많던 지속적인 소득이 발생한다. 또한 매일 수입과 지출을 반복하며 돈을 가까이하는 특성상, 현재처럼 발생하는 소득으로 노후 생활을 계속할 수 있으리라 생각한다. 또한 다른 직종이나 근로소득자에 비하여 훨씬 더 바쁘고 치열한 삶을 살아간다. 결국 노후나 은퇴에 대한 깊은 생각을 하지 못한 채 노년의 시기를 접하게 되고, 열악한 노후 생활을 보낼 수도 있다. 따라서 자영업자들은 더욱 철저한 은퇴 준비가 필요하고 은퇴 DNA(Divide, National & Personal Pension, Assurance)를 가져야 할 필요가 있다.

D(Divide) 구분해서 관리해라

행복한 노년생활을 위해서는 사업자산과 가계자산, 사업투자자금과 가계목적자금을 구분하여 관리하고 소득도 분산하는 것이 필요하다. 자영업자들은 사업을 시작할 때 퇴직금 또는 목돈을 활용하거나 대출을 받아 사업을 개시한다. 운영 중에는 사업체가 잘될수록 사업 확장과 시설 개보수 자금에 계속적으로 투자하는 경우가 많다. 결국 사업과 가족의 삶이 일치하게 되어 사업의 성패가 가족 전체의 성패와 직결되게 된다. 또한 자영업자들은 근로소득자와 달리 정년이 없다는 생각에 자영업소득을 통해 노후소득 문제를 해결하려 하지만 현실은 다르다. 자영업자의 3년 생존율은 39.1%, 5년 생존율은 27.5%에 불과하며 지속적으로 새로운 업종으로의 전환이 이루어진다. 따라서 자산 및 소득의 과도한 사업 재투자보다는 사업자산과 가계자산을 명확히 구분하여 관리해야 한다. 사업소득과 여유자금의 일정부분은 노후자금으로 구분하여 저축하는 것이 필요하다. 정년 없는 소득이 발생할 것이라는 착각은 금물이다.

종업원이 없는 1인 자영업자의 경우 건강보험료 납부에서 불리할 수 있다. 1인 자영업자는 국민건강보험 지역가입자로 소득 외에 자동차 주택 등 자산까지 포함해 건강보험료를 납부하기 때문이다. 하지만 1인 자영업자의 경우에도 실질적으로는 가족과 함께 일하는 경우가 많다. 이 경우 가족 중 1인을 근로소득자로 신고하고 4대보험료를 납부하면 2인 사업체가 되어 국민건강보험 직장가입자가 된다. 소득에 대해서만 건강보험료를 납부하게 되어 건강보험료를 절감할 수 있다. 고소득 1인 자영업자라면 자영업소득을 가족과 분산하는 방안을 고려해 볼 필요가 있다.

N(National & Personal Pension)
국민연금과 개인연금에 가입해라

근로소득자는 국민연금, 퇴직연금과 세액공제를 위한 개인연금저축 가입을 통해 노후소득 3총사을 강제적으로 확보하고 있다. **근로자와 달리 자영업자는 본이 스스로 노후 준비 3총사를 확보하여야** 한다. 자영업자의 경우 퇴직금을 활용한 퇴직연금 자체가 없다. 또한 전체 자영업자 중 국민연금 미가입자가 26.5%이다. 특히, 고용원이 없는 1인 자영업자의 30.5%가 국민연금을 가입하지 않고 있다. 국민연금을 가입했더라도 소득을 제대로 반영한 국민연금을 납부하고 있지 않다. 따라서 자영업자들도 적정수준의 국민연금에 가입하여 공적연금을 확보해야 한다. 또한 노란우산공제에 가입하여 소득공제 혜택과 더불어 퇴직연금을 대체할 소득원을 확보하는 것도 중요하다. 마지막으로 개인연금을 활용하는 것이다. 근로소득자의 퇴직연금이나 공무원의 공무원연금 받는 것을 부러워할 것이 아니라 개인연금 가입을 통해 스스로의 노후 준비가 필요하다. 연간900만원까지의 연금저축 계좌 가입을 통해 세액공제 혜택과 노후소득원을 확보하고, 월 150만원 한도의 비과세 연금보험을 활용하거나 보장과 노후를 동시에 해결할 수 있는 보험 상품등을 활용하는 것도 좋다.

A(Assurance) 건강, 자신하지 말고 보장성 보험에 가입해라

자영업자 특히 1인 자영업자의 경우 하루 종일 쉬는 시간 없이 일과 씨름하며, 휴일 없는 전쟁터와 같은 곳에서 삶을 살고 있다. 별도로 시간을 내어 여가를 즐기며 운동을 할 겨를도 없다. 하지만 사업보다, 소득보다 더 중요한 것은 건강이다. 시간과 주기를 정해 운동을 하거나 여가 시간을 갖는 것이 필요하다. 일과 중 잠시라도 사업장을 벗어나 산책을 하거나 스트레칭을 하는 것도 정신과 육체건강에 도움이 된다. 소득의 일부를 포기하는 대신 건강을 확보해야 행복한 노후를 보낼 수 있다.

그러나 생로병사(生老病死)의 길은 인간 삶의 순리이다. 만일의 상황에 대비하여 최소한의 보장성 보험에 가입하는 것은 필수다. 신체적 위험에 의한 소득 단절과 치료비 지출로 훼손될 수 있는 사업장과 가족의 꿈을 지킬 수 있는 최소한의 안전장치를 마련하는 것이 현명하다.

은퇴 설계는 100세시대의 필수사항이다. 자영업자는 쉴틈 없는 바쁜 일상으로 인해 체계적인 은퇴나 재무설계를 계획하고 실행하는 것이 현실적으로 어렵다. 하지만 혼자서 하는 은퇴설계가 어렵다면 금융권 전문가의 도움을 받아서라도 은퇴설계를 해봐야 할 것이다.

자영업자여, 노후준비 DNA를 깨워라

한화생명 은퇴백서

**자영업자 평균연령 54.7세
늘 돈 만지지만 노후준비 안돼**

대한민국 5가구 중 1가구는 자영업자다. 대한민국 경제의 근간을 이루고 있지만 자영업자의 삶은 녹록지 않다. 작년 통계청 경제활동인구조사에 따르면 국내 자영업자 573만명의 평균 연령은 54.7세이며, 이 중 28%는 60세 이상의 노년층이다. 자영업자의 72.1%는 빚이 있고 72%는 직원이 없는 1인 사업자이거나 가족들이 운영하는 영세 사업체다.

자영업자들은 사업을 하는 동안에는 적든 많든 지속적인 소득이 있었다. 또한 매일 사업을 하면서 돈을 가까이하는 특성상, 지금 생기는 소득을 통해 향후 노후 생활도 이어질 수 있다고 생각한다. 거기다 바쁘고 치열한 삶을 살아가다 보니 노후나 은퇴에 대한 깊은 생각을 하지 못한 채 노년의 시기에 이르게 되는 경우가 많다. 자칫 열악한 노후 생활을 보낼 수도 있다. 그래서 더욱 철저한 은퇴 준비를 해야 하는 것이 자영업자이기도 하다. 'DNA'라는 키워드에 따라 자영업자들이 안정적인 노후를 위해 어떤 준비를 해야 할지 알아본다.

◇① D(Divide·나누다): 구분해서 관리해라

행복한 노년 생활을 위해서는 가장 먼저 사업 자산과 가계 자산 등을 구분해 관리하고 소득도 분산하는 게 필요하다. 자영업자들은 사업을 시작할 때 퇴직금이나 목돈을 활용하거나 대출을 받아 사업을 벌인다. 사업을 할 당시에는 사업체가 잘될수록 사업을 확장하거나 각종 시설을 보강하는 등 사업을 유지하는 데 자금을 계속 투자하는 경우가 많다. 하지만 그러다 보면 결국 사업과 가족의 삶이 일치하게 되어 사업의 성패가 곧 가족 전체의 성패와 직결되는 상황이 생기기도 한다.

또 자영업자들은 정년이 없다는 생각에 자영업을 통해 얻는 소득으로 노후 문제를 해결하려 하지만 현실은 다르다. 통계청에 따르면 2015년을 기준으로 자영업자 등 신생 기업의 3년 생존율은 39.1%, 5년 생존율은 27.5%에 불과하다. 즉 2012년 창업한 기업 10곳 중 6곳이 문을 닫는다는 뜻이다.

그런 만큼 자산이나 소득을 과도하게 한 사업에 재투자하는 대신 사업에 사용하는 자산과 자신과 가족들을 위한 자산을 명확히 구분해 관리하는 게 중요하다. 특히 사업 소득과 여유 자금의 일정 부분은 노후 자금으로 구분해 저축하는 것이 필요하다. 젊어서 뿐만 아니라 향후에도 계속 소득이 발생할 것이라는 착각을 해선 안 된다.

또 종업원이 없는 1인 자영업자는 건강보험료 납부에서 불리할 수 있다는 것을 알아야 한다. 1인 자영업자는 국민건강보험 지역가입자로 소득 외에 자동차나 주택 등 자산까지 포함해서 건강보험료를 산정해 납부하기 때문이다. 하지만 1인 자영업자의 경우에도 실질적으로는 가족과 함께 일하는 경우가 많다. 이 경우 가족 중 한 사람을 근로소득자로 신고하고 4대 보험료를 내면 2인 사업체가 되어 국민건강보험의 직장가입자가 된다. 그러면 소득에 대해서만 건강보험료를 납부하게 돼 건강보험료를 절감할 수 있다.

◇② N(National & Personal Pension·국민연금과 개인연금)

근로소득자는 '국민연금', '퇴직연금'과 세액공제를 위한 '개인 연금저축' 가입을 통해 이른바 '노후 소득 3층사'를 반강제적으로 확보하고 있다. 근로자와 달리 자영업자는 본인 스스로 노후 준비를 해야 한다. 자영업자는 퇴직금을 활용한 퇴직연금 자체가 없다. 또한 전체 자영업자 중 국민연금 미가입자가 26.5%에 이른다. 즉, 1인 자영업자의 30.5%가 국민연금에 가입하지 않았다.

그러나 자영업자들도 적정 수준의 국민연금에 가입하여 공적연금을 확보해야 한다. 또한 노란우산공제에 가입하여 소득공제 혜택과 더불어 퇴직연금을 대체할 수 있다는 것도 중요하다. 개인연금을 활용하는 것도 중요하다. 연간 700만원까지 연금 저축 계좌에 가입해 세액공제 혜택을 받으면서 동시에 노후 소득원을 확보하고, 월 150만원 한도의 비과세 연금보험을 활용하는 것이 좋다.

◇③ A(Assurance·보험): 보장성 보험에 가입하라

자영업자는 하루 종일 쉬는 시간 없이 일과 씨름하며, 휴일 없는 전쟁터와 같은 곳에서 삶을 살아가고 있다. 별도로 시간을 내어 여가를 즐기며 운동을 할 겨를도 없다. 하지만 사업보다, 소득보다 더 중요한 것은 건강이다. 시간과 주기를 정해 운동을 하거나 여가 시간을 갖는 것이 필요하다. 일과 잠시라도 사업장을 벗어나 산책을 하거나 스트레칭을 하는 것도 정신과 육체 건강에 도움이 된다. 소득의 일부를 포기하는 대신 건강을 확보해야 행복한 노후를 보낼 수 있다는 것을 명심해야 한다. 하지만 생로병사(生老病死)의 길은 인간 삶의 순리이다. 만일의 상황에 대비하여 최소한의 보장성 보험에 가입하는 것은 필수다. 건강에 문제가 생겨서 한순간 소득이 없어지거나 치료비를 써야 하는 일이 언제든 생길 수 있어, 자신의 사업장과 가족의 꿈을 지킬 수 있는 최소한의 안전장치를 마련하는 것이 현명하다.

은퇴 설계는 100세 시대의 필수 사항이다. 자영업자는 쉴 틈 없는 바쁜 일상으로 인해 체계적인 은퇴나 재무설계를 계획하고 실행하는 것이 현실적으로 어렵다. 하지만 혼자서 하는 은퇴 설계가 어렵다면 금융권 전문가의 도움을 받아서라도 은퇴 설계를 하는 게 중요하다.

김기홍 한화생명 연수팀 부장

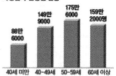

자영업자 연령별 현황

40세 미만	40~49세	50~59세	60세 이상
88만 6000	149만 9000	175만 6000	159만 2000명

자영업자 등 신생 기업 생존율

	2012년	2013년	2014년	2015년
1년 생존율	59.8			62.7%
3년 생존율	36			39.1
5년 생존율	30.9			27.5

자료·통계청

09.

세계일주냐, 국내일주냐, 퇴직연금 선택이 가른다.

근로소득자의 안정적인 노후생활을 위해 2005년 12월 퇴직연금 제도가 시행되었다. 자영업자 또한 2017년 7월 1일부터 퇴직연금에 가입할 수 있게 되었다. 퇴직연금은 퇴직 후 일시금으로 수령할 수도 있지만 55세 이후 연금으로 수령할 수 있어 국민연금, 개인연금과 더불어 노후 준비 3총사로 일컬어진다. 통계청에서 2017년 12월에 발표한 퇴직연금통계에 따르면 2016년 말 기준 퇴직연금제도 도입 사업장 수는 31만 8374개로 26.9%이다. 반면, 퇴직연금 가입자는 가입 대상 근로자 중 5,439천명이 가입하여 가입률은 50%였다. 퇴직연금 적립금액도 145조 3천억원으로 전년대비 20조 3천억이 증가했다.

하지만 근로자들은 퇴직연금의 종류가 다양할 뿐 아니라 급여 변동과 연금 운용형태에 따라 퇴직연금액에 큰 차이가 발생할 수 있어 신중한 선택이 필요하다. 최근, 근속년수에 비례해 급여가 상승하는 호봉제는 줄어들고 성과급, 연봉제 확대 및 임금피크제 시행으로 퇴직시 급여가 줄어드는 경우도 발생할 수 있기 때문이다.

내게 맞는 퇴직연금 제도는 ?

퇴직연금은 확정급여형(DB), 확정기여형(DC), 개인형 퇴직계좌(IRP) 세가지 종류가 있다. 퇴직연금 가입근로자의 57.1%는 확정급여형, 40.3%는 확정기여형, 2.7%는 개인형퇴직계좌 등에 가입하고 있었다. (퇴직연금통계)

확정급여형(DB)은 회사가 퇴직연금을 운용해 정해진 퇴직금을 책임지는 형태이다. 근로자가 받는 퇴직금은 퇴직직전의 급여가 전체 퇴직금을 결정하게 된다. 따라서 근로 기간 중간에 받는 급여는 퇴직금에 전혀 영향을 미치지 않는다. 예를 들어 입사시 월급여 100만원을 받았고 매년 10만원씩 급여가 인상되어 30년차에는 390만원을 받는 근로자 A가 확정급여형을 선택하였다면 근로자가 퇴직금으로 받을 수 있는 퇴직연금 적립금은 1억1700만원이 된다. 하지만 근로자 B의 경우 29년차에 380원받던 급여가 30년차에만 300만원으로 줄었다고 한다면 퇴직금으로 받을 수 있는 퇴직연금 적립금은 9000만원이 된다. 퇴직직전 받은 급여의 차이로 2700만원 퇴직금 차이를 가져오게 되는 것이다. 근로자 A가 확정급여형이 아닌 확정기여형 퇴직연금을 선택하였다면 퇴직금으로 적립해주는 회사의 퇴직금액은 7350만원에 불과하다. 결국 최종 급여 수준과 어떤 형태의 퇴직연금을 선택할 것인가에 따라 많은 차이가 발생한다. 임금 상승률이 높거나 급여가 지속적으로 오를 것으로 예상되는 근로자는 확정급여형을 선택하는 것이 좋지만 급여의 변동이 심하거나 줄어든다면 다른 형태를 고려해봐야 한다.

확정기여형(DC)은 회사가 매년 연봉의 12분의 1에 해당하는 금액을 근로자가 선택한 퇴직연금 계좌에 지급하는 것으로 퇴직금을 매년 정산해주는 것과 같은 개념이다. 근로자는 매년 지급받은 퇴직금을 예금, 펀드 등으로 자유롭게 운영하다가 실제 퇴직시에 연금 또는 일시금으로 받을 수 있다. 즉 퇴직연금의 운영책임이 근로자에게 있게 된다. 확정기여형은 임금 상승율보다 더 높은 수익을 원하는 근로자나 급여 변동이 심한 근로자 등이 선택을 고려해 볼 수 있다.

퇴직연금 가입자는 확정급여형과 확정기여형을 적절히 활용하는 것이 필요하다. 급여가 지속적으로 오르는 경우 확정급여형을 선택하였다가 급여가 가장 높은 수준에 도달하였다

고 판단되면 확정기여형으로 전환하는 것이 필요하다. 임금
피크제의 경우 퇴직직전에 대부분 급여가 줄어들게 되는 구
조다. 임금피크제 진입 직전에 확정급여형을 확정기여형으로
전환하면 좋다. 예를 들어 30세에 입사하여 55세에 임금 피크
제에 진입하고 60세에 퇴직한다고 가정을 해보자. 54세때 급
여가 월 900만원이고 59세 급여가 월 400만원일 경우 확정
급여형을 선택한 근로자는 퇴직금으로 1억2천만원을 수령하
게 된다. 하지만 54세까지는 확정급여형을 선택하고 55세부
터는 확정기여형으로 전환할 경우 퇴직금은 2억5500만원으
로 두배 이상의 차이가 나게 된다.

다만 확정급여형에서 확정기여형으로 전환은 가능하지만
확정기여형에서 다시 확정급여형으로 전환할 수 없음에 유의
하여야 한다.

개인형 퇴직연금계좌는 퇴직금을 일시 수령한 경우 예치
하거나 개인이 퇴직연금에 추가 불입을 원할 경우 1800만원
까지 불입할 수 있는 계좌다. 안정적인 노후 소득 확보가 필요
한 자영업자 등이 가입할 수 있는 계좌다. 근로자의 추가 불입
금이나 자영업자 불입금액의 최대 900만원까지는 12% 또는
15%의 세액 공제가 가능하여 노후자금 마련과 더불어 세액공
제 혜택도 누릴 수 있는 제도다.

중도인출과 일시금 수령에 신중해야 한다.

퇴직연금제도의 도입은 국민연금으로는 부족한 노후 생활자금을 지원하기 위해 도입된 제도지만 현실에서는 취지대로 운영되고 있지 않다.

퇴직연금 확정기여형 가입자 중 무주택자의 주택구입이나 전세자금마련, 본인 및 부양가족의 6개월이상 치료와 요양이 필요 한 경우 등 대통령령이 정한 특별한 사유 발생 시 중도인출이 가능하다. 퇴직연금 통계에 의하면 2016년 중도인출은 전년대비 42.8%p 증가하였고, 인출금액도 27.7%p 증가한 1조 2천억원이나 되었다. 2016년 퇴직연금 일시금 수령자는 26만6389명이지만 연금으로 신규 수령자는 2839명으로 0.01%에 불과하였다.

노후 생활비를 충당할 수 있는 가장 좋은 방법은 퇴직연금이다. 따라서 퇴직연금의 중도인출과 일시금 수령에 신중을 기할 필요가 있다. 연금으로 수령할 경우 납부할 퇴직소득세의 30% 감면 효과가 있어 세제혜택의 효과도 누릴 수도 있다. 퇴직 시 일시금으로 전액 수령하는 것보다 꼭 필요금액만 중도인출해 사용하고 일부는 본인만을 위한 노후 생활자금으로 활용하는 것이 필요하다. 퇴직연금 적립액을 노후생활비로 활용할 수 없는 경우에 대비하여 개인연금에도 관심을 가질 필요가 있다.

〈DB, DC에 따른 퇴직금 차이〉

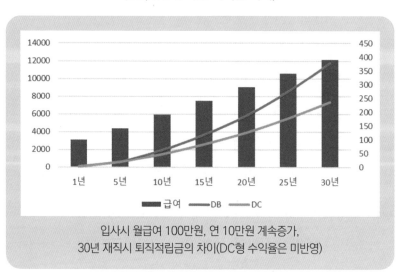

입사시 월급여 100만원, 연 10만원 계속증가,
30년 재직시 퇴직적립금의 차이(DC형 수익율은 미반영)

〈임금피크제와 DC전환시 퇴직금 차이〉

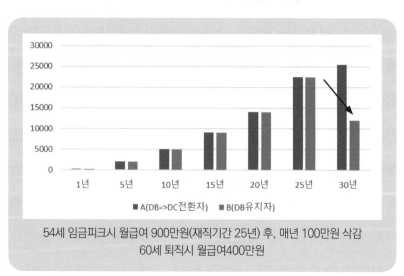

54세 임금피크시 월급여 900만원(재직기간 25년) 후, 매년 100만원 삭감
60세 퇴직시 월급여400만원

朝鮮日報

2018년 06월 27일
B11면 (금융/재테크)

세계일주냐 국내일주냐, 퇴직연금 선택이 가른다

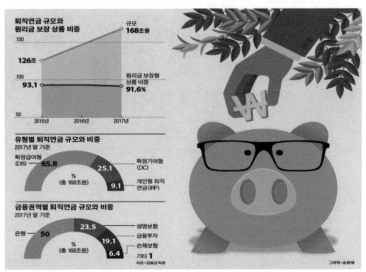

퇴직연금 규모와 원리금 보장 상품 비중

규모
168조원

150

126조

100
93.1

50
2015년　　2016년　　2017년

원리금 보장형
상품 비중
91.6%

유형별 퇴직연금 규모와 비중
2017년 말 기준

확정급여형
(DB) — 65.8
확정기여형
(DC) — 25.1
개인형 퇴직
연금(IRP) — 9.1
%
(총 168조원)

금융권역별 퇴직연금 규모와 비중
2017년 말 기준

은행 — 50
생명보험 — 23.5
금융투자 — 19.1
손해보험 — 6.4
기타 1
%
(총 168조원)

자료=금융감독원

그래픽=송윤혜

한화생명 은퇴백서

은퇴 준비가 중요하다는 인식이 커지면서 국민연금, 개인연금과 더불어 '노후 준비 3총사'로 꼽히는 퇴직연금의 규모가 빠르게 늘고 있다. 퇴직연금 규모는 작년 말 168조원까지 증가했다. 2년 만에 약 42조원이 증가했다. 작년 7월부터는 직장인뿐 아니라 자영업자도 퇴직연금에 가입할 수 있게 됐다.

그러나 퇴직연금 가입 때 주의해야 할 점도 많다. 연금을 어떻게 운용하느냐에 따라 내가 받는 퇴직연금 액수가 크게 달라질 수 있기 때문이다. 최근 회사에서 일한 기간에 비례해 월급이 자동으로 오르는 호봉제를 적용하는 기업은 갈수록 줄고, 대신 성과급과 연봉제를 도입하는 기업이 늘고 있는 것도 변수다. 퇴직이 가까워졌을 때 월급이 어떻게 변하는지에 따라서도 연금 액수가 달라질 수 있다.

◇연봉 계속 오를 땐 DB형, 자유로운 운용 원할 땐 DC 형

퇴직연금 종류는 크게 확정급여형(DB·회사에 운용 책임이 있는 형태)과 확정기여형(DC·개인에게 운용 책임이 있는 형태), 개인형퇴직연금(IRP·개인이 스스로 가입하는 형태) 등 세 가지로 나뉜다. 작년 말 기준 퇴직연금 가입자의 65.8%는 확정급여형, 25.1%는 확정기여형, 9.1%는 개인형에 각각 가입하고 있다.

확정급여형(DB)은 회사가 책임을 지고 퇴직금을 은행이나 보험사 등 외부 금융기관에 맡겨 운용하는 형태다. 일반적으로 근로자의 퇴직금은 퇴직 직전의 급여 수준으로 결정된다. 근로 기간 도중에 받는 급여가 퇴직금에 전혀 영향을 미치지 않는다는 게 특징이다.

A기업에 다니는 직장인 김씨의 사례를 가정해보자. 김씨가 입사했을 때 월급이 100만원이었고, 매년 10만원씩 월급이 올라 30년 차에 390만원을 받게 됐

을 때 김씨가 DB형을 선택했다면 그가 받을 수 있는 퇴직연금 적립금은 1억 1700만원(390만원×30년)이 된다. DB형 퇴직연금은 대략 마지막 월급 곱하기 근속 연수가 되기 때문이다. 반면 직장인 박씨의 경우 29년 차에 월급이 380만원이고, 30년 차에 300만원으로 줄었다면 퇴직금은 9000만원(300만원×30년)이 된다. 퇴직 직전 월급 차이로 퇴직금도 2700만원 차이가 나게 된 것이다. 즉, 임금 상승률이 높거나 급여가 지속적으로 오를 것으로 예상되면 DB형을 선택하는 것이 좋지만 급여 변동이 심하거나 줄어든다면 다른 형태를 고려해봐야 한다.

**연봉 꾸준히 오른다면 DB형
급여변동 심하면 DC형이 유리
임금피크제 적용받는다면
급여 줄기전 DB형→DC형**

DB형과 달리 확정기여형(DC)은 회사가 매년 연봉의 12분의 1에 해당하는 금액을 근로자가 선택한 퇴직연금 계좌에 지급하는 것이다. 퇴직금을 매년 정산해 주는 것과 같은 개념이다. 근로자는 매년 지급받은 퇴직금을 예금, 펀드 등으로 자유롭게 운용하다가 실제 퇴직할 때 연금이나 일시금으로 받을 수 있다. 퇴직금의 운용 책임이 근로자에게 있게 된다. DC형은 임금 상승률보다 더 높은 수익을 지속적으로 오르는 경우 DB형을 선택했다가, 급여가 가장 높은 수준에 도달했을 때 DC형으로 바꾸는 전략이 효과적일 수 있다.

◇임금피크제로 임금 줄기 전 DC형 전환 고려해야

임금피크제를 적용받는 경우는 어떨

까. 임금피크제는 퇴직 직전에 대부분 급여가 줄어들게 되는 구조다. 그러니 임금피크제 진입 직전에 DB형을 DC형으로 전환하면 좋다. 예를 들어 30세에 입사해 25년을 근무하고 55세에 임금피크제에 진입한다고 가정해보자. 54세 때 급여가 월 900만원이고 59세 급여가 월 400만원일 경우 DB형을 선택한 근로자는 60세 퇴직 이후 퇴직금으로 1억2000만원(400만원×30년)을 수령하게 된다. 하지만 25년 근무 때는 DB형을 선택했다가 임금피크 이후 DC형으로 바꾼 경우 퇴직금은 2억2500만원(900만원×25년)에 5년간 추가 운용 여부에 따라 달라진다.

다만 DB형에서 DC형으로 바꾸는 것은 가능하지만, DC형에서 DB형으로는 다시 바꿀 수 없다. 이 때문에 어떤 형태를 선택할지는 충분히 고민한다.

◇퇴직연금은 연금으로 받아야 퇴직소득세 감면

개인형 퇴직연금(IRP)은 퇴직금을 일시 수령한 경우 예치하거나 개인이 퇴직연금에 추가 불입을 원할 경우 1800만원까지 불입할 수 있는 계좌다. 안정적인 노후 소득 확보가 필요한 자영업자 등이 가입할 수 있다. 근로자의 추가 불입금이나 자영업자 불입 금액 중 최대 700만원까지 12% 또는 15%의 세액 공제도 가능하다.

퇴직연금을 어떤 형태로 수령하느냐도 문제다. 2016년 기준 퇴직연금을 한 번에 받아간 사람은 약 26만6000명인 반면 연금 형태로 받은 사람은 약 3000명에 그쳤다. 하지만 퇴직연금을 연금 형태로 받을 경우 납부할 퇴직소득세의 30% 감면 효과가 있어 세제 혜택의 효과를 누릴 수 있다. 퇴직금처럼 일시금으로 전액을 한 번에 받는 것보다 필요한 만큼만 중도 인출해 사용하고 일부는 연금 형태로 본인만을 위한 노후 생활자금으로 활용하는 것이 필요하다.

김기흥 한화생명 연수팀 부장

노후 생활 이야기

10.

월드컵에서 배우는
은퇴 이야기

전국민의 이목을 집중시켰던 2018 러시아 월드컵이 프랑스의 우승으로 끝났다. 우리나라 월드컵 대표팀은 스웨덴과 멕시코에 연패하면서 국민들에게 많은 실망을 안겼다. 하지만 예선 마지막 경기인 세계 1위 독일과의 경기에서 독일에게 16강 탈락의 수모를 안기며 유종의 미를 거뒀다.

축구경기는 우리의 삶과 유사한 면이 많다. 축구 경기와 마찬가지로 우리의 삶도 적극적 소득 창출 기간인 인생의 전반기와 노후 생활 기간인 후반기로 나눌 수 있다. 축구 경기에서 전반전도 중요하지만 후반전 경기를 어떻게 치르느냐가 승패와 직결되듯이 우리도 인생의 후반기를 어떻게 준비하고 잘 대처하느냐가 삶에서 더욱 중요하다.

인생의 후반전에 들어서는 많은 예비 은퇴자들과 후반전 경기에 임하고 있는 은퇴자들이 경계해야 할 부분과 대처 방안을 알아보자.

첫째, 이기겠다는 욕심에 골키퍼까지 공격에 가담해서는 안 된다. 즉 조급함으로 인해 과도한 수익을 추구하는 무리한 투자는 금해야 한다.

통계청 가계금융복지조사(2017년)에 의하면 금융자산 투자의 주된 목적은 노후 대책마련이라는 응답이 57.4%로 가장 높았지만 가구주의 56%는 노후 준비가 되어 있지 않은 것으로 확인되었다. 준비되지 않은 상태에서 노후 생활에 임박해지면 대부분의 사람들은 노후 자금에 대한 걱정과 심리적 불안감에 휩싸이게 된다. 준비되지 않은 상황에 대한 불안감을 극복하기 위해 공격적 투자에 관심을 갖는 경우가 많다. 하루라도 빨리 자산을 늘려서 노후자금을 확보하려고 서두른다. 평소 우리 국민들은 금융자산 투자시 고려사항으로 안정성이 75%로 가장 높았고, 12.8%가 수익성이라고 응답하였다. 선호하는 운영방법은 예금이 91.8%로 가장 많았고, 주식이나 수익증권이 4.1%였다. 위 결과에서 보듯이 우리나라 국민들은 평소에는 굉장히 안정적인 투자를 선호한다. 하지만 펀드투자자 조사와 한국예탁결제원 자료에 의하면 60대의 펀드투자와 주식투자 인구 비율이 꾸준히 증가하고 있다. 2016년도에는 60대의 펀드 투자비율이 가장 높을 정도로 수익추구에 관심을 갖는 노년층 인구가 증가하고 있다. 노후준비의 조급증으로 인해 투자 상품에 대한 지식이 부족한 상태에서 과도한 수익을 추구하는 투자는 엄청난 후폭풍을 몰고 올 수 있다. 독일이 우리나라를 반드시 이기고 16강에 진출하기 위해 골키퍼까지 공격에 가담하다가 골을 먹고 패하는 처참한 결과를 가져올 수 있음에 유념해야 한다. 급할수록 대박의 환상에서 깨어나 적정 수익을 추구하는 분산 투자에 나설 필요가 있다. 젊었을 때는 공격적인 투자 비중을 높일 필요가 있겠으나 인생 후반기에는 안정적인 수비 전략을 바탕으로 적정 수익을 추구하는 전략을 가져가야 할 것이다. 또한 젊었을 때부터 꾸준한 금융에 대한 이해와 지식을 쌓을 필요가 있다. 2020년에 발표된 한국금융소비자보호재단의 금융역량행동 평가에 의하면 10점 만점에 저축습관은 4.25점, 은퇴설계는 2.32점으로 아주 취약한 것으로 나타났다. 따라서 금융관련 지식 습득과 이해도를 높이고 실행력을 높이기 위해 금융세미나 참석이나 신문의 금융관련 지면을 읽는 습관을 기르는 것이 좋다.

둘째, 경기 후반에 골을 먹는 치명적인 실수를 범하지 말아야 한다. 특히 수비수의 실수에 의한 자책골을 경계해야 한다. 마찬가지로 은퇴 전·후 가장 경계해야 할 것 중의 하나는 금융관련 사기로 그 동안 모은 은퇴자금을 모두 잃어버리는 것이

다. 금융지식이 취약하고 노후 불안감을 가지고 있는 은퇴시
기에 원금보장과 고수익을 미끼로 접근하는 금융사기에 은퇴
자들은 취약할 수밖에 없다. 원금뿐 아니라 고수익을 보장한
다는 금융상품은 절대 존재하지 않다라는 것을 명심하여야 한
다. 보이스 피싱과 불법 사금융, 고수익보장 유사수신행위에
속지 말아야 한다. 불법 금융 피해 예방정보와 대응 방법은 금
융감독원 서민금융1332(www.fss.or.kr/s1332)를 통해 확인
할 수 있으며, 콜센터(1332)를 통해서도 도움을 받을 수 있다.

　은퇴 전후 또 하나의 심각한 자책골은 자녀 결혼비를 과도
하게 지원하는 것이다. 한화생명 재무설계사 100명을 대상으
로 실시한 설문 결과에 의하면 93%는 자녀에게 결혼비를 지
원할 것이고, 지원을 고려하지 않는다는 응답은 7%에 불과하
였다. 지원금액으로는 아들에게 평균 1억 3100만원, 딸에게
는 67백만원을 지원하겠다고 응답하였고 아들에게 2억 이상
지원하겠다는 응답도 24.6%에 달했다. 실제 우리나라 가계
의 금융자산 평균 보유금액은(통계청 2022년 가계금융복지
조사) 1억2126만원이었고, 60세 이상의 경우 9219만원에 불
과하였는데 금융자산 보유가 적은 상태에서 과도한 자녀 결혼
비 지원은 치명적인 노후 생활의 궁핍으로 연결될 수 있다. 따
라서 본인의 수준에 맞는 적정 수준의 결혼비 지원을 고려해

야 하며, 자녀와의 충분한 사전 대화와 교육을 통해 자녀 결혼비 지원에 대한 합리적인 방안 등을 강구해야 한다.

축구에서도 수비와 미드필더, 공격수가 적절히 자기의 위치를 지켜 가면서 경기를 한다. 지지 않는 경기를 위해서는 수비수의 숫자를 늘린다. 이기기 위한 경기에서도 수비수를 하나도 남기지 않고 공격수로 다 투입하지는 않는다. 또한 이기고 있는 경기에서는 후반으로 갈수록 안정적인 수비 전략을 취해간다. 노후 준비에 있어서 가장 중요한 것은 높은 투자 수익 보다는 안정적인 수익을 추구하는 것이다.

그래서 우리가 반드시 보유해야 할 금융상품은 안정적인 수비수 역할의 예적금, 공격수로서 주식관련 상품, 인생 후반전에서 가장 중요한 골키퍼 역할의 연금상품, 그리고 만일의 사태에 대비하여 교체멤버로서 보장성 보험 등 크게 4가지 상품이다. 철저한 분산투자 전략을 기본으로 본인의 연령, 자산구조, 소득 수준에 맞는 투자 전략을 가져야 한다.

주식 투자의 달인 웨런버펏은 "돈을 벌기 위한 첫째 원칙은 절대 돈을 잃어서는 안된다"고 하였다. 행복한 노후를 준비하고 살아가는 첫째 원칙도 "지금껏 모아온 은퇴자금을 절대 잃어버려서는 안된다"는 기본원칙을 지키는 것이다.

朝鮮日報

2018년 07월 25일
B07면 (글 융/재테크)

인생 후반전 무리하게 공격했다가… 독일처럼 짐싼다

우리나라 금융 자산 투자의 주된 목적

노후 대책	57.4%
주택 구입 또는 전셋값 보증금 마련	16.6
부채 상환	8.6
자녀 교육비 마련	6.4
사고나 질병 대비	3.5
결혼 자금 마련	2.9
기타	4.5

한국인이 금융 자산에 투자할 때 우선 고려하는 사항

🔒 75.0% 안정성

12.8	6.2	5.8	0.2 기타
수익성	접근성	현금화 가능성	

지난 6월 27일 열린 2018 러시아월드컵 한국과 독일의 경기 후반 추가시간에 독일 골키퍼 마누엘 노이어가 허프라인을 넘어서 공격에 가담했지만 주세종이 전방으로 길게 패스한 공을 손흥민이 골로 연결했다. 노후 준비를 할 때는 이 경기의 독일팀처럼 막판에 '무리 했다가는 더 큰 패배(손실)로 이어질 수 있다는 점을 염두에 둬야 한다.

한화생명 은퇴백서

월드컵에서 배우는 노후준비

2018 러시아월드컵이 프랑스의 우승으로 끝났다. 우리나라 대표팀은 예선 마지막 경기인 세계 1위 독일과의 경기에서 독일에 16강 탈락의 수모를 안기며 유종의 미를 거뒀다. 이번 월드컵을 보면서 필자가 느낀 점은 축구 경기가 우리의 삶과 비슷한 점이 많다는 것이다. 축구 경기와 마찬가지로 인생도 적극적 소득 창출 기간인 전반기와 노후 생활 기간인 후반기로 나눌 수 있다는 점이 특히 그렇다. 축구 경기에서 전반전도 중요하지만 후반전을 어떻게 치르느냐가 승패와 직결되듯이 우리도 인생의 후반기를 어떻게 준비하고 잘 대처하느냐가 매우 중요하다. 인생의 후반전에 들어서는 예비 은퇴자들 또는 후반전 경기를 뛰고 있는 은퇴자들이 경계해야 할 점과 대처 방안을 알아보자.

◇노후 준비, 무리한 공격은 금물

첫째, 이기겠다는 욕심에 골키퍼까지 공격에 가담해서는 안 된다. 조급함으로 인해 과도한 수익을 추구하는 무리한 투자는 금해야 한다는 것이다. 지난해 통계청 가계금융복지조사에 의하면 금융 자산 투자의 주된 목적은 노후 대책 마련이라는 응답이 57.4%로 가장 높았다. 하지만 가구주의 56%는 노후 준비가 돼 있지 않은 것으로 나타났다. 준비되지 않은 상태에서 노후 생활에 임박해지면 대부분의 사람은 걱정과 불안감에 휩싸인다. 이를 극복하기 위해 공격적 투자에 관심을 갖는 경우가 많다. 하루라도 빨리 자산을 늘려서 노후자금을 확보하려 서두른다. 평소 우리나라 사람은 금융자산에 투자할 때 고려 사항으로 안정성이 75%로가 장 높았고, 12.8%가 수익성이라고 응답했다. 선호하는 운영 방법은 예금이 91.8%로 가장 많았고, 주식이나 수익증권이 4.1%다. 즉 한국인은 굉장히 안정

이기겠다고 골키퍼도 공격하면 노년층 펀드 투자 많이 늘어 조급증은 큰 손실 초래할 수 있어

절대 자책골 먹지마라 고수익 내세운 금융사기는 조심 지나친 자녀결혼비 지원 피해야

적인 투자를 선호한다.

하지만 펀드 투자자 조사와 한국예탁결제원 자료에 따르면 60대의 펀드 투자와 주식 투자 인구 비율이 꾸준히 늘고 있다. 2016년에는 펀드 투자자 비율이 전 연령대 중 60대가 가장 높을 정도로 수익 추구에 관심을 갖는 노년층이 증가하고 있다. 노후 준비 조급증으로 인해 과도한 수익을 추구하는 투자를 할 경우 엄청난 후폭풍을 몰고 올 수 있다. 독일이 이번 월드컵 조별 예선에서 우리나라를 이기고 16강에 진출하기 위해 1대0으로 뒤진 후반전에 세계적인 골키퍼 마누엘 노이어까지 공격에 가담했다가 추가 골을 먹고 패배했다는 점을 곱씹어야 한다.

또 젊었을 때부터 금융에 대한 이해와 지식을 쌓을 필요가 있다. 지난해 발표된 한국금융투자자보호재단의 금융 지식 측정 결과에 의하면 50대의 경우 120점 만점에 46.1점에 불과했고, 60대는 43.31점으로 더 낮았다. 금융세미나 참석이나 신문의 금융 관련 지면을 읽는 습관을 기르는 게 좋다.

◇"인생 후반전 투자 실수는 회복 어려워"

둘째, 경기 후반에 골을 먹는 치명적인 실수를 범하지 말아야 한다. 특히 수비 실수에 의한 자책골을 경계해야 한다. 마찬가지로 은퇴 전후 가장 경계해야 할 것 중 하나는 금융사고로 그동안 모은 은퇴자금을 잃어버리는 것이다. 금융지식은 부족한데 막연한 노후 불안감을 가진 은퇴 시기에 원금 보장과 고수익을 미끼로 접근하는 금융사기에 은퇴자들은

취약할 수밖에 없다. 원금뿐 아니라 고수익을 보장한다는 금융상품은 절대 존재하지 않는다는 것을 명심해야 한다. 보이스 피싱과 불법 사금융, 고수익 보장 유사수신행위에 속지 말아야 한다.

은퇴 전후 또 하나의 심각한 자책골은 자녀 결혼비를 과도하게 지원하는 것이다. 한화생명 재무설계사 100명을 대상으로 실시한 설문 결과를 보면, 93%는 "자녀 결혼비를 지원할 것"이라고 했다. 지원 금액으로는 아들에겐 평균 1억3100만원, 딸에겐 6700만원을 지원하겠다고 했다. 실제 우리나라 가계의 금융자산 평균 보유 금액은(통계청 2017년 가계금융복지조사) 9784만원이고, 50대의 경우 1억1685만원에 불과하다. 금융자산이 적은 상태에서 자녀 결혼비를 과도하게 지원하면 노후 생활의 궁핍으로 연결될 수 있다.

◇축구 포지션처럼 투자 배분 이뤄져야

축구에서도 수비와 미드필더, 공격수가 자기 위치를 지키면서 경기를 한다. 지고 있는 경기를 위해서는 수비 숫자를 늘린다. 이기기 위한 경기에서도 수비를 하나도 남기지 않고 공격수로 다 투입하지는 않는다. 노후 준비에 있어서 중요한 것은 높은 투자 수익(공격)보다는 안정적인 수익(수비)을 추구하는 것이다. 반드시 보유해야 할 금융상품은 수비수 역할의 예·적금, 공격수로서 주식 관련 상품, 인생 후반전에서 가장 중요한 골키퍼 역할의 연금상품, 그리고 만일의 사태에 대비한 교체 멤버로서 보장성 보험 등 크게 네 가지다. 분산투자 전략을 기본으로 본인의 연령, 소득 수준에 맞는 투자 전략을 가져야 한다. 주식 투자의 달인 워런 버핏은 "돈을 벌기 위한 첫째 원칙은 절대 돈을 잃어서는 안 된다"고 한 바 있다. 행복한 노후를 준비하고 살아가는 첫째 원칙도 '지금껏 모아온 은퇴자금을 절대 잃어버려서는 안 된다'는 기본 원칙을 지키는 것이다.

김기홍 한화생명 연수팀 부장

노후 생활 이야기

11.

부부의 행복한 노후 준비, 따로 또 같이

결혼식장에서 우리는 '검은 머리 파뿌리 될 때까지 사랑하며 행복하게 살겠다'는 말을 자주 듣는다. 젊은 시절에는 뜨거운 사랑을 나누며 행복한 부부관계가 형성된다. 하지만 시간이 흐르면서 자녀를 양육하는데 집중하며, 각자의 삶으로 바쁘게 살아가느라 사랑은 점차 희미해져 간다. 은퇴 후에는 자녀들은 분가하고, 사회 활동 시간이 줄어드는 대신 부부 둘만의 시간이 증가한다. 경제적인 문제로 부부 사이에 갈등이 종종 발생하기도 한다. 검은 머리 파뿌리 될 때까지 사랑하며 행복하게 살기 위해 결혼 전 많은 준비를 했던 것처럼 노후의 행복한 부부 생활을 위한 철저한 준비도 필요하다. **부부의 노후 생활 준비는 상대방에게 미루거나 맡겨서는 안된다. 부부가 함께 행복한 노후 생활을 위해서는 때로는 남처럼 각자가, 때로는 함께하는 '따로 또 같이' 노후 준비가 필요**하다.

혼자보다는 둘이 있을 때 행복할 가능성이 증대한다.

2017년 통계청 조사에 의하면 부부가구는 연간 소득이 6058만원임에 비해 이혼가구의 경우 2843만원 불과하였고 순자산 역시 부부 가구가 2배이상 많았다. 또한 규칙적인 운동과 건강검진을 받는 비율도 부부가구가 이혼가구가 보다 훨씬 높았다. 이러한 현상들은 부부 가구가 이혼가구보다 경제생활과 은퇴생활 만족도가 높다는 연구 결과를 가져오기도 하였다.

그러나 최근 혼자 사는 비혼과 노후의 졸혼 등이 유행처럼 번지고 있다. 또한 통계청 조사에 의하면 최근 10년간 매년 이혼건수가 10만건 이상이었고 2022년 조사에 의하면 이혼건수의 47%가 50세 이후에 발생하였는데 이혼의 가장 큰 사유는 성격 차이와 경제적 문제였다. 성격차이를 극복하고 백년해로 하기 위해서는 각자의 삶을 인정해주고 배려하는 것과 더불어 함께하는 시간을 효과적으로 관리하는 것이 좋다.

**각자의 삶을 인정해주고 배려하면서도
함께하는 시간을 만들어라.**

자녀양육과 직장생활 등 각자의 삶에 익숙한 부부가 퇴직

후 발생하는 여유시간으로 인해 같이 있는 시간이 늘어난다. 그 결과 퇴직한 남편으로 인한 스트레스로 '은퇴남편 증후군'에 시달리는 주부가 증가하고 있다. 남편의 입장에서는 사회생활 관계가 줄어들면서 배우자에게 의지하는 시간이 증가할 수 있지만 배우자는 남편이 귀찮은 존재로 전락할 수가 있다.

따라서 **노후에는 서로를 구속하기 보다는 각자의 삶을 살아갈 수 있는 공간과 시간이 중요하다 따라서 부부는 각자의 독립된 삶을 존중해 주는 것이 필요하다.** 다만, 각자의 독립된 삶을 인정해주는 것이 자칫 부부간의 고립으로 이어지는 것을 막기 위해서 함께할 수 있는 시간을 만드는 것이 절대적이다. 부부가 같이 할 수 있는 취미생활이나 운동, 종교 생활을 통해 부부간 소통을 강화해야 한다. 행복한 노년의 부부생활을 위해서는 혼자 잘 놀 수 있는 것과 더불어 부부가 함께 잘 놀 수도 있어야 한다.

행복한 노후 생활을 위한 건강 관리도 따로 또 같이하자.

2020년 65세 이상 노인진료비가 인당 평균 487만원으로 노인진료비가 전체 진료비의 43.4%를 차지할 정도로 노후의 건강관리는 행복한 삶의 핵심 척도가 되었다. 잘못된 건강관리는 본인 뿐 아니라 배우자 삶의 질을 떨어뜨릴 뿐 아니라, 경제적 손실을 가져오게 된다. 따라서 평소에 꾸준한 운동과 정기적인 건강검진이 필요하다. 혼자 하는 운동도 좋겠으나 가능하면 부부가 같이 할 수 있는 운동이나 산행을 병행하거나 부부가 같은 날에 함께 건강검진을 받는 것도 노후 생활 만족도를 증대하는데 훨씬 효과적이다. 상대방을 배려하는 마음이 지나쳐 질병을 혼자 안고 살면서 병을 키우는 것은 바보 짓이다. 질병은 예방하고, 발생시 적극적으로 부부간 대화를 통해 치료하는 것이 행복한 노후 생활의 지름길이다. 그리고 질병으로 인해 발생하는 경제적 손실을 막기 위해서는 실손보험이나 보장성 보험을 미리 준비해두는 것이 꼭 필요하다.

노후 생활비 등 경제준비는 반드시 따로 또 같이 해야 한다.

통계청 21년 생명표에 의하면 현재 60세 남자의 기대여명은 83.5세이고 여자는 88.4세 로 여자의 수명이 5년 정도 길 것으로 예상된다. 이는 여성의 홀로 사는 빈둥지 노후 생활기간이 최소한 5년이상이라는 것을 의미하며, 여성의 노후 준비가 더욱 중요하다는 것을 알 수 있다. 그러나 2017년 통계청 사회조사를 보면 남자의 경우에는 은퇴 준비를 하고 있다는 응답이 71.3%임에 비하여 여자는 59.8%에 불과 하였다. 배우자가 있는 경우에는 75.5%가 은퇴 준비를 잘하고 있는 반면에 이혼의 경우에는 60%, 사별의 경우에는 38%만이 준비하고 있었다. 이러한 현상은 경제적인 주도권이 남편 중심으로 형성되어 있어 노후 소득원과 자산이 남성 위주로 되어있기 때문이다. 이는 홀로 사는 여성의 노후 생활에 장애물이 될 수 있다. 노후 준비의 가장 주된 방법이 되고 있는 국민연금의 경우도 마찬가지다. 2022년 국민연금통계에 의하면 국민연금 총가입자의 54.3%는 남자임에 비해 여자는 45.6%에 불과하며, 80세 미만의 연금 수급자의 경우에도 여성 수급자는 남성수급자의 50% 수준으로 여성의 노후 준비가 취약함을 알 수 있다. 따라서 부부의 행복한 노후 생활을 위해서는 남편은 홀로 남은 배우자의 노후 생활기간에 대한 대책을 마련해줄 필요가 있다. 그리고 **여성의 입장에서도 남편에게 전적으로 의지하기 보다는 본인의 노후생활비 확보 방안을 마련하는 현명**하다. 가장 좋은 방법중의 하나는 국민연금 임의 가입제도를 활용하는 것이다. 소득이 없어 의무 가입대상이 아니더라도 본인이 원하면 국민연금 임의 가입을 통한 노후 소득원을 확보할 수 있는데 2010년 9만명에 불과하던 임의가입자가 2017년에는 32만 7천명으로 3.5배 이상 증가하였고 한때는 강남 부자들 사이에서 국민연금 재테크 열풍이 불기도 하였다. 특히 32만명의 임의 가입자 중 27만명이 여성가입자인 것은 여성의 노후 준비의 중요성이 인식되고 있음을 알 수 있다. 여성의 노후 생활비 확보를 위해서는 국민연금 임의 가입과 더불어 개인연금 가입이 필요할 것이다.

'**자세히 보아야 예쁘다. 오래 보아야 사랑스럽다. 너도 그렇다.**' 나태주 시인의 '풀꽃'이라는 시다. 하찮은 풀꽃도 자세히 보고 오래 보면 예쁘고 사랑스럽다. 하물며 뜨겁게 사랑해 결혼한 부부의 경우는 어떠할까? 백세시대의 긴 노후생활에는 많은 갈등과 어려움이 있을 것이다. 하지만 부부가 함께하는 철저한 준비와 서로를 존중하는 부부의 노후 생활은 들에 핀 풀꽃보다 예쁘고 사랑스러우며 가치 있는 삶이 될 것이다.

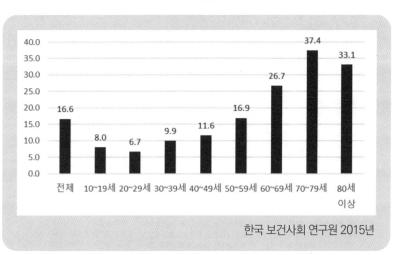

〈연간 병원 방문 횟수〉

한국 보건사회 연구원 2015년

朝鮮日報

2018년 09월 05일
B11면 (금융/재테크)

부부라도… 노후준비는 따로 또 같이

男보다 5년 더 사는 女, 은퇴 준비에도 소홀

한화생명 은퇴백서

결혼식장에서 우리는 '검은 머리 파뿌리 될 때까지 사랑하며 행복하게 살겠다'는 말을 자주 듣는다. 젊은 시절엔 행복한 부부 관계가 형성된다. 하지만 시간이 흐르면서 자녀를 양육하는 데 집중하고, 각자의 삶으로 바쁘게 살아가느라 사랑은 점차 희미해져 간다. 은퇴 후엔 자녀들은 분가하고 사회 활동 시간이 줄어드는 대신 부부 둘만의 시간이 늘어난다. 경제적 문제로 부부 사이에 갈등이 종종 발생하기도 한다.

검은 머리 파뿌리 될 때까지 사랑하며 행복하게 살기 위해선 결혼을 위해 많은 준비를 했던 것처럼 노후의 행복한 부부 생활을 위한 철저한 준비도 필요하다. 때로는 남처럼 각자가, 때로는 함께하는 '따로 또 같이' 식의 노후 준비도 필요하다.

◇은퇴 후 부부가 독립 인정하면서도 함께하는 삶 필요

2017년 통계청 조사에 의하면 부부 가구는 연간 소득이 6058만원이지만 이혼 가구는 2843만원에 불과했다. 순자산 역시 부부 가구가 2배 이상 많았다. 또 규칙적인 운동과 건강검진을 받는 비율도 부부 가구가 이혼 가구보다 훨씬 높았다. 부부 가구가 이혼 가구보다 경제생활과 은퇴 생활 만족도가 높다는 연구 결과도 여럿이다.

그러나 최근엔 결혼을 하지 않겠다고 하는 '비혼'과 노후의 '졸혼' 등이 유행처럼 번지고 있다. 또한 통계청 인구 동향 조사에 의하면 2017년 이혼 건수의 39%가 50세 이후에 발생했다. 이혼의 가장 큰 사유는 성격 차이와 경제적 문제였다. 특히 자녀 양육과 직장 생활 등 각자의 삶에 익숙한 부부의 경우 퇴직 후에 같이 있는 시간이 늘면서 '은퇴 남편 증후군'에 시달리는 주부가 생기기도 한다.

따라서 노후엔 서로를 구속하기보단 각자의 삶을 살아갈 수 있는 독립된 공간과 시간이 중요하다.

다만 각자 독립된 삶을 인정해주면서도 자칫 부부 간 고립으로 이어지는 걸 막기 위해 함께할 수 있는 시간을 만드는 것도 필요하다. 부부가 같이할 수 있는 취미 생활이나 운동, 종교 생활을 통해 소통을 강화하는 게 좋다. 행복한 노년의 부부 생활을 위해선 혼자 잘 놀 수 있는 것과 더불어 부부가 함께 잘 놀 수 있는 것을 동시에 확보하는 게 좋다.

◇노후 건강 대비는 부부 같이해야

한국보건사회연구원에 따르면 2015년 기준 60세 이상 노인은 월 2.7회 치료를

성별·가구 형태별 노후 준비 정도는

노후 준비 못하고 있다 34.6% 전체 65.4% 노후 준비 하고 있다

	40.2	여자	59.8
	28.7	남자	71.3
	24.5	배우자 있음	75.5
	51.3	미혼	48.7
	82	사별		40	이혼	60

자료=통계청(2017년 사회조사)

증가하는 국민연금 임의 가입자

30만명 ··· 32만7723명
10만명 ··· 20만2536
9만8222
1988 2006 2014 2017년

자료=국민연금공단

**국민연금 임의 가입제도 활용
질병으로 경제 손실 막기 위해
실손 보험·보장성 보험 준비**

위해 병원을 찾는 것으로 나타났다. 잘못된 건강관리는 본인뿐 아니라 배우자 삶의 질을 떨어뜨릴 뿐 아니라 경제적 손실도 가져온다. 혼자 사는 운동도 좋겠으나 가능하면 부부가 같이할 수 있는 운동이나 산행을 병행하는 게 좋다.

부부가 같은 날에 함께 건강검진을 받는 것도 노후 생활 만족도를 높이는 데 효과적이다. 상대방을 배려하는 마음이 지나쳐 질병을 혼자 안고 살면서 병을 키우는 건 바보 짓이다. 질병은 예방하고, 발생하면 적극적으로 부부 간 대화를 통해 치료하는 것이 행복한 노후 생활의 지름길이다. 그리고 질병으로 인한 경제적 손실을 막기 위해서는 실손 보험이나 보장성 보험을 준비해두는 게 꼭 필요하다.

◇경제 노후 준비는 '따로 또 같이'

통계청에 따르면 60세 남자의 기대 여명은 82.5세이고 여자는 87.2세다. 이는 여성이 노후에 홀로 사는 기간이 최소한 5년 이상이라는 걸 의미한다. 여성의 노후 준비가 더욱 중요하다는 것이다. 그러나 2017년 통계청 사회 조사를 보면 남자의 은퇴 준비를 하고 있다는 응답은 71.3%이지만 여자는 59.8%에 불과했다. 배우자가 있는 경우엔 75.5%가 은퇴 준비를 잘하고 있는 반면 이혼한 경우엔 60%, 사별한 경우엔 38%만이 준비하고 있었다. 이런 현상은 경제 주도권이 남편 중

심으로 형성돼 있어 노후 소득원과 자산도 남성 위주이기 때문이다.

노후 준비의 주된 방법인 국민연금도 마찬가지다. 2017년 국민연금통계에 의하면 국민연금 총가입자의 66%는 남자이고, 여자는 44%에 불과하다. 60세 이상 연금 수급자도 남성이 258만명이고, 여성은 175만명에 불과하다. 여성의 노후 준비가 취약하다는 것이다.

여성이 노후를 대비하는 가장 좋은 방법 중 하나는 국민연금 임의 가입 제도를 활용하는 것이다. 소득이 없어 의무 가입 대상이 아니더라도 본인이 원하면 국민연금에 임의 가입할 수 있다.

2010년 9만명에 불과하던 임의 가입자가 2017년에는 32만7000명으로 3.5배 이상 증가했다. 특히 이 중 27만명이 여성 가입자라는 건 여성의 노후 준비 중요성이 인식되고 있음을 알 수 있다. 여성의 노후 생활비 확보를 위해선 국민연금 임의 가입과 더불어 개인연금 가입도 필요하다.

'자세히 보아야 예쁘다. 오래 보아야 사랑스럽다. 너도 그렇다.' 나태주 시인의 '풀꽃'이라는 시다. 하찮은 풀꽃도 자세히 보고 오래 보면 예쁘고 사랑스럽다. 하물며 뜨겁게 사랑해 결혼한 부부의 경우는 어떠할까?

백세 시대의 긴 노후 생활에는 많은 갈등과 어려움이 있을 것이다. 하지만 부부가 함께하는 철저한 준비와 서로를 존중하는 부부의 노후 생활은 들에 핀 풀꽃보다 예쁘고 사랑스러우며 가치 있는 삶이 될 것이다.

김기홍 한화생명 연수팀 부장

12.

참을 忍자 세번이면 노후가 든든하다.

　평균 수명의 증가로 노후 준비의 필요성은 날로 증가되고 있다. 통계청 2022년 가계금융복지조사에 의하면 가구 소득 증가 및 여유자금 발생시 주된 운용방법으로는 금융자산에 47.9%를 투자하는 것으로 나타났다. 하지만 가구주가 은퇴하지 않은 가구 중에서 은퇴에 대한 준비가 잘되어 있다는 응답은 8.9%에 불과하였다. 은퇴를 위해 투자하지만 왜 이러한 불일치 현상이 일어날까? 그것은 노후에 대한 준비의 필요성은 인정하고 노후생활비 마련을 목적으로 투자는 하지만, 자녀 교육비나 주택마련자금, 생활비 등 다른 목적으로 자금이 사용되기 때문이다. 즉 심적으로는 노후에 대한 걱정으로 노후를 위한 저축을 하지만 자기통제가 되지 않아 다른 용도로 대부분 사용된 것이다.

　자기 통제는 당장의 만족이나 쾌락을 얻기 보다는 미래의

목표 달성이나 보상을 위해 현재 자신의 감정이나 행동 등을 억제하는 것을 말한다. 즉 어떠한 목표를 세웠으면 그 목표를 달성하기 위해 눈 앞의 유혹이나 충동을 억제하고 그것에 저항하는 능력이 자기 통제력이다. 예를 들어 다이어트를 목표로 삼았다면, 눈앞에 어떤 맛있는 음식이 있어도 과식을 억제하고, 꾸준한 운동을 지속하는 것이 필요하다. 하지만 인간의 본능상 식욕을 억제하는 것은 쉬운 일이 아니다. 의지와 실행의 불일치 즉 자기통제가 안되기 때문에 대부분의 사람들은 어떤 목표를 달성하는데 실패하게 된다.

특히 노후는 인생의 후반기에 직면하는 문제이고, 소득이 발생하면 현재 소비를 통해 당장의 만족을 추구하고 싶은 것이 대다수 인간의 본성이다. 따라서 강제성이 일정부분 부과되지 않으면 미래를 위해 자산을 축적하고 소득을 확보한다는 것은 굉장히 힘든 일이다. 따라서 노후 생활비 준비를 위해서는 자기 통제를 강제할 수 있는 국민연금이나 퇴직연금, 개인연금 등의 3층 연금을 잘 활용하는 것이 무척 중요하다.

국민연금은 안전벨트다

국민연금만으로 은퇴 생활비를 완벽하게 마련할 수는 없으나 최소한의 기본 생활비를 확보하는데는 효과적이다. 국민연금은 소득의 일부를 국가에서 강제적으로 60세까지 부과하기 때문에 본인의 의지와 무관하게 연금 보험료를 납부해야 한다. 그리고 60세가 넘어야만 연금이 지급되기에 노후 생활비로만 활용이 가능하다. 또한 다른 어떠한 노후 준비 수단보다 안정적인 수익률을 보장받을 수 있고 매년 상승하는 물가 상승분을 반영하여 주기 때문에 돈의 가치하락 위험도 최소화할 수 있다.

국민연금을 많이 받기 위해서는 가입기간을 최대한 늘려야 한다. 따라서 60세 이전에 소득이 단절된다면 임의가입을 통해 계속 납부하거나, 납부예외 신청을 하고 추후 납부제도를 활용할 필요가 있다. 향후 소득 발생시에는 미납부 연금보험료를 일시에 납부한다면 더 많은 연금을 수령할 수 있다.

퇴직금은 일시금보다 연금으로 수령해라

부족한 노후 생활비 확보를 위해서는 직장인들의 경우에는 강제적으로 적립되고 퇴직시에 받을 수 있는 퇴직연금을 활용해야 한다. 하지만 퇴직 시 퇴직연금을 일시에 받아 노후자금이 아닌 창업자금이나 자녀결혼자금으로 쓰여지게 되는 것을 경계해야 한다. 따라서 퇴직금은 일부만 중도인출 제도를 활용해 사용하고, 나머지는 반드시 연금으로 수령하는 것이 좋다. 연금 수령시 퇴직소득세의 30~40% 절세 효과도 누릴 수 있다.

부족한 노후 생활비 마련을 위해서는 국민연금, 퇴직연금과 더불어 개인연금 가입이 필요하다. 세액 공제를 받을 수 있는 연금저축계좌를 활용하면 연간 납입액 900만원 한도로 최대 16.5%의 세액 공제 혜택을 받을 수 있다. 하지만 세액 공제를 받게 되면 중도해지시 해지금액의 16.5%를 추징당하게 된다. 이런 불이익 때문에 강제적으로 노후 연금으로 활용하게 될 가능성이 높아진다. 따라서 개인연금 저축 계좌는 세액 공제혜택과 노후 생활비 마련이라는 일석이조의 효과를 얻을 수 있다.

또한 여유로운 생활을 위해서는 비과세 연금보험을 활용하는 것도 필요하다. 연금보험의 경우 비과세 혜택과 더불어 연금개시 이후 해약이 불가능한 경우가 대부분이어서 노후 자금으로만 사용이 가능하다.

2002년 노벨 경제학상 수상자인 대니얼 카너먼에 의하면 '사람들은 미래의 이익보다 현재의 이익을 과대평가하는 현재 편향을 보인다면서 노후 자금은 넣어두고 잊어야 한다'고 말했다. 즉 노후 자금은 넣어두고 없는 돈, 내 돈이 아닌 것처럼 생각할 필요가 있다. 노후 자금은 소득 없는 장기간 사용될 자금이다. 하지만 축적된 노후 자금도 눈에 보이고, 자꾸 생각하면 이런 저런 이유로 찾아 쓰게 된다. 따라서 자기 통제가 가능한 연금 상품을 활용하는 것이 좋다. 결국 은퇴 후 행복한 미래는 현재 자기 통제 능력에 달려 있다.

朝鮮日報

2018년 10월 24일
B11면 (글로벌재테크)

참을 忍자 세번이면 노후가 든든합니다

생활비 때문에, 자식 결혼 때문에 은퇴자금 깨지마세요

한화생명 은퇴백서

가계별 노후 준비 상황
응답 평균

예상
은퇴 연령 66.8세 최소
생활비 192만원 적정
생활비 276만원

17.8 전혀 되어 있지 않다
30.2% 잘되어 있지 않다
34.7 보통이다
7.8 1.5 아주 잘되어 있다

※가구주가 은퇴하지 않은 가구(전체의 82.6%) 기준

가계별 금융자산 투자의 주목적

57.4% 노후 대책

16.6 주택 구입 및 전월세 보증금 마련
8.6 부채 상환
6.4 자녀 교육비 마련
10.9 기타

자료=통계청 2017년 가계금융복지조사
그래픽=김은선

평균 수명이 늘면서 노후 대비의 중요성은 갈수록 커지고 있다. 통계청·한국은행·금융감독원이 발표한 2017년 가계금융복지조사에 따르면, 금융 자산에 투자하는 주요 목적이 '노후 대책'이라는 응답이 55.2%로 나타났다. 하지만 같은 조사에서 '은퇴에 대한 준비가 잘되어 있다'는 응답은 9.3%에 불과했다. 노후에 대비해 투자는 하지만 만족할 만큼 자금을 모으지는 못하고 있다는 의미다. 왜 이런 불일치 현상이 일어날까? 노후 준비의 필요성은 인정하고 노후 생활비를 마련하기 위해 저축은 하지만, 모아둔 자금을 자녀 교육비나 주택 마련 자금, 생활비 등 다른 목적으로 미리 써버리기 때문이다.

◇걱정만 앞선 노후 자금 마련, '자기 통제'가 키워드

노후에 대한 걱정이 있어도 '자기 통제'가 되지 않으면 다른 용도에 돈을 사용하기 쉽다. 자기 통제란 당장의 만족이나 쾌락을 얻기보다는 미래 목표 달성이나 보상을 위해 현재의 감정이나 행동을 억제하는 것을 말한다. 하나의 목표를 세웠다면 그 목표를 달성하기 위해 눈앞의 유혹이나 충동을 억제하고 그것에 저항하는 능력이 자기 통제력이다.

예를 들어 다이어트를 목표로 삼았다면, 눈앞에 어떤 맛있는 음식이 있어도 과식을 억제하고 꾸준히 운동하는 사람이 자기 통제력이 큰 사람이다. 하지만 식욕을 억제하는 건 쉬운 일이 아니다. 의지와 실행의 불일치, 즉 자기 통제가 안 되기 때문에 대부분의 사람은 목표 달성에 실패하곤 한다.

특히 노후는 먼 미래에 직면하게 될 문제이고, 소득이 발생하면 현재 소비를 통해 당장의 만족을 추구하고 싶은 것이 대다수 인간의 본성이다. 따라서 일정 부분 강제성이 부과되지 않으면 미래를 위해 자산을 축적해 놓는다는 것은 굉장히 힘든 일이다. 따라서 노후 생활비를 미리 준비하기 위해서는 자기 통제를 강제할 수 있는 국민연금과 퇴직연금, 개인연금 등의 3층 연금을 잘 활용하는 것이 무척 중요하다.

◇국민연금, 노후 생활비 마련의 안전벨트

국민연금만으로 은퇴 생활비를 완벽하게 마련할 수는 없다지만, 최소한의 기본 생활비를 확보하는 데는 효과적이다. 국민연금은 소득의 일부를 국가에서 강제적으로 60세까지 떼어가기 때문에, 본인의 의지와 무관하게 연금 보험료를

3층 연금 활용을
국민연금 가입기간 최대한 늘려야
퇴직금은 일시불보다 연금으로
개인연금 가입해 세제혜택까지

납부하게 된다. 그리고 60세가 넘어야만 연금을 지급받을 수 있어 노후 생활비로 만 활용이 가능하다. 다른 어떠한 노후 준비 수단보다 안정적인 수익률을 보장받을 수 있고, 매년 물가 상승분을 반영해 주기 때문에 돈의 가치 하락 위험도 최소화할 수 있다.

국민연금을 많이 받으려면 가입 기간을 최대한 늘려야 한다. 따라서 60세 이전에 소득이 단절된다면 임의 가입을 통해 계속 납부하거나, 납부 예외 신청을 했다가 추후에 납부하는 제도를 활용할 필요가 있다. 이후에 소득이 발생할 경우 미납부 연금보험료를 일시에 납부하면 더 많은 연금을 수령할 수 있다.

◇퇴직금은 일시금보다 연금 수령해야

직장인이라면 국민연금 외에도 회사에서 매달 적립했다가 퇴직할 때 주는 퇴직연금을 활용해 노후 생활비를 마련하는 것이 좋다. 하지만 퇴직 때 퇴직연금을 목돈으로 한꺼번에 받아 노후 자금이 아닌 창업 자금이나 자녀 결혼 자금으로 써버리는 것을 경계해야 한다. 퇴직금 중 일부만 중도인출 제도를 활용해 사용하고, 나머지는 반드시 연금으로 수령하는 것이 바람직하다. 연금으로 수령하면 퇴직소득세의 30%를 절세할 수 있다.

국민연금, 퇴직연금으로도 노후 생활비가 부족할 가능성이 있기 때문에, 개인연금 가입이 필요하다. 개인연금에 가입하면 노후 생활비 마련뿐 아니라 세액 공제 혜택까지 일석이조의 효과를 얻을 수 있다. 연금 저축 계좌를 활용하면, 연간 납입액 중 700만원까지 최대 15%의 세액 공제를 받을 수 있기 때문이다. 세액 공제 혜택을 받아 놓고 연금을 중도 해지할 경우에는, 해지 금액의 15%를 추징당하게 된다. 이 같은 불이익을 받지 않기 위해서라도 개인연금을 미리 찾아 쓰는 대신 노후 연금으로 활용하게 될 가능성이 높아지는 셈이다. 또 여유로운 생활을 위해서는 연금보험을 활용하는 것도 필요하다. 연금보험의 경우 비과세 혜택과 더불어 연금 개시 이후 해약이 불가능한 경우가 대부분이라 노후 자금으로만 쓸 수 있다.

2002년 노벨 경제학상 수상자인 대니얼 캐너먼 프린스턴대 명예교수는 "사람들은 미래의 이익보다 현재의 이익을 과대평가하는 현재 편향성을 보인다"며 "노후 자금은 넣어두고 잊어야 한다"고 말했다. 즉 노후 자금은 넣어두고 없는 돈, 내 돈이 아닌 것처럼 생각해야 한다는 뜻이다. 노후 자금은 은퇴 이후 소득이 없는 기간에 사용해야 할 꼭 필요한 자금이다. 하지만 이 돈도 자꾸 눈에 보이면 이런저런 이유로 찾아 쓰게 된다. 따라서 자기 통제가 가능한 연금 상품을 활용하는 것이 좋다. 은퇴 후 행복한 미래는 현재의 자기 통제 능력에 달렸다.

김기홍 한화생명 연수팀 부장

은퇴와
자산이전
CEO자산관리
이야기

Part : 2

인간은 누구나 죽음이라는 것으로 삶의 마침표를 찍게 된다. 하지만 죽음이라는 것이 한 사람에게는 마침표지만, 남은 유가족에겐 또 다른 시작을 의미한다. 즉 마침표가 아니라 부모의 삶이 자녀에게 온전히 이어지는 과정의 시작점이라는 것이다. 유가족들은 상속이라는 과정을 겪으면서 분쟁과 세금이라는 두 가지 난관에 부딪친다. 특히 분쟁은 상속자산의 많고 적음의 문제가 아니다. 따라서 분쟁에 대한 해결책을 잘 마련하는 것도 숙제다. 또한 부동산 가격 등의 상승으로 아파트 한 채만 있어도 상속세를 납부하는 시대가 도래했다. 배우자가 생존해 있을 경우에는 10억 이상(배우자 부재시 5억 이상)의 자산만 있어도 상속세 납부 대상이 될 수 있다. 따라서 아주 적극적이고 계획적인 상속 대비 시나리오가 필요한 시점이 되었다. 많은 분들이 상속이 임박해서 절세 상담을 의뢰한다. 하지만 상속이 임박해서 할 수 있는 일은 거의 없다. 또한 상속은 언제 어느 상황에서 발생할지 아무도 모른다. 결국 평소에 상속에 대한 대비가 가장 중요하다. 죽음이란 말하기 싫고, 듣기 싫고, 생각하고 싶지 않은 현실이다. 하지만 죽음과 동시에 발생하는 인생의 가장 중요한 사건이 상속이다.

은퇴와 자산이전 CEO자산관리 이야기

Part2

자산이전(상속·증여)

1장

자산이전의 시대

자산이전의 시대

01.

왜 자산이전(상속) 설계에
관심을 가져야 하는가?

아파트 한 채와 금융자산 5억을 소유하고 있는 김씨. 본인은 평범한 중산층으로 상속과 세금에 대해 평소에 관심이 없었다. 그러나 주변에 상속을 걱정하는 친구들이 많아 본인도 뭔가를 준비해야 하나 고민이다. 평범한 중산층 김씨는 상속과 증여에 대해 무관심해도 괜찮은 걸까?

상속세 남의 일이 아니다

현행 상속세율은 2000년 과세표준 30억 초과시 최고세율 50%로 개편된 이후 변화가 없다. 그러나 20년이 지난 현재 우리나라의 경제 규모는 약3.3배 증가하였고, 총 상속재산은 65조로 2000년대비 19배가 증가하였다. 세율은 변화가 없었지만 자산가치는 큰 폭으로 증가되어 상속세 부담은 날로 증가하고 있다. 또한 **최근 부동산 가격의 급증은 집 한 채만 있어도 상속세를 부담해야 하는 상황이 되었다.** 2022년 7월 서울 아파트 중위(중앙)가격이 10억 9천만원을 돌파하여 서울 아파트의 50%이상은 상속세 과세 대상이 될 수 있는 상황이 되었다. 왜냐하면 순자산이 10억 이상이면 상속세 납부 대상이 될 수 있기 때문이다.

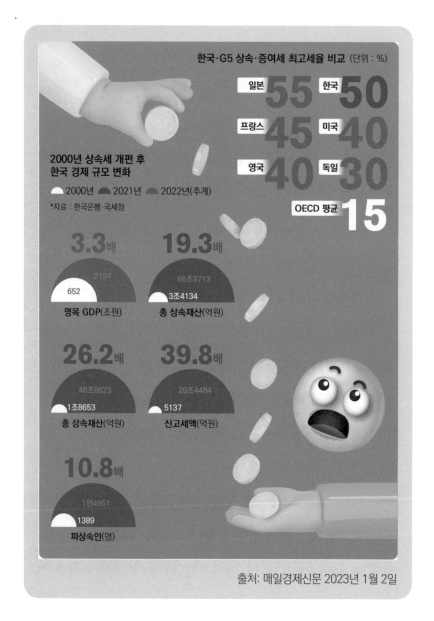

한국·G5 상속·증여세 최고세율 비교 (단위 : %)

일본	55	한국	50
프랑스	45	미국	40
영국	40	독일	30
		OECD 평균	15

2000년 상속세 개편 후 한국 경제 규모 변화
◗ 2000년 ◗ 2021년 ◗ 2022년(추계)
*자료 : 한국은행·국세청

3.3배 명목 GDP(조원) 652 → 2197

19.3배 총 상속재산(억원) 3조4134 → 65조9713

26.2배 총 상속재산(억원) 1조8653 → 48조9623

39.8배 신고세액(억원) 5137 → 20조4484

10.8배 피상속인(명) 1389 → 1만4951

출처: 매일경제신문 2023년 1월 2일

부자! 누구를 위해 일 하나? 나라!

중산층보다 더 상속에 대하여 고민해야 할 사람은 부자 고객이다. 우리나라의 세금 구조를 들여다 보면 '누굴 위해 일하고 부를 축적하는가?'라는 회의적인 생각이 들 수도 있다. 약간은 과도한 사례일 수 있으나 세금의 무서움을 인식하는 차원에서 이해해 줬으면 한다. 연간 소득 10억이 초과할 경우 최고 소득세율(지방세 포함)은 49.5%다. 남는 자산은 소득의 50.5%이고, 다시 상속발생시 최고 세율 50%로 상속세를 납부하면 결국 다음 세대에게 이전되는 자산은 25.3% 수준에 불과하다. 결론적으로 말해 소득 및 자산이전 최고 구간에 있는 부자는 연간 10억의 추가 소득발생시 국가에 약 75%를 세금으로 납부하고 25%인 2.5억 정도만 자녀에게 자산으로 물려 줄 수 있다는 의미이다.

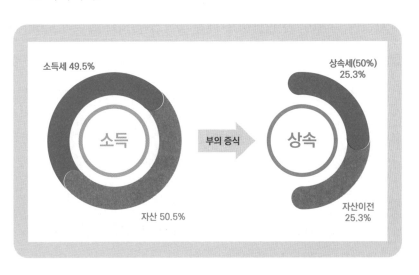

소득세 49.5%

상속세(50%)
25.3%

소득

부의 증식

상속

자산 50.5%

자산이전
25.3%

따라서 이러한 세금 구조를 인식하고 다양한 절세의 방법들을 모색해야 한다. **버는 것, 늘리는 것보다, 더 중요한 것은 세금을 줄이는 일이다. 더 많은 시간을 투자할 부분은 절세방안을 찾는 것이다.**

자산가치 상승에 따라 급속히 증가하는 상속세

최근 몇 년간 부동산 가격 상승으로 많은 부동산 부자들이 환호성을 질렀다. 부동산 부자뿐 아니라 집 한 채만 소유하고 있어도 뿌듯함에 잠 못 이루는 분들도 많았다. 그러나 집값 상승으로 상속세 때문에 잠 못 이루는 사람도 늘었다. 그것은 다름아닌 자산가치 상승에 따라 상속세가 증가되었기 때문이다. 국세청 국세통계에 의하면 2020년 급격한 부동산 가치 상승에 의해 상속세 결정세액이 대폭 늘어났다. 2019년 2조 7700억 이었던 것이 2020년에는 4조 2200억으로 무려 52%가 증가하였다. 늘어나는 세금은 부모 몫이 아닌 자녀의 몫이다. 늘어나는 세금이 준비되어 있지 않다면 부모가 물려준 부동산을 처분해서 상속세를 납부해야 할 것이다. 아니면 자녀들은 대출을 통해 상속세 문제를 해결해야 한다. 결국 자녀들은 부모님이 물려준 부동산으로 인해 빚쟁이가 되어야 한다. **당신의 늘어나는 자산가치만큼 자녀의 부채가 늘어날 수 있**

다는 것에 유념해야 한다. 결국 자산가치 상승은 세금의 증가
와 유가족 부담으로 귀결될 수 있다.

〈최근 5년 상속세결정세액 현황 (단위 : 억)〉

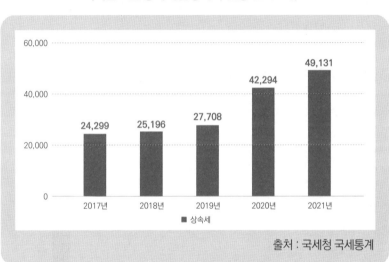

출처 : 국세청 국세통계

자산보다 빠르게 늘어나는 상속세의 놀라운 비밀

상속세는 자산이 늘어나면 세금이 증가하는 누진세 구조
를 가지고 있다. 이러한 구조가 자산이 늘어나는 것보다 빠르
게 상속세를 증가시키게 된다. 이해를 높기 위해 배우자공제
5억과 일괄공제 5억만을 적용하여 자산의 증가에 대한 상속
세 증가 현황을 설명해 본다. 아래의 도표에서 보는 바와 같이
15억 자산의 경우 상속세는 약 1억 이다. 자산이 2배 증가하
여 30억이 되면 상속세는 7.1배가 증가하여 6.4억원으로 늘

어난다. 자산이 3배 늘어나면 상속세는 17배가 증가하고, 자산이 4.6배 증가시 상속세는 28.2배가 증가한다. 자산이 100억원대로 6.6배 증가할 때 세금은 무려 40억원대로 44.8배가 증가하게 된다. **결국 일정 수준 이상의 자산을 보유한 가계에서는 늘어나는 자산보다 더 급격히 상속세가 늘어난다. 따라서 늘어나는 자산보다 더 빠르게 증가하는 상속세에 대한 철저한 준비가 더욱 필요하다.**

〈상속재산 증가보다 더 빠르게 증가하는 상속세 증가 (단위 : 배)〉

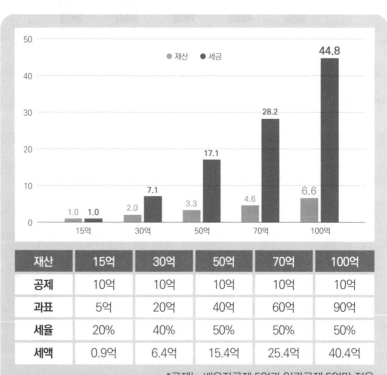

재산	15억	30억	50억	70억	100억
공제	10억	10억	10억	10억	10억
과표	5억	20억	40억	60억	90억
세율	20%	40%	50%	50%	50%
세액	0.9억	6.4억	15.4억	25.4억	40.4억

*공제는 배우자공제 5억과 일괄공제 5억만 적용

미래 분쟁의 씨앗이 되는 상속

과거 한국 사회는 장자 승계 원칙이 자연스럽게 유지 되어 왔다. 당연히 제사와 부모를 모시는 장자 상속이 일반적이었다. 하지만 가족관계가 변화하면서 장자 승계의 원칙이 무너졌다. 그 결과 상속 분쟁이 급격히 증가하여 우리는 하루가 멀다 하고 상속관련 분쟁 기사를 직관하고 있다. 2022년 11월 부산일보 기사를 보면 최근 부동산 가격상승이 가족간 분쟁으로 씻을 수 없는 불행을 초래한 사건이 있었다. 이러한 상속분쟁은 또한 상속 분쟁은 자산이 많은 사람들만의 일은 아니다.

BUSAN.com 부산일보

"집값 올랐잖아"... 불붙은 '상속 전쟁'
부동산 재산 가치 폭등 등 영향‖가족 간 상속 관련 소송 매년 증가‖최근 5년 새 무려 64.3%나 폭증‖상속세 과세자 많아 분쟁 더 늘 듯‖중재 기구 설치 등 공공 예방 시급

곽진석 기자 kwak@busan.com

입력 : 2022-11-08 18:04:02   수정 : 2022-11-08 21:16:36

지난달 6일 부산 사상구에서 친누나를 흉기로 찔러 살해한 50대 남성이 경찰에 붙잡혔다. 이보다 앞서 지난해 5월 전남 여수시에서는 친동생을 살해한 장남이 체포됐다. 이들 범죄는 모두 '상속 갈등'에서 비롯됐다는 공통점이 있다. 자녀들이 부모의 재산 상속 문제로 마찰을 빚다 강력 범죄로까지 번졌고, 가족 간 씻을 수 없는 상처를 남겼다.

재산 가치 상승과 부동산 가격 변동 등의 영향으로 가족 간 상속 갈등이 새로운 사회적 문제로 떠오르고 있다. 해마다 급증하는 가족 간 상속 관련 소송 등의 갈등이 범죄로까지 이어지면서 개인적인 문제로만 치부할 수 없다는 지적이 나온다. 특히 제도 개선과 지방자치단체 상속 중재기구 설치 등을 통해 상속 갈등을 사회적으로 예방해야 한다는 목소리가 커진다.

또한 대법원 사법연감 자료를 보면 정식재판으로 까지는 연결되지 않았지만 가사소송관련 비송사건 건수가 2020년엔 44,927건으로, 2000년 8207건 대비 447% 증가 하였다. 이러한 현상은 우리 사회 가족관계의 변화를 단적으로 보여주는 수치다. 2020년 사망자 수가 30.5만명이었는데 가사비송 사건은 4.4만건으로 14%에 달았다. 즉, 사망자 10명 중 1.4명이 가사비송 사건에 휘말린다는 것을 의미한다.

이러한 현상은 비단 우리나라만의 현상은 아니다. 일본의 가정 재판소 상속관련 분쟁을 보면 2012년 17만건으로 2000년대비 2배가 증가 하였다고 한다. 또한 상속관련 분쟁은 비단 고액자산가뿐 아니라 자산이 적은 계층의 상속 분쟁도 증가 하였다. 전체 1억원 미만 분쟁이 31%를 차지하고 1억원에서 5억원 미만이 43%를 차지할 정도로 상속 분쟁이 일반화 되어 있다.

사회환경과 가족관계의 변화로 인해 준비되지 않은 상속은 가족 관계의 파탄으로 이어질 수 있다. 우리 가족은 화목하니까 아무 문제 없다는 생각은 버리는 것이 좋다.

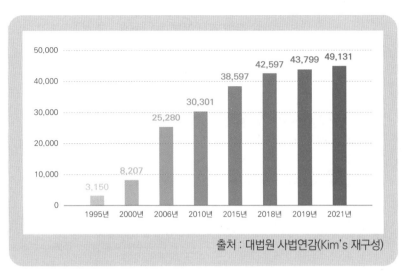

출처 : 대법원 사법연감(Kim's 재구성)

상속 컨설팅 수요 증가 현상

이런 다양한 이유로 인해 상속 컨설팅을 희망하는 고객이 증가하고 있다. KB경영 연구소 '2022년 부자 보고서'에 의하면 설문 대상자의 34.6%는 상속증여에 대한 계획을 가지고 있었다. 2021년에는 24.8%인 것을 감안하면 1년사이에 약 10%p가 증가했음을 알 수 있다. 부의 양극화와 자산가치 상승이 진행될수록 상속에 대한 관심은 더욱 늘어날 것으로 예상된다. **일생을 바쳐 형성한 자산! 가만히 손 놓고 앉아서 상속세로 국가에 헌납을 희망하는가? 자녀들을 분쟁의 소용돌이 속으로 몰아넣을 것인가? 상속은 언제 발생할지 알 수 없고, 예측할 수 없는 것이 상속이다. 이에 대비하는 지혜가 어느 때 보다 필요한 시기가 되었다.**

〈상속·증여 계획 여부 (단위 : %)〉

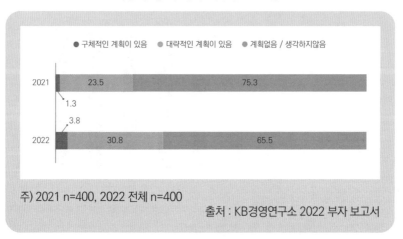

주) 2021 n=400, 2022 전체 n=400

출처 : KB경영연구소 2022 부자 보고서

〈총자산/연령별 상속·증여 계획 보유율 (단위 : %)〉

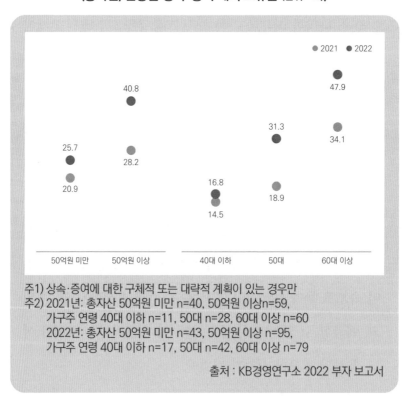

주1) 상속·증여에 대한 구체적 또는 대략적 계획이 있는 경우만
주2) 2021년: 총자산 50억원 미만 n=40, 50억원 이상n=59,
　　가구주 연령 40대 이하 n=11, 50대 n=28, 60대 이상 n=60
　　2022년: 총자산 50억원 미만 n=43, 50억원 이상 n=95,
　　가구주 연령 40대 이하 n=17, 50대 n=42, 60대 이상 n=79

출처 : KB경영연구소 2022 부자 보고서

언제일지 모르는 인생의 끝을 위한 가장 중요한 미션은 바로 자산이전 계획을 세우는 것이다.

인생의 마지막에 필연적으로 누구나 사망에 이른다.
그것은 모든 사람에게 일어나는 일이다.

내가 가진 자산을 내가 원하는 사람에게 줄 수 있어야 한다.
국가에서는 세금으로 내 자산을 가져갈 것이다.
또한 계획되지 않으면 국가에서 정해준 법대로 자산이 분배 될 것이다.
내가 원하는 대로 자산배분을 위해서는 사전계획이 필요하다.

가장 효율적으로 이전할 수 있는 수단과 방법을 마련해야 한다.
그것은 바로 절세 방안 마련과 상속세 준비이다.

자기 자신의 일생과 자산을 정리하는 가장 중요한 의사결정이 바로 자산이전 설계다.

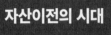

자산이전의 시대

02.

자산이전 설계의 핵심 이슈는 무엇인가?

자산이전 컨설팅에 관심 많은 박씨. 자산이전 계획을 세우고 실천할 때 고려할 것에 대해 평소 관심이 많다. 자산이전 계획과 실행시 가장 우선적으로 고려해야 할 사항은 무엇이 있을까?

상속의 절대가치는 상속인간 분쟁 방지

사후 상속인들간 분쟁의 원인은 부모 세대에 있다. 왜냐하면 준비되지 않은 상속은 상속인 사이에 재산을 둘러싼 분쟁의 원인이 되기 때문이다. 상속인간 원만한 협의를 통한 재산분할이 되지 않을 경우 장기간 소송에 휘말릴 수 있다. 특히 부동산 자산은 금융자산과는 달리 협의 분할이 더욱 어렵다. 부동산을 칼로 무우 베듯 나눌 수 없기 때문이다. 따라서 사전증여나 유언을 통해 생전에 재산분할 계획을 세우는 것이 가장 현명한 방법이다. 그러나 여기서 하나 유의해야 할 점은 유류분 반환 청구소송이라는 복병이다. 피상속인(부모세대)이 한 명의 자녀에게 모든 재산을 증여하거나 유언을 하더라도, 다른 자녀들이 재산을 모두 물려 받은 자녀에게 유류분 청구 소송을 통해 자산의 일부를 받을 수 있다. 실제 유류분 청구 소송은 자주 목격하게 된다. 대표적인 사건으로 2012년 삼성의 이병철 창업자의 재산을 둔 소송이 이건희 회장과 이맹희 명예회장과의 분쟁이 있었고 2023년에는 LG그룹의 상속재산 분쟁관련 소송이 시작되었다. **상속분쟁은 자산가만의 문제가 아니고 일반인의 상속에서도 발생할 수 있는 문제다. 돈에 대한 소유욕은 인간의 근본적인 욕구로써 많고 적음의 문제가 아니기 때문이다.** 따라서 분쟁을 방지하기 위한 효과적인 방법 마련과 유류분 청구 소송에 대비한 효과적인 재산 분배 계획을 마련해야 한다.

자산 가치 보전을 위한 절세와 부모세대의 의사 반영

일반적으로 **배우자 생존을 가정할 경우 10억원까지는 세금이 발생하지 않는다.** 배우자공제 5억원과 일괄공제 5억원이 가능하기 때문이다. 결국 상속 재산이 10억이 초과되면 상속세 문제가 발생 할 수 있다.

따라서 부모세대가 일평생 피땀 흘려 모으고 증식한 재산을 최대한 많이 자녀에게 물려 줄 수 있는 길은 상속세를 줄이는 것이다. 상속세를 줄이는 방법은 상속개시 시점에 상속재산을 최대한 줄이는 것이다. 상속재산을 줄이기 위해 사전증여라는 방법이 가장 효과적으로 활용된다. 또한 상속 발생 직전 자산관리와 상속 발생 후 상속 재산 분할 방법에 따라 절세효과는 극대화 된다. 더불어 피상속인인 부모세대의 의사가 적극적으로 반영될 수 있도록 사전증여 외에도 유언 등의 다양한 방법들을 모색해야 한다.

상속세 납부 재원 마련은 필수(기업 매각 사례)

상속세를 납부할 금융자산이 부족하다면 상속인(배우자·자녀)들에겐 상속이 또 하나의 분쟁과 걱정거리가 될 것이라고 언급한 적이 있다. 그러나 **대부분 한국인의 자산은 부동산 중심으로 구성되어있다.** 부동산 중심의 자산구조는 상속

세 납부에 어려움을 가져온다. 상속세 납부를 위해 부모가 물려준 자산을 매각해야 하는 상황이 발생하거나 부동산 담보대출을 통해서 상속세를 납부해야 한다. 부모의 자산이 하루 아침에 없어지는 결과를 가져오거나 상속으로 인해 자녀들은 부채를 안고 빚쟁이가 되어야 한다. 또한 부동산 매각이나 대출에 의한 부동산 시가 노출은 추가 상속세 납부의 문제로까지 비화 될 수 있다. **부동산만 문제가 되는 것은 아니다. 법인 CEO의 사망 또한 유가족에게 엄청난 부담이 될 수 있다.** 최근 삼성 이건희 회장의 사망으로 인한 상속세가 12조원이 넘어 상속세 납부 문제가 사회적 화두가 되었다. 5년간 상속세를 나눠내는 연부연납을 하고 있고 대출받은 돈이 4조원으로 대출이자만 연 2000억원을 부담하고 있으며 지속적으로 지분도 처분하는 것으로 알려졌다.(한경비즈니스 23년 6월 6일자 기사 참조). 또한 상속세 마련을 위해서 기업을 매각한 경우도 많다. 우리에게 익숙한 대표 기업들로, 2008년 손톱깍기 세계1위 업체인 쓰리세븐, 2013년 종자 및 묘목생산 국내1위 기업인 농우바이도, 2017년 밀폐용기 제조 국내1위 업체였던 락엔락, 2017년엔 고무, 의류 및 콘돔 세계1위 업체인 유니더스가 상속세 때문에 매각이 이루어진 것으로 알려지고 있다.

〈상속세 마련을 위해 기업을 매각한 사례〉

회사	주요 내용	매각
민국저축은행	1세대 저축은행으로 3세 승계과정에서 매각	2021년
락엔락	밀폐용기 제조 국내 1위 업체	2017년
유니더스	고무 의류 및 콘돔생산 세계 1위 업체	2017년
농우바이오	종자 및 묘목생산 국내 1위 업체	2017년
쓰리세븐	손톱깍기 세계1위 업체	2008년

기업을 운영하는 기업가는 상속에 대한 대비가 더 필요하다. 상장회사나 비상장 기업 중 우량기업은 기업 매각을 통한 상속세 납부가 가능하다. 하지만 중소기업의 비상장 주식은 매수자가 없고 실질 자산 가치가 낮다. 결국 자녀들은 막대한 세금으로 인해 상속을 포기하는 경우가 많이 발생한다. 따라서 상속세 납부 재원을 확보해 주는 것은 부모세대의 또 하나의 책무가 될 수도 있다는 것을 알아야 한다

절세 보다 중요한 부모세대의 안전한 노후 생활

상속시 발생할 다양한 문제를 해결하기 위해 사전에 적극

적으로 자산을 자녀들에게 이전하여 주고 유언을 통해 분쟁을 예방하는 등 다양한 방법들을 준비한다. 결국 생전에 많은 자산을 자녀들에 증여하여 상속발생 시 자산을 줄이고, 자녀들 입장에서도 하루라도 빨리 부모 자산을 이전 받아 자산을 더욱 증식시키기를 원한다. 이런 이유로 생전에 자녀들에게 자산을 이전하는 부모들이 증가하고 있다.

하지만 **무분별하게 생전에 자녀에게 자산을 이전하는 것은 부모세대의 노후 생활에 곤란을 초래 할 수 있다. 따라서 철저히 본인의 노후생활 안전판을 마련하고 절세 전략을 세워야 한다.** 그러한 측면에서 최근 효도계약서라는 조건부 증여가 증가하기도 한다. 하지만 조건부 증여는 반환을 받을 경우 추가적인 증여세 와 부동산의 경우 취득세 부담의 문제가 발생할 수 있고 소송이라는 또 다른 분쟁의 씨앗이 될 수도 있다는 사실을 염두에 둬야 한다.

따라서 **부모세대의 안전한 노후생활이 침해되지 않도록 사전증여 계획을 세워야 하고, 또한 홀로 남을 배우자에 대한 남은 생애에 대해 배려할 수 있는 다양한 방안도 반드시 확보되어야 한다.**

03.

상속 순위와 결격 사유 알아보기

20억 정도의 자산을 보유하고 있는 서씨. 결혼도 하지 않았고, 부모님도 생존해 계시지 않습니다. 만약 서씨가 불의의 사고로 상속이 발생하면 본인의 보유 자산이 어디로 상속되는지 궁금합니다. 서씨에게는 동생 1명이 있습니다.

상속의 순위(민법 1000조~1003조)

상속이 발생할 경우 상속 1순위자는 피상속인 직계비속(자녀)과 배우자이다. 2순위는 직계비속이 없는 경우로 직계존속(부모)과 배우자가 된다. 1, 2순위 상속인이 모두 없을 경우에는 3순위로 피상속인의 형제자매가 상속인이 되며, 3순위까지 없을 경우에는 피상속인의 4촌이내 방계혈족이 상속인이 된다. 1,2순위권자가 배우자만 존재할 경우에는 배우자가 단독으로 상속권자가 된다. 물론 **배우자는 법률혼의 경우에만 상속권이 인정되며, 동거의 경우나 이혼한 배우자는 상속권이 인정되지 않는다. 반면 출가한 자녀나 양자도 상속권이 있으며, 태아도 이미 출생한 것으로 보아 상속권이 있다.**

상속 순위	대상자
1순위	피상속인의 직계비속 + 배우자
2순위	피상속인의 직계존속 + 배우자
3순위	피상속인의 형제자매
4순위	피상속인의 4촌이내 방계 혈족

따라서 서씨가 사망하게 된다면 1순위와 2순위 상속인이 모두 존재하지 않기 때문에 상속순위에 따라 서씨의 동생이 상속권자가 된다.

대습상속 알아보기

대습상속은 상속인이 피상속인보다 일찍 사망하거나 결격자가 된 경우에 그 직계비속과 배우자가 상속인이 되는 것이다. 대습상속은 상속인이 될 직계비속 또는 형제자매가 상속 개시前에 사망한 경우에 한정되며, 대습상속인은 상속분을 그대로 받게 된다. 상속결격시에는 대습상속이 인정되지만, 상속 포기시에는 대습상속은 인정되지 않는다.

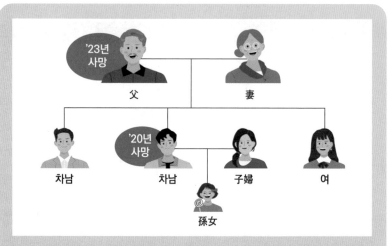

2020년에 차남이 先사망 후 부친이 2023년에 사망했을 경우 상속권자는 배우자와 장남, 딸, 그리고 차남의 배우자(자부)와 아들(손녀)이 대습상속인으로 상속권자 된다. 차남 몫의 상속분에 대해 대습상속인이 분배 받게 된다. (차남몫의 분배비율: 자부 60%, 손녀 40%로 분배)

상속 결격자는 상속 받을 수 없다.

상속인 중에서 다음의 경우에 해당하는 자는 상속 결격자가 되어 상속을 받을 수 없는 경우도 있음에 유의해야 한다. (민법1004조)

① 고의로 직계존속, 피상속인, 그 배우자 또는 상속의 선순위나 동순위자를 살해하거나 하려한 자

② 고의로 직계존속, 피상속인과 그 배우자에게 상해를 가하여 사망에 이르게 한다

③ 사기또는 강박으로 피상속인에게 상속에 관한 유언을 하게하거나 유언방해 또는 철회를 방해한다

④ 피상속인의 상속에 관한 유언을 위조, 변조, 파기, 은닉한자

자산이전의 시대

04.

상속재산 분할과 분배 방법

배우자와 2남 1녀의 자녀를 둔 이씨가 갑작스럽게 사망하게 되었습니다. 상속 자산은 부동산과 금융자산을 합하여 50억입니다. 자녀들은 서로 많은 자산을 분배 받기 위해 눈치 싸움을 합니다. 상속재산 분할에 대해 알고 싶습니다.

상속 재산 분할 순서(민법 제 1012조,1013조)

상속재산을 누구에게 얼마만큼 분할할건지는 피상속인의 유언이 최우선적으로 적용된다. 피상속인은 유언으로 재산 분할 방법을 정하거나 상속개시일로부터 5년을 초과하지 않는 범위內에서 상속재산 분할을 금지할 수도 있다. 따라서 이씨가 유언을 해놓았다면 유언의 내용대로 상속재산을 분할하게 된다. 하지만 이씨는 유언을 하지 않았기 때문에 상속인들 간 협의에 의하여 상속재산을 원만하게 분할하면 된다. 그러나 자녀들끼리 서로 많은 재산을 차지하겠다고 다툼이 발생한다면 국가에서 법률로 정한 순위와 분배 비율대로 상속재산을 분배하게 된다.

> **1순위** : 유언장 대로 분할 → **2순위** : 유언이 없을 경우 상속인간 협의 분할
> → **3순위** : 협의분할 불가시 법정비율에 의한 분할

상속재산 분할 협의 불가시 법정분할 방법

유언도 없고 상속인간 협의가 불가할 경우에는 법에서 정한 **법정상속분(민법 1009조)대로 재산을 분할한다. 같은 순위의 상속인이 여러 사람일 경우에는 균등하게 분할하게 된다. 다만 피상속인의 배우자는 직계비속 또는 직계존속 상속분의 5할을 가산하여 분배** 받게 된다. 따라서 이씨네의 경우 전체 자산 50억을 배우자 1.5, 첫째 아들 1, 둘째 아들 1, 막내딸 1의 비율로 상속 재산을 분할하게 되는데 그 비율과 분할 금액은 아래와 같다.

상속인	법정상속분	분배비율	분배금액
배우자	1.5	1.5/4.5(33.3%)	약 16.66억
장남	1	1/4.5(22.2%)	약 11.11억
차남	1	1/4.5(22.2%)	약 11.11억
막내딸	1	1/4.5(22.2%)	약 11.11억

기여분 알아보기(민법 제 1008조의 2)

공동 상속인 중에 상당한 기간 동안 동거 간호 및 기타 방법으로 피상속인을 특별 부양하거나 재산의 유지 증가에 특별한 기여가 있을 경우 기여분을 요구할 수 있다. 기여분이 인정될 경우에는 기여분을 제외한 나머지를 상속재산으로 보고 상속분을 분할하게 된다. 따라서 기여분이 인정되는 상속인은 기여분과 기여분을 제외한 상속재산을 기초로 하여 계산된 본인의 상속분을 합하여 상속재산을 받을 수 있다. 기여분에 대하여 협의나 합의가 되지 않을 경우에는 가정법원에 기여분 청구 소송을 통해 본인의 권리를 주장할 수 있다.

결론적으로 피상속인이 상속에 대한 분할계획을 사전에 세워두지 않으면 유가족간 분란이 발생할 수 있다. 또한 피상속인의 의지와 무관하게 국가가 정한 비율대로 상속재산이 분할될 수도 있다. 따라서 피상속인의 적극적인 의사가 반영될 수 있도록 사전 증여 또는 유언등이 필요하다.

05.

상속의 승인과 포기

사업을 하던 강씨가 부채만 10억을 남기고 갑자기 사망하였습니다. 부채도 상속된다는 것을 안 상속인들은 한숨만 나옵니다. 상속을 포기할 수도 있다는데 정확한 방법과 유의사항이 궁금합니다.

상속이 발생하면 상속인은 3개월내에 상속에 대한 단순승인, 포기, 한정승인 중 한가지를 선택 할 수 있다. 따라서 상속인들은 피상속인의 재산이 순자산이 많은지 부채가 많은지에 따라 3가지 중 선택이 가능하다. 각각의 내용에 대해 살펴보면 다음과 같다.

단순승인 (민법 제 1025조~1027조)

상속의 단순승인은 별도의 행위가 필요하지 않고 상속의 포기나 한정승인의 의사 표시가 없으면 단순승인을 한 것으로 보고 피상속인의 권리와 의무가 승계된다. 다음과 같은 사유가 있는 경우에는 단순승인을 한 것으로 본다.

① 상속인이 상속재산을 처분했을 때

② 상속인이 3개월내에 한정승인 또는 포기를 하지 않은 경우

③ 상속인이 포기 또는 한정승인 후 상속재산의 은닉, 부정소비, 고의로
상속목록 누락시

따라서 상속재산이 부채보다 많을 경우는 상속을 받으면 된다. 그리고 부채가 많을 경우에도 위의 3가지 행위를 할 경우에는 단순승인한 것으로 간주되어 부채까지 상속을 받게 되기에 유의할 필요가 있다.

한정승인 (민법 제 1028조~1031조)

한정승인은 상속인이 피상속인의 재산 한도內에서 피상속인의 채무와 유증을 변제할 것을 조건으로 상속을 승인하는 것을 말한다. **한정승인을 위해서는 아래의 기간內에 상속재산 목록을 첨부하여 법원에 한정승인 신고를 반드시 하여야 한다.** 또한 한정승인을 한 날로부터 5일이내에 일반 상속 채권자와 유증 받은 자에 대하여 한정승인 사실과 일정한 기간內 (2개월 이상)에 그 채권 또는 수증을 신고할 것을 공고 하여야 한다. 단순 승인의 행위가 있는 경우에도 아래의 조건하에서 한정승인을 신청 할 수 있다.

① 채무가 상속재산보다 많음을 중대한 과실없이 단순승인한 경우
　그 사실을 안 날로부터 3개월 이내

② 미성년자가 단순승인 후 성년이 된후 상속채무 초과 사실을 안 날로부터
　3개월 이내

상속포기 (민법 제 1041조~1044조)

　상속인은 상속부채가 많을 경우 상속개시가 있음을 안 날로부터 3개월 이내에 가정법원에 상속포기 신고를 해야 한다. 상속인이 여러 명일 경우 어느 상속인이 상속을 포기하면 그 상속분은 다른 상속인에게 귀속된다. 또한 채무가 많아서 先순위 상속인 모두가 상속을 포기할 경우 차순위 상속인에게 상속되기에 모두 채무를 면제 받으려면 상속순위에 있는 모든 사람이 상속을 포기하여야 한다. 이러한 복잡한 경우를 피하기 위해서는 **상속 부채가 많은 경우 공동상속인 중 1인이 한정승인을 신청하고 다른 상속인은 상속포기를 하는 것이 가장 좋은 방법이다.(2023년 대법원 전원합의체 판결 참고)** 그렇지 않으면 상속인의 자녀뿐 아니라 후순위 상속인까지 곤란한 상황이 발생할 수 있기 때문이다. **한가지 더 유념해야 할 것은 상속이 발생하기 전에 상속인들끼리 상속포기 또는 협의분할 각서 등을 작성한 것은 일방이 무효를 주장할 경우 포기 및 합의 각서는 효력이 없다. 상속인들간에 상속 발생 前에 한 행위는 무효이기 때문이다.**

자산이전의 시대

06.

내가 사랑하는 자녀에게
재산을 더 많이 줄 수 있는 유언

막내가 유난히 눈에 밟히는 전씨. 막내에게 더 많은 재산을 물려 주려면 유언을 해놓으라는 말을 들었다. 유언의 종류도 많고 복잡하다는데 좋은 방법이 무엇인지 궁금하다

유언의 종류와 유의점

유언은 피상속인이 사망 이후 적용될 법률관계를 살아있는 동안에 본인의 의사를 표시하는 법적 행위이다. 따라서 상속인들이 재산을 분할할 때에도 유언이 최우선적으로 적용된다. 유언은 민법 제5편 상속편의 제2장에 형식과 절차, 효력 발생까지 아주 엄격하게 법률로 규정되어 있다. **민법에 정한 방식에 의하지 않으면 그 효력은 인정되지 않는다.** 그만큼 유언을 고민한다면 세심한 주의가 필요하다. 유언의 방식은 5가지 종류로 자필증서, 녹음, 공정증서, 비밀증서, 구수증서가 있는데 자세히 알아보면 다음과 같다. (민법 제 1065조 ~1072조)

자필증서 유언

자필증서에 의한 유언은 유언하는 사람이 내용을 기록하고 연월일, 주소, 성명을 자필로 작성하고 날인을 하여야 한다. 별도의 비용이 필요 없고, 비밀로 할 수 있는 장점이 있으나 형식을 갖추지 않아 무효가 되거나 분실 및 은닉의 위험이 있다. 실제로 유언서를 작성하고 날인(도장 찍기)을 하여야 함에도 불구하고 작성자가 싸인으로 서명을 한 경우에 유언은 무효가 된다. 5가지 요건(본문, 연월일, 주소, 성명, 날인) 중 한가지만 누락해도 유언은 무효가 된다. 직접 자필로 작성하지 않고 컴퓨터로 타이핑 후에 서명 날인의 경우에도 역시 무효가 되며, 증서에 문자를 삽입하거나 삭제 등의 변경이 있을 때는 반드시 자서하고 날인을 하여야 한다. 또한 사망 후에는 반드시 법원의 검인을 받아야 유언으로써의 효력이 발생하게 된다.

녹음에 의한 유언

녹음에 의한 유언은 유언하는 사람이 유언의 취지, 성명, 연월일을 말하고 참석한 증인 1인이 유언의 정확함과 그 성명을 구술하여야 한다. 증인은 1인이면 되고 녹음에 의한 방식이기에 별다른 제약 요건이 없다는 점이 장점이다. 다만 상속 발생시 가정법원의 검인 절차를 거쳐야 한다. 또한 녹음이 본인의 육성인지 등의 논란의 소지가 있을 수 있기에 촬영 등을 활용하는 것이 좋은 방법이 될 수 있다.

공정증서에 의한 유언

공정증서에 의한 유언은 유언하는 사람이 증인 2인과 함께 공증인(일반적으로 공증 변호사)앞에서 유언의 취지와 내용을 얘기하고 공증인이 작성한 후 낭독하는 과정을 거친다. 이에 유언자와 증인 2인이 내용이 맞음을 확인하고 각각 서명 또는 기명 날인 함으로 유언은 유효하게 된다. 공정증서 유언은 별도의 검인 절차가 필요 없고 공증인이 유언장을 20년간 보관하므로 분실등의 위험이 적은 장점이 있다. 다만 재산의 규모에 따라 최대 300만원 수준의 공증비용이 수반된다. 하지만 형식과 절차적으로 가장 안전한 방법으로 적극 추천할 만한 방법이다.

부동산의 경우 유언공정 문서만으로도 등기소에 등기를 신청하면 상속인 명의로 바로 등기가 가능하다. 하지만 다른 유언 방법은 법원의 검인 절차를 받아야 하며 상속인 중 누군가 이의제기 시 재판을 받은 후에나 유언의 집행이 가능하다. 따라서 공정증서 유언이 가장 정확하고 편한 방법으로 적극 활용이 필요하다.

비밀증서에 의한 유언

비밀증서에 의한 유언은 유언하는 사람이 유언서를 작성하고 증인 2인에게 확인을 받는 형식이다. 유언자가 본인의 성명을 작성한 증서를 엄봉 날인하고 2인이상의 증인에게 제출하여 본인의 유언서임을 표시한 후 그 봉서 표면에 제출월일을 기재한 후 유언자와 증인이 각자 서명 또는 날인하여야 한다. 또한 유언봉서는 그 표면에 기재된 날로부터 5일 이내에 공증인 또는 법원서기에게 봉인상에 확정일자인을 받아야만 한다. 유언의 내용을 완전 비밀로 할 수 있다는 장점이 있으나 유언장이 있다는 사실, 보관의 위험과 상속 발생이 법원의 검인을 받아야 하는 복잡한과정을 거쳐야 한다. 비밀증서 유언이 그 방식에 흠결이 있더라도 그 증서가 자필 증서 방식에 적합할 경우에는 자필증서에 의한 유언으로 본다.

구수증서에 의한 유언

구수증서에 의한 유언은 유언하는 사람의 질병 기타 급박한 사유로 인해 다른 유언의 방식을 할 수 없을 때 유언자와 2인 이상의 증인이 참여해야 한다. 증인 중 1인에게 유언을 구수하고 증인이 이를 필기낭독 한다. 증인 중 다른 1인과 함께 유언의 정확함을 승인하고 각각 서명 또는 기명 날인 한다. 또한 증인 또는 이해 관계인이 급박한 사유의 종료한 날로부터 7일이내에 법원에 그 검인을 신청하여야 한다. 구수증서는 급박한 상황에서 유용하게 활용될 수는 있으나 유언의 내용과 존재가 노출된다는 위험이 있다.

상기에서 살펴본 바와 같이 유언은 엄격한 절차와 형식 요건을 갖춰야 한다. 또한 미성년자, 피성년후견인과 피한정후견인, 유언으로 이익을 받을 사람과 그의 배우자 및 직계혈족, 공증인법에 의한 결격자로 증인이 될 수 없다. 또한 유언의 검인을 받아야 할 경우에는 반드시 피상속인의 주소지 관할 법원에 신청해야 한다 유언의 검인 청구를 게을리 한때에는 그 상속인에 대한 불법행위가 성립될 수 있고 유언서 은닉에 해당하여 상속 결격 사유가 될 수도 있다(민법 제 1004조 제 5호) 그리고 유언의 내용, 직접작성유무, 유언자의 의사능력 유무로 다툼이 많이 발생한다.

따라서 특별한 자녀에게 더 많은 자산을 상속하고 싶은 의향이 있는 고객이라면 가장 확실하고 안전한 방법인 공정증서유언 방식을 추천한다. 유언재산의 규모에 따라 최고 300여만원의 비용을 수반하지만 부동산의 경우에도 별도의 검인 절차 없이, 상속인은 공정증서를 등기소에 제출함으로 상속인 명의로 부동산을 등기이전 할 수 있다.

자산이전의 시대

07.

유언의 정지, 취소 내 맘대로 가능하다.

막내가 유난히 눈에 밟혀 막내에게 전 재산 물려준다는 유언서를 작성한 장씨. 유언서의 존재를 안 막내가 예전과 다른 행동을 한다. 유언을 취소하거나 장남에게 재산을 물려 줄 방법은 없을까?

유언의 효력은?

유언은 피상속인이 사망한 때 효력이 발생한다. 유증을 받을 자는 유언자의 사망 후에 언제든지 유증을 승인 또는 포기할 수도 있다. 부담 있는 유증 즉 어떠한 조건을 이행하는 것을 조건으로 유증이 있을 경우에는, 유증받은 재산가액을 초과하지 않는 범위내에서 의무를 부담해야만 한다. 또한 유증은 유언자의 사망前에 수증자가 먼저 사망한 경우에는 무효가 된다.

유언의 철회할 방법은?

유언자는 언제든지 본인의 의사에 따라 유언의 일부 또는 전부를 변경하거나 철회할 수 있다. 또한 유언이 번복된 경우에는 앞선 유언은 철회한 것으로 본다. 그리고 유언증서를 유언자가 고의로 훼손하거나 유증의 목적물(유언서 목록에 기재된 부동산 등)을 매각하거나 파훼한 경우에는 유언을 철회한 것으로 본다. 더불어 부담있는 유증을 받은 자가 그 부담을 이행하지 않으면 유언집행자는 유언취소를 법원에 청구 할 수 있다.

예를 들어 설명을 해보도록 하자. 2020년 1월 아버지 장씨는 시가 50억의 강남구 1번지 토지와 건물을 막내자녀에게 상속하기로 유언서를 작성하였다. 하지만 장씨는 2년 후 유언서에 작성된 물건을 매각한 후에 1년 뒤 사망하였다. 이 경우 막내 아들은 부동산 매각 자금 50억을 본인의 상속분이라고 주장할 수 있을까? 결론적으로 말하면 불가능하다. 유증의 목적물이 존재하지 않기에 유언은 철회된 것으로 본다. 또한 2020년 2월 막내에게 상속하기로 유언을 하고 2021년 동일 물건을 장남에게 상속하기로 유언했다면 2020년 2월 막내에게 한 유언은 철회한 것으로 본다.

발생연월	자산 목록	유언	유언의 존속 여부
2020년 1월 유언	서울시 강남구 1번지 토지와 건물	막내 자녀에게 상속	
2022년 1월 매각	서울시 강남구 1번지 토지와 건물	유언한 자산 매각	유언 철회로 봄
2020년 2월 유언	서울시 강남구 20번지 토지와 건물	막내 자녀에게 상속	
2021년 1월 유언	서울시 강남구 20번지 토지와 건물	장남에게 상속	막내 상속유언 철회되고 장남 상속 집행

자산이전의 시대

08.

내가 사랑하는 자녀에게
全재산 상속해 줄 수는 없다.

제사를 모시고 노후에 본인을 봉양할 장남에게 全재산을 물려주기 위해 유언을 한 금씨. 막내와 배우자는 불만이 많다. 재산의 일부라도 상속 받을 수 있는 방법은 없을까? 금씨네 자산은 50억, 자녀 2명, 배우자는 생존해 있다.

유류분 제도란?(민법 제 1112조~제1118조)

유류분 제도는 피상속인과 상속인의 상속재산에 대한 권리 행사를 일부 제한함으로써 공평성을 유지하려는 제도로 볼 수 있다. 법적 상속 지분에 의하면 배우자는 상속재산의 1.5, 자녀들은 1에 해당하는 재산을 상속 받을 권리가 있다. 하지만 모든 재산을 특정인에게 상속해 준다면 다른 상속인들은 재산을 하나도 상속 받을 수 없게 된다. 또한 법정 상속지분대로만 자녀들에게 상속이 이루어진다면 피상속인의 의사가 전혀 반영되지 않을 수 있다. 따라서 유류분 제도를 통해 적절하게 상속인과 피상속인의 권한과 권리가 행사되게 된다.

유류분 권리자와 유류분 비율은?

유류분은 피상속인의 배우자, 직계비속과 존속, 형제자매에 한하여 청구할 수 있는데 상속 순위에 따라 법정 상속분이 있는 경우에만 가능하다. **직계비속과 배우자는 법정상속분의 1/2, 직계존속과 형제자매는 법정상속분의 1/3까지 가능**하다. 따라서 금씨네의 법정상속분과 유류분 금액은 아래와 같다. 금씨는 50억 모든 재산을 장남에게 물려 주고 싶어 유언을 했더라도, 그배우자와 막내는 각각 약10.7억, 7.15억의 유류분을 청구 할 수 있는 권리가 있다. 따라서 유류분 청구 소송을 통해 유류분에 해당하는 재산을 상속을 받을 수 있다.

유류분 권리자	유류분 비율	금씨네 법정지분과 유류분 금액	
피상속인의 직계비속	법정상속분의 1/2		
피상속인의 배우자	법정상속분의 1/2	**법정지분** 배우자 21.4억 장남 14.3억 막내 14.3억	**유류분 금액** 배우자 10.7억 장남 7.15억 막내 7.15억
피상속인의 직계존속	법정상속분의 1/3		
피상속인의 형제자매	법정상속분의 1/3		

유류분 대상 재산은 무엇인가?

유류분 산정에 포함되는 재산의 범위는 피상속인이 상속

개시시에 가진 재산가액에 증여재산을 합한 후 채무를 공제하여 이를 산정한다. 즉 상속 당시 재산뿐 아니라 생전에 증여한 재산도 유류분 청구재산에 포함될 수 있다. 재산 산정시 가정법원이 선임한 감정인의 평가에 의하여 그 가격을 정할 수 있다.

생전에 증여한 자산은 상속 개시 前 1년간 증여자산만 유류분 청구 대상재산에 포함되지만, 당사자 쌍방이 유류분권리자에게 손해를 가할 것을 알고 증여한 때에는 1년전에 한 것도 포함된다(민법제1114조). 하지만 **판례에 의하면 유류분청구 대상 재산은 상속인 외의 자에게는 상속 개시 1년 전 기간에 한하고, 상속인에게 증여한 자산은 기간에 상관없이 유류분 청구가 가능하다. 또한 유류분에 포함되는 증여재산 가액은 증여 당시 재산가액이 아닌 상속 개시 시점의 시가로 한다.** 예를 들어 증여 당시 10억의 토지가 상속 당시 100억이라면, 100억에 대한 유류분 청구가 가능하다.

유류분반환 청구는 언제까지 가능한가?

유류분반환청구권을 행사할 수 있는 기한은 법률로 정해져 있다. 따라서 반드시 그 기한內에 청구소송을 해야 한다. 유류분 반환청구권은 상속 개시와 반환하여야 할 **증여 또는 유**

증을 안날로부터 1년内에 하여야 한다. 또한 상속 개시한 날로부터 10년을 경과한 경우에 시효는 소멸된다. 결국 유류분 청구소송은 상속개시 10년이내이고 유류분 침혜받은 것을 안 날로부터 1년이내에 반드시 청구해야 한다.

따라서 금씨네 막내는 유언장이 공개된 후 1년이내에 반드시 유류분반환 청구소송을 해야만, 법정 상속분 14.3억의 50%인 7.15억을 유류분으로 상속받을 수 있다.

결국 유언을 통해 피상속인의 의지를 반영하여 내가 사랑하는 자녀에게 더 많은 재산을 물려 줄 수는 있지만, 모든 재산을 물려 줄 수는 없다. 또한 유류분반환 청구소송은 금액이 명확하다면 법원에 소송을 통한 해결보다는 원만하게 합의하는 것이 상속인에게 경제적 실익이 더 크다. 또한 소송시 입증 책임은 청구권자에게 있고 사전증여의 경우 쌍방이 유류분 침혜를 목적으로 증여했다는 사실을 입증하는 것이 쉬운 일이 아니기에 신중한 판단이 필요하다.(참조: 2020다247428 유류분반환 대법원 판결)

다만, 2023년 5월 현재, 유류분 제도의 위헌 여부에 대한 심판이 헌법재판소에서 공개 변론 중에 있다. 따라서 헌법 재판소의 판결로 유류분제도의 존폐 여부가 조만간 결정 될 수 있음을 참고하길 바란다.

09.

상속재산 가장 쉽게 확인하는 방법

> 부친 사망으로 상속 재산을 물려 받아야 할 강씨 가족. 부친이 소유한 토지와 금융자산이 어느 정도인지 알 수가 없어 적정이 태산입니다. 상속재산 쉽게 확인 할 수 있는 방법 없을까요?

부모님이 보유한 자산 전부를 알고 있는 자녀들은 많지 않다. 은행 예금, 부동산 어디에 얼마만큼 있는지를 대부분의 부모님들은 자녀들에게 생전에 알려 주지 않기 때문이다. 그러던 어느날 불의의 사고로 부모님이 갑자 사망하게 되면, 장례를 치르고 슬픔을 채 추스르기도 전에 상속인들은 걱정이 생기게 된다. 상속세를 법정 신고 기한 안에 신고를 해야 하는데 부모님의 상속재산을 정확히 알 수 가 없기 때문이다. 이러한 어려움을 해결해 주기 위해 국가에서는 '안심상속 원스톱서비스'를 제공하고 있다. 이 서비스를 통해 피상속인의 재산 소유 현황을 제공 받을 수 있고 이를 토대로 상속세 신고를 하면 된다.

안심상속 원스톱 서비스와 제공 정보

안심상속 원스톱서비스를 활용하면 개별 금융회사나 관공서를 일일이 찾아 다닐 필요가 없다. 한번의 신청으로 결과를 확인할 수 있도록 국가에서 제공하는 서비스이다. 제공되는 정보는 피상속인의 모든 금융채권과 채무, 연금 가입 유무, 국세 및 체납 및 미납세금, 토지 및 건물 소유 현황, 자동차 소유 내역 등이다.

신청 자격 및 방법

서비스를 신청 할 수 있는 자격은 상속인과 상속인의 대리인이 가능하다. 상속인은 민법상 제1순위인 직계비속과 배우자가 된다. 제 1순위 상속인이 없을 경우에 한하여 2순위 상속인인 직계존속과 배우자가 신청가능하고 1,2순위 상속인이 없으면 제 3순위 상속인의 신청이 가능하다.

신청방법은 온라인 정부24(www.gov.kr) 또는 주변의 시군구, 읍면, 동(주민센터)에서 방문하여 신청이 가능하다. 신청할 때 필요한 서류는 신청서, 신청인 신분증(대리시 대리인 신분증, 상속인의 위임장 및 인감증명서), 가족관계증명서 등을 제출하여야 한다. 온라인 신청시에는 간편인증 등의 인증과정을 거쳐야 한다.

또한 신청시기는 사망신고와 동시에 또는 사망일(상속개

시일)이 속한 달의 말일부터 6개월내에 신청이 가능하다.

〈정부24(www.gov.kr) 안심상속원스톱서비스 활용방법〉

10.

상속과 증여는 어떻게 다른가?

상속과 증여 비슷하면서도 다른 것 같아 항상 혼돈스러운 이 씨. 상속과 증여 관련된 용어를 쉽게 이해 하고 싶은데 상속과 증여는 어떻게 다른가?

상속은 일정한 친족적 신분관계가 있는 사람간에, 어느 한쪽이 사망하였을 때 상대방에게 재산적 권리나 의무 일체가 승계되는 법률적 효과가 발생하는 것이다. 반면 증여는 당사자 일방(증여자)이 무상으로 자신의 재산을 상대방(수증자)에게 준다는 의사를 표시하고, 상대방(수증자)이 이를 승낙함으로 성립하는 계약이다. 물론 상속은 포기가 가능하고 포기시 후순위 상속인에게 그 권리가 넘어간다. 반면 증여는 거절이 가능하지만 다음순위에게 자동으로 승계되는 것이 아니고 또 다시 증여자와 수증자의 의사가 합치되어야 증여라는 행위가 성립한다.

결국 상속과 증여가 발생할 경우 무상으로 자산을 받는 것이기에 상속세와 증여세를 납부하게 되는 것이다. 또한 상속세와 증여세율은 최저10%~최고50%로 동일하다.

부친　　　으로 자녀가 재산을 무상으로 받으면	부친　　　에 자녀가 재산을 무상으로 받으면

많은 사람들이 상속과 증여에 대하여 구분하지 못하거나 상속인, 피상속인, 증여자, 수증자에 대한 용어를 혼돈하여 사용하거나 구분을 명확히 못하는 경우가 있다. 복잡하고 어려운 부분은 제외하고 간략히 설명하면 다음과 같다.

〈주요 용어 정리〉

상속/증여	용어	내용
상속 관계인	피상속인	자신의 사망으로 재산과 권리,의무 일체를 물려주는 자
	상속인	누군가의 사망으로 재산과 권리,의무 일체를 물려받은 자
증여 관계인	증여인 (증여자)	생전에 자산을 무상으로 이전해 주는 사람
	수증자 (수증인)	생전에 자산을 무상으로 물려 받는 사람

2장

상속세와 증여세
바로 알기

상속세와 증여세 바로 알기

01.

상속세와 증여세의
차이는 무엇인가?

상속은 죽음과 관련되어 있고, 증여는 살아서 주는 것으로 알고 있는 서씨. 상속세와 증여세의 가장 큰 차이가 무엇인지 궁금하다. 상속세와 증여세의 차이는 무엇인가요?

상속세와 증여세의 가장 큰 차이는 세금을 계산할 때 물려주는 사람중심인지, 물려받는 사람 중심인가에 있다.

상속세는 피상속인(사망자)의 자산 전부를 합하여 상속세를 부과하고 상속을 받는 사람의 수는 중요하지 않다. 예를 들어 30억 자산가인 A씨의 사망으로 상속인 3명에게 각각 10억의 재산을 물려줬다고 하더라도 전체 자산 30억에 대하여 상속세를 계산하여 납부하게 된다.

반면에 증여세는 증여를 받는 사람(수증자)별로 받은 금액만큼 세금을 계산하여 납부하게 된다. 예를 들어 30억 자산가 생전에 자녀 3명에게 각각 10억의 재산을 물려주면 자녀들은 각각 자기가 받은 10억에 대하여 증여세를 계산하여 납부하게 된다.

결국 상속세는 받는 사람의 수와 관계없이 전체 상속재산에 대하여 세금을 계산하지만, 증여세는 받는 사람의 수에 따라 쪼개서 증여세를 계산한다.

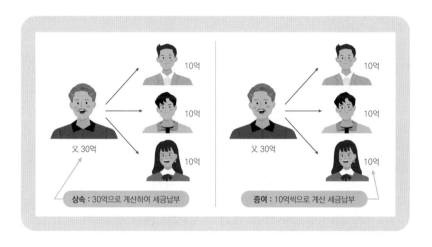

세금납부 의무에 대한 차이가 있다.

상속세 및 증여세는 기본적으로 본인이 받은 자산에 대하여 각각 세금을 납부하는 것이 원칙이다. 다만 **상속세와 증여세의 차이는 연대납부 의무의 유무에 있다. 상속세는 상속인 중 상속세를 미납하는 자가 있다면 상속인들이 각자 받은 재산 한도 내에서 연대하여 납부 의무가 발생한다. 하지만 증여세는 증여받은 수증인중 한 명이 증여세를 미납하더라도 다른 수증자가 증여세를 연대하여 납부하는 의무가 발생하지 않**

는다는 점이다.

예를 들어 상속인중에서 모친이 1억, 자녀 2인 각각 5천만 원의 상속세를 납부해야 하는 상황에서 자녀 2명이 상속세를 납부하지 않는다면 모친에게 상속세 연대납부 의무가 발생한다. 자녀 2인의 상속세 1억원을 모친이 상속받은 한도내에서 납부해야 한다.

반면 증여의 경우에는 다르다. 부친이 자녀2인에게 부동산을 증여하고 각각 증여세가 1억이라고 하자. 자녀 1인이 증여세를 납부하지 않을 경우 다른 자녀에게 증여세 연대납부의무를 지울 수 있을까? 이 경우 다른 자녀는 증여세 연대납부의무가 없기에 증여세를 대신 납부하지 않아도 된다. 만약 다른 자녀의 증여세를 대신 납부하여 줄 경우에는 또다시 증여로 보고 증여세를 추가 납부해야 한다.

다만, 과세 당국에서는 증여의 경우 미납시 증여세 과세권을 확보하기 위해 연대납세의무를 다른 수증자에게 부여하지 않고 증여자에게 연대납부의무를 지우고 있다. **증여자에게 연대납부의무가 있는 경우는 다음과 같다.**

① 수증자가 비거주자인 경우

② 수증자의 증여세 납부 능력이 불가하여 증여세 조세채권 확보가 불가한 경우

③ 수증자의 주소나 거주 불명으로 증여세 조세채권확보가 불가한 경우

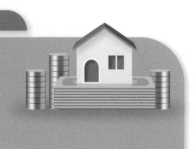

상속세와 증여세 바로 알기

02.

상속세 계산에 포함되는
상속재산은 무엇인가?

평소에 상속에 관심이 많은 유씨. 상속세를 적게 내려면 상속재산이 적어야는데 어떤 자산이 상속 재산에 포함되는지 궁금하다. 상속이 임박해서 부친 자산을 본인 명의로 돌려 놓거나, 미리 증여를 받으면 상속세를 줄일 수 있는지도 궁금하다.

상속 발생시 상속세 계산을 위한 재산가액은 피상속인의 보유자산과 보험금, 신탁재산, 퇴직금, 추정 상속재산, 상속발생 일정기간내에 증여한 자산이 모두 포함된다.

보험금도 상속재산에 포함됨에 유의해라.

대한민국 가구의 90% 이상이 보험에 가입되어 있다. 따라서 보험 가입 후 수령하는 보험금도 상속재산에 포함되어 상속재산이 될 수 있음에 유의해야 한다. 피상속인이 계약자인 보험계약으로부터 발생하는 보험금은 상속재산에 포함된다. 왜냐하면 보험의 권리는 계약자에게 있기 때문이다. 간혹 이러한 점을 알고 있는 고객들이 계약자만 달리하면 상속재산에 포함되지 않는 줄 알고 보험계약자를 자녀로 하고 피보험자는 본인으로 하는 보험에 가입하여 상속세를 피할 수 있을 것이라 생각한다. 하지만 피상속인이 계약자가 아니더라도 실질적으로 피상속인이 보험료를 납부 하였다면 피상속인을 보험계약자로 보아 상속재산에 포함하여 과세한다. 즉 **보험료 납부 능력이 없는 사람을 계약자로 하는 것은 무의미한 일이 될 수 있다는 것에 주의해야 한다.**

〈피보험자 사망시 보험금 관련 상속세 예시〉

구분	계약자	피보험자	수익자 (만기,사망)	사망 보험금
Case1	父	父	子	상속세
Case2	子	父	孫 子女	증여세
Case3	납입능력 無 子	父	납입능력 無 子	상속세 (父가 실제 납입시)
Case4	납입능력 有 子	父	납입능력 有 子	세금 無
Key Point	계약자와 수익자가 다를 경우와 납입능력이 없는 계약자인 경우 실제 불입을 고인이 했을 경우 상속세 발생			

상속 직전 사라진 자산도 상속재산에 포함된다.

상속인들이 간과하기 쉬운 부분이 추정상속 재산이다. 피상속인의 자산 중 상속 발생 직전 2년 이내에 피상속인의 재산 처분 금액과 채무 부담액 중 일정금액이 초과하게 되면 상속인이 사용처를 입증해야 하는 의무가 부과된다. **상속인이 입증하지 못한다면 미입증금액은 상속재산에 포함하여 상속세를 납부해야 한다.**

구체적으로 살펴보면 추정상속재산의 기준금액은 재산 종류별로 상속발생일 前 1년 이내에 2억원 이상, 상속발생일 前 2년 이내는 5억 이상일 경우에 해당한다. 따라서 재산 종류 별로 1년 이내에 재산 처분 금액이나 채무부담액이 1.9억일 경우에는 2억원에 못 미쳐 추정상속 재산에 포함되지 않는다. 마찬가지로 2년이내에 5억원 미만일 경우에도 추정상속재산에 포함되지 않는다.

재산의 종류는 현금과 예금, 유가증권 등의 현금성 자산과 부동산 및 부동산에 관한 권리와 기타자산으로 구분된다. 따라서 재산 종류별로 추정상속재산 기준금액 미만이라면 상속재산에 합산하지 않는다. 즉 1년이내 현금성 자산 인출금액이 1.9억, 부동산 매각 금액이 1.9억, 기타자산1.9억으로 총 5.7억이지만 재산 종류별로 2억이 되지 않아 추정 상속재산에 포함되지 않는다는 의미이다.

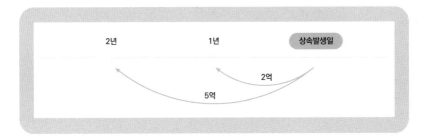

추정상속 재산의 계산은 재산 종류별로 처분금액에서 사용처 등의 용도 입증금액을 제외하고 재산처분액 또는 인출액의 20%와 2억원 중 적은 금액을 제외한 나머지 금액을 추정상속재산으로 보아 상속재산에 합산하여 세금을 계산하게 된다.

추정 상속 재산 계산법

- 재산종류별 처분 or 인출금액 – 용도 입증금액 – min (재산 처분액, 인출금액의 20%, 2억원)
- 재산의 종류 : (현금, 예금, 유가증권), (부동산 및 부동산에 관한 권리), (그외 기타자산) 3그룹으로 구분

따라서 상속세를 줄일 목적으로 상속이 임박하여 피상속인 자산을 처분하거나 금융자산을 빼돌리는 것은 무의미한 일이다. 또한 상속 직전에 상속인들이 알지 못하게 처분된 자산

은 상속인에겐 큰 낭패가 될 수 있음에 유의해야 한다.

상속 1년전에 20억 정도의 금융자산이 피상속인 계좌에서 인출되어 상속인도 모르는 곳에 사용되었다고 가정해 보자. 국세청에서는 20억이 어디에 사용되었는지 상속인들에 입증하라고 요구하게 된다. 하지만 피상속인이 어디에 사용했는지를 알 수 없는 상속인들은 20억에 대하여 입증할 방법이 없게 된다. 이 경우 국세청은 미입증금액 20억 중에서 2억원을 제외한 18억을 상속재산에 포함시켜 과세하게 된다. **상속인 입장에서는 본인들이 상속받지도 않은 자산에 대하여 상속세를 내게 되는 억울한 일을 당하게 되는 것이다. 따라서 상속직전 피상속인의 자산 사용처 등에 대해 잘 기록해두는 것이 중요하다.**

상속 1년前 인출 금액	입증 책임	입증해야 할 금액	미 입증 금액 (사용처 모름)	추정상속 제외금액	추정상속재산 (상속인 부담)
20억	상속인	20억	20억	2억	18억

또한 1년내 2억, 2년내 5억 미만이더라도 과세 당국에서는 소명을 요구하는 경우가 있으며, 해당 금액 미만이더라도

증여로 명확히 확인되는 것(계좌이체 등)은 추징하게 된다.

사전증여 자산도 상속 재산에 포함된다

상속세를 줄이기 위한 방안으로 사전 증여가 일반화 되고 있다. 상속시 피상속인의 보유자산을 줄여 상속세를 절세 하기 위해서 상속 발생 前에 적극적으로 상속인들에게 증여를 하고자 하는 문의가 급증하고 있다. 하지만 생전에 상속인들에게 재산을 증여하는 것도 시기가 중요하다. 증여 후 상속 발생일까지의 경과 기간과 상속인 여부에 따라 상속 재산에 포함되는 경우도 있고 포함되지 않는 경우도 있다.

고객	증여 받은 사람	증여 시기	상속 발생	상속재산 합산
A고객	피상속인 아들	2015년 1월	2020년 1월 (증여 후 5년 경과)	O
B고객	피상속인 아들	2009년 1월	2020년 1월 (증여 후 10년 경과)	X
C고객	피상속인의 사위 피상속인의 손자	2016년 1월	2020년 1월 (증여 후 4년 경과)	O
D고객	피상속인의 사위 피상속인의 손자	2014년 1월	2020년 1월 (증여 후 5년 경과)	X

A고객처럼 **상속인에게 상속 발생 10년 이내에 증여한 재**

산은 상속재산에 합산하여 상속세를 계산하도록 하고 있다. 다만, B 고객의 사례와 같이 **상속인에게 증여 후 10년이 경과한 경우에는 상속재산에 합산하지 않는다.**

상속인외의 자에게 증여한 C와 D고객의 경우는 상속 재산 합산은 증여일로부터 5년 경과 여부로 결정된다. C 고객은 증여 후 4년 경과시점에 상속이 발생하여 상속재산에 합산하여 상속세를 납부하게 된다. 하지만 증여 후 5년이 경과한 D 고객의 경우에는 상속재산에 합산하지 않는다.

다만, **상속재산에 합산하는 경우에는 상속시점 자산가액이 아니고 증여시점 자산가액으로 합산하여 상속세를 납부하게 된다.** 예를 들어, 5억원의 부동산을 증여한 후 상속 시점에 10억으로 자산가치가 증가하더라도 상속재산가액에 합산하는 금액은 5억이 된다.

결국 사전 증여를 통한 상속세 절세를 위해서는 상속 발생 직전 증여 보다는 여유를 가지고 최대한 빨리 증여하는 것이 필요하다. **증여를 실행한다면 상속인에게는 10년, 상속인 외의 자에게는 5년이라는 사실을 잊지 말자. 또한 일반적으로 손자녀, 사위, 며느리는 상속인이 아닌 것을 알아 둘 필요가 있다. 즉 증여 후 5년만 경과하면 상속재산에 합산되지 않는다.**

〈상속재산 요약표〉

구분	항목	내용
본래 상속 재산	본래 상속재산	• 사망 또는 유증, 사인증여로 취득한 재산의 시가
간주 상속 재산	보험금	• 피상속인이 계약자인 보험계약에 의해 받는 보험금. • 피상속인이 계약자가 아니더라고 실질적으로 피상속인이 보험료 납부 하였다면 피상속인을 보험계약자로 보아 상속재산에 포함.
	신탁재산	• 피상속인이 신탁한 자산 (단, 수익자의 증여재산가액으로하는 해당신탁의이익을 받을 권리의 가액은 상속재산으로 보지 아니함) • 피상속인이 신탁의 이익을 받을 권리 소유시 이익 상당가액 등

	퇴직금 등	• 피상속인에게 지급될 퇴직금, 퇴직 수당, 공로금, 연금 또는 피상속인의 사망으로 인해 지급되는 금액
		• 단, 다음의 경우는 제외
		  – 국민연금법에 따른 유족연금, 사망시 반환일시금
		  – 공무원연금법, 공무원재해보상법, 사립학교직원 연금법에따른 각종 유족연금, 및 보상금 등
		  – 군인연금법 및 군인재해보상법에 따른 각종유족연금 및 장해보상,사망보험금
		  – 산재법에 따른 유족보상연금, 유족보상 일시금, 유족특별 급여 등
		  – 근로자 업무 사망에 의한 유족보상금, 재해보상금과 유사한 것
		  – 장해유족연금피상속인이 계약자인 보험계약에 의해 받는 보험금.

추정 상속 재산	재산처분	• 피상속인의 재산 처분금액 또는 피상속인 재산에서 인출한 금액이 상속개시일전 1년이내 재산 종류별로 2억이상, 2년이내 5억 이상인 경우로 용도가 객관적으로 명확하지 않은 금액
	채무부담	• 피상속인 부담한 채무를 합산한 금액이 상속개시일 1년이내 2 억원 이상, 2년이내에 5억원이상인 경우로 용도가 객관적으로 명백하지 않은 경우

	재산종류 및 계산법	• 재산의 종류 : (현금, 예금, 유가증권),
		  (부동산 및 부동산에 관한 권리),(그외 기타자산)
		• 추정상속 재산가액 :
		  재산 처분금액 or 채무 부담액 中 용도 불분명 금액
		  – (재산 처분액의 20%와 2억원중 적은 금액)

사전 증여 재산	상속인에게 증여한 재산	• 상속개시일 전 10년 이내에 피상속인이 상속인에게 증여한 재산가액 • 상속인 : 배우자, 자녀, 부모
	상속인 외에 증여한 재산	• 상속개시일 전 5년 이내에 피상속인이 상속인 외의 자에게 증여한 재산가액

03.

상속세를 줄이는
상속 공제 활용하기

부친 사망으로 상속 받은 친구가 있는 오씨. 상속공제를 활용해서 상속세를 절세하거나 납부하지 않는 경우가 있다는 얘기를 들었다. 상속공제가 무엇이며, 얼마나 공제를 받을 수 있는지 궁금하다.

상속 공제는 상속세를 계산할 때 상속재산에서 일정액을 공제해 주는 것을 말한다. 따라서 상속공제를 반영하면 상속세 과세 기준에 미달하여 상속세를 납부 하지 않아도 되는 경우가 발생한다. 흔히 **배우자와 자녀가 있는 상태에서 상속이 발생하면 순자산 10억 까지는 상속세가 없다는 얘기를 많이 들었을 것이다. 10억까지 상속세가 없는 이유는 배우자 공제 5억과 일괄공제 5억을 상속재산에서 공제하여 주기 때문에 상속세 과세 표준이 '0'이 되어 상속세를 납부하지 않게 된다.** 좀더 자세히 상속 공제에 대하여 알아보면 다음과 같다.

일괄공제 5억 활용하기

기초공제는 비거주자나 거주자의 사망으로 상속이 발생하면 상속세 과세 가액에서 2억원을 공제하여 준다. 그 밖의 인적공제는 ① 상속인 자녀 1인당 5천만원, ② 상속인 및 동거가족 중 미성년자는 1천만원에 19세 될 때까지의 연수를 곱한 금액, ③ 상속인 및 동거가족 중 장애인에 대해서는 1천만원에 통계청에서 고시하는 성별 연령별 기대여명 연수를 곱한 금액, ④ 상속인(배우자 제외) 및 동거가족 중 65세 이상 인당 5천만원을 각각 공제한다. 위의 경우에서 ①과 ②는 합산 적용하고, ④에 해당하는 사람이 ① ② ③에 해당할 경우에도 각각 그 금액을 합산하여 공제한다.

일괄 공제는 거주자의 사망으로 상속이 개시될 경우 기초공제와 그 밖의 인적 공제를 합친 금액 대신 5억원을 공제해주는 것을 말한다. 기초공제와 인적공제를 합한 금액과 일괄공제 중 큰 금액을 선택할 수 있다. 다만 배우자가 단독으로 상속 받을 경우에는 일괄공제 5억을 적용 받을 수 없다.

배우자 공제 30억까지 가능하지만 주의해야

배우자 공제는 상속 발생시 배우자가 생존해 있을 경우에 받을 수 있는 공제로 최소 5억에서 최대 30억까지 공제를 받을 수 있다. 다만, **배우자가 실제로 상속 받은 금액과 배우자 법정 상속 지분을 초과하여 배우자 공제를 받을 수는 없다.** 하지만 배우자가 상속 포기시에도 최소 5억은 공제가 가능하다. **그리고 배우자가 증여받은 10년내 자산의 과세표준은 배우자 공제 한도에서 제외되어 배우자 상속공제 한도가 대폭 줄어들 수 있다.** 배우자 상속 공제 한도를 아는 것은 상속세 절세의 핵심이라고 할 수 있다. 따라서 반드시 아래의 배우자 상속 공제 한도를 알아 둘 필요가 있다.

〈배우자 상속 공제 한도〉

① (상속재산가액*배우자 법정 상속분) 　- 배우자의 사전 증여재산에 대한 증여세과세표준	배우자 공제 : ①②③ 중 적은 금액
② 30억	
③ 배우자가 실제 상속받은 자산가액	

가업 및 영농상속 공제

　가업 상속 공제는 사업을 운영하는 개인사업자나 법인 사업자를 위한 공제 제도 이다. 피상속인이 10년 이상 계속 경영한 기업을 대상으로 사업 기간에 따라 300억부터 최대 600억까지 가업 상속 공제를 받을 수 있다. 다만, 사후 관리 요건들이 엄격하기 때문에 사전 사후에 고려할 사항들이 아주 많다. 영농상속 공제는 영농 상속 재산가액 중 최대 30억원을 한도고 공제한다. 영농 상속 공제 역시 상속인이 영농상속 재산을 처분하거나 영농에 종사하지 않으면 상속세가 부과된다. 더불어 가업상속공제와 영농상속공제는 동일한 상속 재산에 대하여 동시에 적용하지 않는다.

가업영위기간	10년↑	20년↑	30년↑
가업상속공제	300억	400억	600억
영농상속 공제	영농에 8년 이상 종사하고 상속 발생시 최고 30억		

금융재산도 상속공제 된다.

상속발생시 상속 재산 중 금융자산에 대하여 금융 부채를 제외한 순금융자산 규모에 따라 최대 2억원까지 금융재산 상속 공제가 가능하다. 순금융재산이 2천만원 이하인 경우에는 순금융자산 가액을 공제하고, 순금융재산이 2천만원을 초과할 경우에는 순금융재산의 20% 또는 2천만원 중 큰 금액을 2억 한도로 공제하여 준다.

상속 순금융자산	계산법	금융자산 상속공제 금액	비고
1천만원	2천만원이하 전액공제	1천만원	금융재산 상속공제 최대한도 2억원
3천만원	20% OR 2천만원 중 큰 금액	2천만원	
1억원	"	2천만원	
2억원	"	4천만원	
10억원	"	2억원	
20억원	"	2억원(최대 한도)	

동거주택도 상속 공제 가능하다.

피상속인과 상속인이 상속 개시일로부터 소급하여 10년 이상 계속 하나의 주택에서 동거 했을 경우 상속 주택가액의 최대 6억원까지 공제한다. 또한 상속 개시일 현재 무주택자이거나 피상속인과 공동으로 1세대 1주택을 보유한 자로 피상속인과 동거한 상속인(배우자제외, 동거한 상속인의 미성년 기간 제외)이 주택을 상속 받는 경우에 한하여 공제가 적용됨에 유의해야 한다.

04.

아주 쉬운 상속세 계산 방법과 상속세율

> 배우자와 자녀 2명인 송씨. 소유 자산이 많아 상속세가 걱정이다. 상속세율과 재산 규모별로 개략적인 상속세도 알고 싶다.

일반적인 가계에서 상속세를 개략적으로 계산하는 방법은, 상속자산에 10년(5년)내 증여재산을 더하여 상속재산가액을 계산한 후, 일괄공제 5억과 공제가 가장 크게 적용하는 배우자 공제 최저 5억 또는 배우자 법정상속분 한도로 배우자 실제 상속액을 30억 한도내에서 공제한 후 상속세율을 적용하면 된다. 왜냐하면 **대부분의 가계에서 일괄공제와 배우자 공제가 상속세 계산에 미치는 영향이 가장 크게 작용**하기 때문이다.

상속세율

상속세율은 상속세 과세 표준에 따라 10%에서 최고 50%가 적용되는데 좀더 구체적으로 살펴보면 다음과 같다. 과세 표준 1억까지는 10%의 세율을 적용하고, 1억초과 5억까지는

20%를 곱한 후 누진공제 1000만원 빼주면 된다. 5억초과 10억까지는 30%에 누진공제 6000만원, 10억 초과 30억까지는 40%에 누진공제 1억6000만원을 해주면 된다. 과세표준 30억 초과시에는 50%를 곱하고 누진공제 4억6000만원을 빼주면 상속세가 산출된다.

〈상속세율〉

과세표준	상속세율	누진공제
1억이하	10%	–
1억초과 ~ 5억이하	20%	1000만원
5억초과 ~ 10억이하	30%	6000만원
10억초과 ~ 30억이하	40%	1억 6000만원
30억 초과	50%	4억 6000만원

이러한 기준으로 개략적으로 자산 규모별 상속세를 계산
해보면 다음과 같다.(다른 조건은 무시)

〈자산규모별 예상 상속세〉

상속재산	10억	30억	50억	100억
	배우자 有, 자녀2명, ( )은 배우자 공제 최대 적용시)			
일괄공제	5억	5억	5억	5억
배우자공제	5억	5억 (12.9억)	5억 (21.4억)	5억 (30억)
과세표준	0	20억 (12.1억)	40억 (23.5억)	90억 (65억)
상속세율	0	40% (30%)	50% (40%)	50% (50%)
상속세 산출세액	0	6.4억 (3.2억)	15.4억 (7.8억)	40.4억 (27.9억)

일반적으로 배우자가 생존해 있다면 10억까지는 상속세
가 발생하지 않는다는 것을 알아둘 필요가 있다. 또한 재산이
10억이 넘는다면 상속세가 발생하기에 상속세에 대한 준비
및 자산분할에 대한 계획도 사전에 수립하는 것이 필요하다.

〈상속세 계산 흐름도〉

상속재산가액		본래 상속자산, 간주상속재산(보험금, 신탁재산, 퇴직금)
(+)	가산금액	• 추정상속재산 (1년내 2억↑, 5년내 5억↑) • 증여재산가액 (상속인 10내 증여자산, 상속인외 5년내 증여자산) (증여세특례 창업자금 및 가업승계주식은 기간없이 합산)
(−)	차감금액	• 공과금, 채무, 장례비, 비과세 재산 (국가,자치단체 유증 재산, 음양임야, 문화재) • 과세가액 불산입재산(공익법인출연금)
=	상속세 과세가액	
(−)	상속 공제	• 기초공제(2억)& 인적공제 와 일괄공제(5억) 중 큰 금액 단, 배우자 단독상속시 일괄공제 배제 • 배우자 공제(최소 5억~최대30억) • 가업상속공제(최대600억), 영농상속공제(최대30억) • 동거주택상속공제 (최대 6억원) • 금융재산상속공제(최대 2억원) • 공제적용 상속공제 종합 한도내 금액만 공제 가능
(−)	감정평가 수수료	
(=)	상속세 과세표준	
(×)	세율	표 참조
(=)	상속세 산출세액	

(+)	세대생략
	할증세액
		• 상속인이 피상속인의 자녀가 아닌 직계비속일 경우(손자녀)30% 할증
		  (미성년자가 20억원을 초과하여 상속받는 경우 40% 할증)
		  단. 직계비속의 사망으로 최근친 직계비속에 해당하는 경우는 제외

(−)	세액공제	• 신고세액공제(3%) • 단기재상속세액공제: 상속개시 10년 이내 재상속시 상속세가 부과된 상속재산 중 재상속분에 대한 상속세 상당액을 공제
(+)	신고불성실 납부지연 가산세	• 신고불성실 가산세 : 10~40% • 납부지연 가산세 : 연 8.03 %(1일당 22/100,000)
=	자진납부 세액	

세율 (×) 표:

과세표준	1억이하	1억초과	5억초과	10억초과	30억초과
세율	10%	20%	30%	40%	50%
누진공제	–	1천만원	6천만원	1억6천만원	4억6천만원

세액공제 단기재상속세액공제 표:

기간	1년↓	2년↓	3년↓	4년↓	5년↓	6년↓	7년↓	8년↓	9년↓	10년↓
공제율	100%	90	80	70	60	50	40	30	20	10

상속세와 증여세 바로 알기

05.

상속세 신고하지 않으면
폭탄 맞을 수 있다.

형제들끼리 상속 재산 분할 협의 중입니다. 협의가 쉽지 않은 데요. 상속세 신고는 언제까지 해야 하나요? 혹시 신고 납부 기한이 지나면 어떤 불이익이 있는지도 궁금합니다.

상속세 신고 기한

상속이 발생하면 일정 기간 안에 반드시 상속세를 신고하고 납부해야 한다. **피상속인이 거주자인경우 상속개시일이 속하는 달의 말일부터 6개월이내에 신고해야** 한다. 또한 피상속인이나 상속인 전원이 비거주자인 경우 상속개시일이 속하는 달의 말일부터 9개월이내 신고해야 한다. 예를 들어 상속 개시일이 2023년 4월 10일인 경우 상속세 신고기한은 2023년 10월 31일이다. 만약 피상속인이나 상속인 모두가 비거주자일 경우에는 2023년 12월 31일이다. 다만 12월 31일이 공휴일이고 2024년 1월 1일이 공휴일이기에 다음날인 2024년1월 2일까지 신고해야 한다. **상속세 신고는 피상속인의 주소지**

를 관할하는 세무서에 하면 된다.

구분	법정 신고 기한
피상속인이 거주자인 경우	상속개시일이 속하는 달의 말일부터 6개월 이내
피상속인이나 상속인 전원이 비거주자인 경우	상속개시일이 속하는 달의 말일부터 9개월 이내

상속세 신고와 미납시 불이익

상속세 법정 신고 기한內에 신고서를 제출하면 3%의 신고 세액 공제를 받을 수 있다. 반면 정해진 기간 안에 신고하지 않으면 무신고 및 과소신고 시에는 최저 10%에서 최고 40%의 가산세를 납부하여야 한다. 또한 납부 미납시나 미달 납부 지연 가산세로 1일당 22/100,000를 부담하게 된다. 일반적인 무신고의 경우 납부할 세액의 20%를 납부해야 하며, 부정한 방법에 의한 부정 무신고의 경우에는 40%의 가산세를 납부해야 한다. 또한 일반적인 과소 신고의 경우에는 10%의 가산세를 납부하게 되지만, 부정 과소신고의 경우 40%의 가산세를 부과 받게 된다. 다만 신고 당시 소유권소송으로 인한 상속재산 미확정, 상속공제의 착오, 상속재산 평가액의 차이의 경우에 가산세는 부과되지 않는다.

〈가산세 예시〉

종류	내용	가산세율	무신고(미납)납부액	가산세	총납부액
무신고 및 과소 신고	일반무신고	20%	1억원	2000만원	1억2000만원
	부정무신고	40%	1억	4000만원	1억4000만원
	일반과소신고	10%	1억	1000만원	1억1000만원
	부정과소신고	40%	1억	4000만원	1억4000만원
납부 지연	미납,미달납부 (5년)	연 8.03%	1억	4015만원	1억4015만원

상속세와 증여세 바로 알기

06.

증여세 과세 대상과
납부 의무자 알아보기

손자녀에게 건물을 증여하고 싶은 김씨. 손자녀가 증여세 납부할 돈이 없어 대신 증여세를 납부해 주고 싶다. 증여세를 부모가 대신 납부해도 아무 문제 없는 것일까?

증여는 간접적이든 직접적이든 방법에 상관없이, 다른 사람에게 대가없이 유무형의 재산 또는 이익을 이전(현저히 낮은 대가를 받고 이전하는 경우 포함)하거나 다른 사람의 재산가치를 증가시키는 것을 말한다(상속세 및 증여세법 2조). 증여세는 대가없이 재산가치의 증가와 이전시에 납부하는 세금으로 타인(증여자)로부터 재산을 받는 경우에 증여 받은 사람(수증자)이 부담하게 되는 세금을 말한다.

증여세 납부자

증여세는 일부 예외적인 경우를 제외하고 **수증자(증여를 받은 사람)가 납부하는 것을 원칙**으로 한다. 다만, **수증자가**

영리법인인 경우에는 영리법인에 증여세 납부의무를 부과하는 것이 아니고 법인세 과세 대상에 포함되어 법인세를 납부하게 된다.

또한 수증자가 거주자인가 비거주자인가에 따라 증여세 과세 범위와 납부 의무자가 달라진다. 수증자가 거주자인 경우에는 증여 받는 국내외 모든 자산에 대하여 증여세 납부 의무가 있지만, 수증자가 비거주자인 경우에는 국내에 있는 모든 자산에 대하여 납부의무가 있으나, 국외 재산을 증여 받을 경우 납부의무자는 증여자가 된다.

수증자	과세 범위	증여세 납부 의무자
거주자	국내외 모든 자산	수증자
비거주자	국내에 있는 모든 자산	수증자
	국외 있는 모든 자산	증여자

거주자란 국내에 주소를 두거나 183일 이상 거소를 둔 사람을 말하며, 비거주자는 거주자가 아닌 사람으로 주소와 거주에 대한 판단은 소득세법 시행령 제2조, 제4조1항 제2항 및 제 4항에 따른다. 또한 거주자와 비거주자의 판정은 소득세법 시행령 제2조의 2 및 제 3조에 따른다.

국내에 주소를 가진 것으로 보는 경우	계속하여 183일 이상 국내 거주할 것으로 필요로 하는 직업을 가진때 국내에 생계를 같이하는 가족이 있고, 직업,자산상태에 비추어 계속 183일 시상 국내 거주할 것으로 인정되는 때
비거주자가 거주자로 되는 시기	국내에 주소를 둔 날 국내에 거소를 둔 기간이 183일이 되는 날

거주자 판단을 위한 국내 거소를 둔 기간 등의 판단은 많은 혼란이 발생할 수 있는 사안으로 반드시 전문가의 도움을 받거나 세무 당국의 검토를 의뢰하는 것도 고려해 볼 필요가 있다.

증여세 연대 납부 책임

위에서 언급한 바와 같이 증여세는 수증자가 납부하는 것이 원칙이며, 증여세를 납부할 능력이 없으면, 증여자가 증여세 납부할 금융자산 등을 추가로 증여해 줘야 한다. 다만, 수증자의 주소 또는 거주지가 불분명하거나. 수증자가 비거주자여서 조세채권 확보가 어렵거나 강제 징수가 불가능한 경우는 증여자가 연대하여 납부할 의무가 발생한다.

상속세와 증여세 바로 알기

07.

알기 쉬운 증여세율과 계산 방법

자녀와 배우자에게 증여를 희망하는 강씨. 증여금액에 따른 증여세와 계산 방법이 궁금하다. 또한 손자녀에게 증여도 고려하고 있다.

증여세 계산을 위한 증여재산은 국내외 모든 재산에 대하여 증여일 현재의 시가로 평가한다. 다만, 상장 주식은 증여일 전후 2개월간, 매일의 최종 시세의 평균액으로 계산을 한다. **증여재산은 동일인으로 부터 10년간 증여 받은 재산은 합산하여 증여세 과세가액을 산출한다. 한가지 유념할 사항은 동일인의 범위에 증여자가 직계존비속인 경우에 그 배우자도 포함**된다는 사실이다. 즉 자녀가 아버지로부터 1억을 증여 받고, 어머니로부터 10년내에 또다시 1억을 증여 받을 경우 증여세 과세 가액은 2억원이 된다. 다만 직계존속이 아닌 장인 장모에게 각각 1억원을 증여 받을 경우에는 증여재산을 합산하지도 않고 기타친족에 해당함으로 1천만원씩 각각 증여공제도 받을 수 있다.

증여 공제 바로 알기

증여 공제는 복잡하지 않고 아주 단순하다. 배우자에게 증여할 경우 증여공제는 6억을 해주고, 직계존속과 직계비속의 경우 5천만원(미성년자의 경우 2천만원), 기타친족의 경우에는 1천만원을 공제해 준다. 다만, 증여재산 공제 역시 10년 간 누계 한도임을 유의해야 한다. 예를 들어 배우자에게 6억을 증여하면, 6억을 공제 받게 되고 증여세 과세표준은 '0'이 되어 증여세를 납부하지 않아도 된다. 그러나 10년이 지나지 않아 또다시 5억을 증여할 경우에는, 이미 10년 이내에 6억 공제를 받았으므로 공제 한도가 모두 소진되어 추가 공제가 불가능하다. 따라서 5억 전체에 대하여 증여세를 납부해야 한다. 한가지 유념해야할 사항은 **수증자 즉 증여를 받는 사람이 비거주자인 경우에는 증여재산 공제가 적용되지 않는다**는 사실이다. 따라서 증여받는(수증자) 배우자나 성년자녀가 비거주자일 경우 증여공제 6억원 또는 5천만원을 공제 받지 못한다.

〈수증자가 증여자로 부터 증여 받는 경우의 증여 공제 요약〉

증여자	배우자	직계존속	직계비속	기타친족
공제 한도	6억원	5천만원 (미성년 2천만원)	5천만원	1천만원

*증여공제 한도는 10년간 누계적용하며 수증자가 비거주자인 경우 공제 부적용

증여세율

증여공제 후 과세표준이 결정되면 과세 표준에 대하여 증여세율을 적용하여 증여세를 산출하는데 증여세율은 최저 10%에서 최고 50%로 상속세율과 동일하다. 구체적으로 살펴보면 다음과 같다. 과세 표준 1억이하는 10%의 세율을 적용하고, 1억초과 5억이하는 20%를 곱한 후 누진공제 1000만원을 빼주면 된다. 5억초과 10억이하는 30%에 누진공제 6000만원, 10억 초과 30억까지는 40%에 누진공제 1억6000만원을 해주면 된다. 과세표준 30억 초과시에는 50%를 곱하고 누진 공제 4억6000만원을 빼주면 증여세가 산출된다.

〈증여세율〉

과세표준	증여세율	누진공제
1억이하	10%	–
1억초과 ~ 5억이하	20%	1000만원
5억초과 ~ 10억이하	30%	6000만원
10억초과 ~ 30억이하	40%	1억 6000만원
30억 초과	50%	4억 6000만원

손자녀에게 증여시 증여세는 할증된다.

할아버지 할머니가 자녀를 건너뛰고 손자녀에게 증여하는 세대생략 증여의 경우에는 증여세가 할증된다. 세대생략 증여시 30%의 증여세가 할증되는데, 수증자가 미성년자(만 19세 미만)이고 20억원 이상을 증여 받을 경우 납부세액의 40%가 할증된다. 1억원을 성인 손자녀에게 증여할 경우 5000만원을 공제하면 증여세는 500만원에서 30% 할증된 650만원을 납부하게 된다. 하지만 **자녀가 먼저 사망한 경우에는 손자녀에게 증여할 경우 할증과세는 적용되지 않는다.**

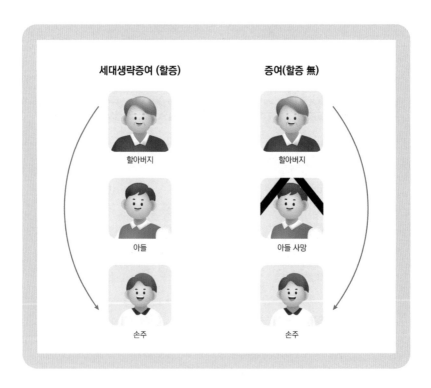

〈증여세 계산 흐름도〉

	증여재산가액	국내외 모든 재산 (단, 수증자가 비거주자일 경우 국내소재 재산)				
(−)	비과세 및 과세가액 불산입금액	• 비과세: 사회 통념상 피부양자 생활비 교육비 등 • 과세가액산입 : 공익 법인 등에 출연한 재산 등				
(−)	채무액	• 증여 재산에 담보된 채무액(금융기관 채무, 보증금 등)				
(+)	증여재산 가산액	• 동일인으로부터 10년내 증여 받은 재산의 과세 가액 (동일인: 증여자의 배우자포함)				
(=)	증여세 과세 가액					
(−)	증여공제	• 수증자가 증여자로 부터 증여 받는 경우				

증여자	배우자	직계존속	직계비속	기타친족
공제 한도액	6억원	5천만원 (미성년 2천만원)	5천만원	1천만원

• 결혼 출산 공제 1억원
• 증여공제 한도는 10년간 누계 적용
• 수증자가 비거주자인 경우 공제 부적용

(−)	감정평가 수수료	
(=)	증여세 과세표준	
(X)	세율	

과세표준	1억이하	5억이하	10억이하	30억이하	30억초과
세율	10%	20%	30%	40%	50%
누진공제액	–	1천만원	6천만원	1억6천만원	4억 6000만원

(=)	증여세 산출세액	

(+)	세대생략할 증세액	• 수증자가 증여자의 자녀가 아닌 직계비속(손자녀)인 경우 30% 할증
		  (단, 미성년자가 20억 초과하여 증여 받을 경우 40% 할증지만 직계비속의
		  사망으로 최근친 직계비속에 해당하는 경우에는 제외)

(−)	세액공제	• 신고세액공제(3%) • 기납부 세액 등
(+)	신고불성실 납부지연 가산세	• 신고불성실 가산세 : 10~40% • 납부지연 가산세 : 연 8.03 % (22/100,000)
(−)	분납, 연부연납	• 증여의 경우 물납은 불가
(=)	자진납부 세액	

상속세와 증여세 바로 알기

08.

증여세 납부기한과 분할납부 방법

자녀와 배우자에게 증여를 한 이씨. 증여세 1억 2천만원이 부담됩니다. 당장 그 큰 돈을 마련하기도 힘듭니다. 증여세는 언제까지 납부해야 하며 증여세 납부 부담을 줄일 수 있는 방법은 없을까요?

증여세 신고 납부 기한

증여세 신고납부 기한은 재산을 증여 받은 날이 속하는 월의 말일부터 3개월 이내이다. 즉 3월 1일이 증여일 이라고 한다면 증여세 신고 납부기한은 6월 30일이다. 3월 30일에 증여할 경우에도 증여세 신고 납부기한은 6월 30일로 동일하다. 그 이유는 앞서 언급한 바와 같이 증여일 속하는 월의 말일이 3월 31일로 동일하기 때문에 납부기한 역시 6월 30일이 되게 된다.

신고 세액공제와 가산세

3개월이내 신고하게 되면 3%의 신고세액공제가 가능하

다. 하지만 무신고, 과소신고 납부지연이 발생할 경우에는 상속세와 마찬가지로 **가산세가 부과**됨에 유의해야 한다. 무신고 및 과소신고의 경우 최소 10%에서 최대 40%의 가산세가 부과되며, 미납 및 미달 납부한 경우에도 납부지연 가산세로 1일당 22/100,000 (연환산 8.03%)을 납부하는 불이익을 받아야 한다. 따라서 증여세는 반드시 3개월안에 신고 납부하는 것이 좋다.

종류	내용	가산세율	무신고(미납) 납부액	가산세	총납부액
무신고 및 과소 신고	일반무신고	20%	1억원	2000만원	1억2000만원
	부정무신고	40%	1억	4000만원	1억4000만원
	일반과소신고	10%	1억	1000만원	1억1000만원
	부정과소신고	40%	1억	4000만원	1억4000만원
납부 지연 (5년)	미납, 미달납부	연 8.03%	1억	4015만원	1억 4015만원
부정 무신고 후 납부지연 기간이 5년 경과시			1억	8015만원	1억8015만원

증여세 걱정, 분할 납부로 해결해라

증여세 신고는 상속세와 달리 수증자의 주소지 관할 세무서에 신고하여야 한다. 또한 **과도한 증여세로 납부에 어려움을 겪는다면 분납과 연부연납제도를 활용하면 증여세 부담을**

줄일 수 있다.

　분납제도는 납부할 세액이 1천만원이 초과되면 신고 납부 기한 경과 후 2개월이내에 분할 납부 할 수 있는 제도다. 증여 세 신고시 분납할 세액을 기재하여 신고하면 별도의 절차가 필요 없다. 납부할 세액이 2천만원이하일 경우에는 1천만원 초과하는 금액, 납부할 세액이 2천만원 초과할 경우에는 50% 이하의 금액을 분납하여 납부할 수 있다.

〈증여세 분납 예시〉

증여세	1500만원	1억	2억
2개월차 분납 가능금액	5백만원	5천만원	1억원
신고시 납부금액	1천만원	5천만원	1억원

　연부연납 제도는 납부세액이 2천만원이 초과할 경우 관할 세무서의 허가에 의해 최대 5년에 걸쳐 수증자가 신청한 기 간내에 연단위로 분할하여 납부하는 제도다. 연부연납의 신 청조건은 납부세액이 2천만원초과하고 연부연납 신청세액에 해당하는 납세담보 제공 및 연부연납 신청기한차(증여세 신 고 또는 납부기한까지)에 연부연납 허가신청서를 제출해야 한다. 연부연납시에는 가산금을 납부해야하는데 2023년 4월

현재 적용이율은 2.9%로 은행 대출 이자율보다 낮기에 적극 **활용**할 필요가 있다. 다만 연부연납 신청시에 분납은 허용되지 않는다.

〈증여세 1.2억 연부연납 예시〉

납부일	23년 4월 (최초)	24년 4월	25년 4월	26년 4월	27년 4월	28년 5월	총계
연납 금액	2천만원	2천만원	2천만원	2천만원	2천만원	2천만원	1억 2천만
가산세 산식	–	1억 *2.9%	8천 *2.9%	6천 *2.9%	4천 *2.9%	2천 *2.9%	–
가산세 이자	–	290만원	232만원	174만원	116만원	58만원	870만원
실납입액	2천만원	2290만원	2232만원	2174만원	2116만원	2058만원	1억 2870만원

증여세가 부담되거나, 자녀가 증여세 납부할 돈이 없어서 사전증여를 망설이고 있다면, 적극적으로 분할납부 방법을 활용할 필요가 있다. 또한 은행 이자보다 낮은 연부연제도를 활용하는 것이 재테크 측면에서도 유리할 수 있음을 기억하고 증여세 납부 방법을 선택할 필요가 있다.

상속세와 증여세 바로 알기

09.

상속 증여세 부과 제척기간의 이해

> 증여 및 상속을 받은 지 7년이 경과한 고씨. 지금까지 아무 문제 없었는데 갑자기 고민이 된다. 주변에서 상속, 증여 관련하여 세무조사를 받는 친구들이 많아졌기 때문이다. 몇 년이나 지나야 안심할 수 있을까?

부과제척기간이란?

국세 부과제척기간(국세기본법 제 26조의2)은 과세 당국이 국세를 부과할 수 있는 기간을 말한다. 따라서 국세 부과제척기간이 경과하면 과세당국은 국세를 부과할 수 없다. 일반적으로 국세 부과제척기간은 5년이다. 하지만 상속증여세는 부과 제척기간이 가장 길다. 기본이 10년이고 최대 15년까지(신고기한 다음날부터) 가능하고, 금액이나 탈세 유형에 따라 기간이 무제한인 경우도 발생한다. 따라서 증여세나 상속세를 납부하지 않고 부과제척기간이 끝나기만을 바라는 것은 좋지 않은 선택이 될 수 있다. 최대 40%의 무신고 가산세와 납부지연가산세로 연 8.03%를 추가로 납부해야 하기 때문이다.

15년간 밤잠 못 자는 사례

상속세 및 증여세의 국세 부과제척기간이 15년인 경우는 국세기본법 제 26조 2의 4항에 자세히 명시 되어있는데 그 내용을 보면 다음과 같다. 아래 내용을 보면 실질적으로 상속세 및 증여세의 제척기간은 15년이라 생각해도 무방하다.

납세자가 부정한 방법으로 포탈하거나 환급 공제 받은 경우
신고서를 제출하지 아니한 경우
신고서를 거짓 또는 누락 신고한 경우(거짓 누락신고 부분만 해당)

제척기간이 무제한이 될 수도 있다

상속세 및 증여세 제척기간이 무제한적으로 적용 될 수도 있다. 상속 및 증여의 포탈 재산가액이 50억을 초과할 경우에는 상속 또는 증여가 있음을 안 날로부터 1년 이내에 상속세 및 증여세를 부과할 수 있기 때문이다. 국세 기본법 제 26조 2의5 항에 자세히 명시 되어있는데 그 내용을 보면 다음과 같다.

① 제3자 명의의 피상속인 또는 증여자의 재산을 상속인 또는 수증자가 취득한 경우

② 피상속인이 취득할 재산이 계약이행 기간에 상속발생으로 미등기,미등록, 명의개서가 이루어지지 않고 상속인이 취득한 경우

③ 국외에 있는 상속재산이나 증여재산을 취득한 경우

④ 명의개서가 필요하지 않은 유가증권,서화 골동품등을 취득한 경우

⑤ 수증자 명의로 되어있는 증여자의 금융자산을 수증자가 보유하고 있거나 사용 수익한 경우

⑥ 비거주자인 피상속인의 국내 재산을 상속인이 취득한 경우

⑦ 상속세 및 증여세법 제 45조2의에 따른 명의 신탁재산의 증여 의제에 해당하는 경우

⑧ 가상자산을 자상자산 사업자를 통하지 않고 상속인이나 수증자가 취득한 경우

부과제척기간을 통해서도 알 수 있듯이 상속세 및 증여세 조사는 가장 긴 기간 동안, 가장 강력한 방법으로 조사가 이루어 진다고 보면 된다. 따라서 포탈 재산가액이 50억을 초과한다면 밤잠 못 자는 기간이 무한정이라는 것이다. 다만 포탈 재산가액이 50억을 넘지 않는다면 상속세 신고 기한 다음 날 부터 15년만 지나면 상속세 및 증여세로부터 자유로워 질 수 있다.

상속세와 증여세 바로 알기

10.

보험의 증여와 상속의 이해

보험을 무척 좋아하는 공씨. 보험을 자녀 명의로 변경하여 주고 싶습니다. 계약자를 변경하면서 증여세를 신고하고 납부하면 되는 걸까요?

보험의 증여 시기

일반적으로 금융자산이나 부동산은 소유자 명의 변경시점을 증여시기로 보고 과세를 하게 된다. 하지만 보험의 경우에는 계약자 변경시점이 증여시기가 아니고, 보험사고 발생일(만기보험금 수령, 해약, 사망보험금 수령)을 증여시점으로 본다.(상속증여세법 제 34조) 공씨가 계약을 현재 자녀명의로 변경을 해주더라도 증여세 부과 및 납부시점은 보험사고 발생일이 된다. 따라서 계약자를 부모에서 자녀로 변경하고 부과제척기간인 15년(신고납부기한 종료 다음날부터)만 지나면 증여세로부터 자유로울 것이란 생각은 오판이다. 보험사고 발생시 언제든지 증여세가 부과될 수 있기 때문이다.

보험계약자 사망시 보험의 평가

보험계약자 사망시 보험 계약의 권리가 상속인에게 승계된다. 따라서 당연히 보험을 평가하여 상속재산에 가산하여 상속세를 부과하게 된다. 그럼 보험은 어떻게 평가하여 상속세를 부과할까? 상속인이 보험을 해약할 경우에는 해약환급금을 상속재산으로 보아 상속세를 과세한다. **하지만 계약자를 변경하여 유지할 경우에는 어떻게 될까? 이 경우에는 납입한 보험료와 이자수익 상당액을 합산하여 평가한다. 하지만 실무적으로는 이자수익을 알 수가 없어서 납입한 보험료와 해약환급금 중 큰 금액을 평가하여 신고한다.**

보험료 납입 완료 前 계약자 변경시

미성년자 또는 보험료 납입능력이 없는 자녀를 위한 가장 적합한 보험설계 방법은 무엇일까? 자녀에게 납입능력이 발생할 때 까지는 계약자를 부모로 한다. 그 후 자녀의 납입능력이 발생하면 계약자를 자녀로 변경하고 실제 자녀가 보험료를 납입하게 하는 것이 좋다. 증여세 또는 상속세는 추후 보험금을 지급받을때 보험료 납입액에 따라 안분하여 과세하게 된다.

아래의 계약자 변경사례를 통해 이해해 보자. 최초 계약으로 부모가 보험료 전액을 납부하고 상속이 발생하면 보험금 10억 전체가 상속재산에 포함되어 상속세가 부과된다. 하지만 자녀의 소득이 발생한 시점에 계약자를 변경하여 주고, 전체 보험료의 50%를 자녀가 부담했다고 가정해 보자. 이 경우 부모의 사망으로 인해 발생하는 사망보험금 10억원은 납입한 보험료로 안분하여 상속재산에 포함시키게 된다. 즉 보험금 10억중 부모가 불입한 보험료 50%에 해당하는 5억은 상속재산에 포함하여 상속세 계산한다. 하지만 자녀가 납입한 보험료 50%에 해당하는 보험금 5억은 상속재산에 포함되지 않는다. 왜냐하면 계약자인 자녀가 실제로 납입한 보험료에 해당하는 보험금이기 때문이다.

따라서 자녀의 보험료 납입능력이 없을 경우에는 부모가 보험료를 납부하다가, 자녀의 경제적 능력이 발생할 때 계약자를 변경해 주는 것이 가장 적법한 절세 방법이 될 수 있다.

〈종신보험 계약자 변경 사례〉

구분	계약자	피보험자	수익자	보험료납입액	보험금 수령
최초 계약	부모	부모	자녀	6000만원	–
계약자 변경	자녀	부모	자녀	6000만원	10억

3장

증여, 이것만은
기억하라

상속세를 최소화하거나 없애는 가장 확실한 방법이 있다. 그것은 바로 상속 발생시 상속재산이 최소화 되어 있으면 된다. 상속 재산이 없으면 상속세가 없기 때문이다. 따라서 상속세 절세의 첫 번째 조건은 상속발생시 재산을 줄이는 것이다. 상속재산을 줄이기 위해서 적극적인 사전증여를 하거나 앞서 언급한 추정상속재산에 포함되지 않도록 자산관리를 하는 것이 필요하다. 두 번째 절세의 핵심은 상속공제를 최대한 활용하는 것이다. 상속공제의 대표적인 것은 배우자공제와 금융자산공제, 가업상속공제, 동거주택공제 등이 있다. 세 번째 상속세 절세를 통한 자녀에게 더 많은 자산을 물려주기 위해서는 상속발생시 상속재산 분할과 상속세 납부자 및 납부 방법에 대한 현명한 결정이 필요하다. 특히 사전 증여는 사회현상의 하나로 보편화 되었고 일반화 되었다. 자산가에게 사전증여는 자산관리의 핵심이며, 다음세대 자산 증식의 기회를 제공하고 절세의 첨병 역할을 하기 때문이다.

하지만 **사전증여도 언제 어떻게 하느냐에 따라 절세에 득이 될 수도 있고 독이 될 수도 있다.** 따라서 3장에서는 효율적인 사전 증여 방안과 고려 사항에 대하여 상세하게 기술하여 절세와 자산관리에 도움을 주고자 한다.

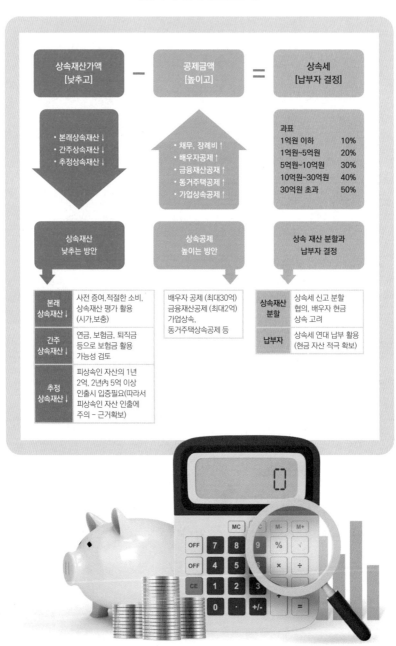

〈상속세 절세 방안 요약〉

상속재산가액 [낮추고]	−	공제금액 [높이고]	=	상속세 [납부자 결정]

상속재산가액 낮추고:
- 본래상속재산 ↓
- 간주상속재산 ↓
- 추정상속재산 ↓

공제금액 높이고:
- 채무, 장례비 ↑
- 배우자공제 ↑
- 금융재산공제 ↑
- 동거주택공제 ↑
- 가업상속공제 ↑

과표
과표	
1억원 이하	10%
1억원~5억원	20%
5억원~10억원	30%
10억원~30억원	40%
30억원 초과	50%

상속재산 낮추는 방안

본래 상속재산 ↓	사전 증여,적절한 소비, 상속재산 평가 활용 (시가,보충)
간주 상속재산 ↓	연금, 보험금, 퇴직금 등으로 보험금 활용 가능성 검토
추정 상속재산	피상속인 자산의 1년 2억, 2년內 5억 이상 인출시 입증필요(따라서 피상속인 자산 인출에 주의 - 근거확보)

상속공제 높이는 방안

배우자 공제 (최대30억)
금융재산공제 (최대2억)
가업상속,
동거주택상속공제 등

상속 재산 분할과 납부자 결정

상속재산 분할	상속세 신고 분할 협의, 배우자 현금 상속 고려
납부자	상속세 연대 납부 활용 (현금 자산 적극 확보)

증여, 이것만은 기억하라

01.

증여는 빠를수록 좋다

배우자와 두 자녀를 둔 김씨. 50억원대 자산을 소유하고 있다. 주변 친구들은 자녀에게 건물도 증여하고 현금도 일부 증여했다는 얘기를 자주 듣는다. 김씨는 자녀들에게 자산을 빨리 주면 자녀들이 나태해질까 봐 걱정이다. 굳이 자녀들에게 자산을 빨리 증여해 줘야 할까?

자산가치가 증가하면 증여세가 증가한다.

2021년 10월 7일 '국민은행 부동산 시계열통계'를 인용한 언론보도가 전국민의 이목을 집중시킨 적이 있다. 2017년 5월대비 4년만에 아파트 매매가격이 100% 상승했다는 보도였다. 또한 최근 5년간 수도권 지가 상승률이 연평균 5%에 육박하고 있다. 일반적으로 자산가치는 지속적으로 상승하는 경향이 있다. 따라서 세율은 동일해도 자산가치가 상승하면 세금도 증가한다. 2017년 5월 10억원의 서울 아파트를 성인자녀에게 증여할 경우 증여세는 2억 2500만원이 된다. 하지만 동일한 아파트를 2021년 10월 20억원으로 가격이 상승된 상태에서 증여하게 되면 증여세는 6.2억원으로 늘어난다. 따라서 **자산가치 상승이 예상되는 자산은 빠르게 증여할수록 증여세를 줄일 수 있다.**

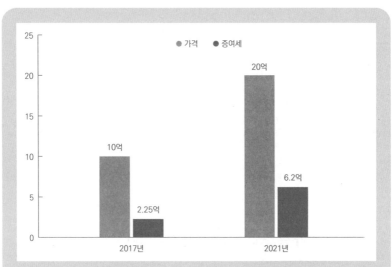

2017년 10억원의 서울 아파트 가격이 4년 만에 2배로 상승하여 20억원이 되었다. 아파트 가격은 2배 상승할 동안 증여세는 2.25억원에서 6.2억원으로 2.7배 상승하였다. 증여세는 무려 3.95억원을 추가 부담하게 된다. 따라서 증여를 고민한다면 빨리 하는 것이 절세의 지름길이다.

증여시기에 따라 상속세가 달라진다.

사전 증여의 큰 목적중의 하나는 상속세를 줄이기 위해서다. 하지만 상속이 임박해서 행해지는 증여는 그 효과가 크지 않다. 상속 발생 10년이내에 상속인(상속인 아닌 경우 5년)에게 증여한 자산은 상속재산에 합산한다. 따라서 상속이 임박해서 하는 증여는 상속세 절세 효과를 반감시키다. 또한 상속 공제 한도를 축소시키는 결과를 가져오기도 한다.

자녀의 자금출처 확보가 가능하고 자산 증식 기회 제공

부유층 고객의 자녀들이 부동산 취득 등에서 가장 신경을 쓰는 부분이 자금출처 입증과 조사이다. 소득이 불충분한 상황에서 자녀들의 부동산 취득은 곧바로 증여세 조사로 이어지게 되고, 사업가에게는 사업장 조사까지 확대되는 불상사가 발생하기도 한다. 따라서 **자녀들의 미래 자산증식 기회를 제공하기 위해서는 빠른 증여를 통해 자금출처를 확보해 주는 것이 필요하다.** 성인자녀에게 2억원을 증여해 줄 경우 증여세는 2천만원에 불과하다. 증여 받은 자산 2억이 5억원으로 증가하더라도 증가된 3억원은 세금과 아무런 관련이 없게 된다. 또한 자녀 자산 5억원에 대한 자금 출처도 자유롭게 된다. 따라서 5억원을 **부동산 취득에 사용할 수도 있고, 추가 증여를 받을 때 증여세 납부 재원으로 활용할 수 도 있는** 장점이 있다.

성인자녀 증여액 2억원 증여세 2천만원		자녀 자산 증가 : 5억 자금출처 입증의무 無 or 입증 可 부동산 취득 자금 등으로 활용

증여, 이것만은 기억하라

02.

10년 단위 계획적으로 증여해라

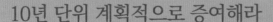

늦둥이 자녀를 얻은 강씨. 자녀 35세에 5억 정도를 부동산 매입자금으로 도와 주고 싶다. 가장 효과적인 증여 방법이 궁금하다.

10년 단위로 증여하면 절세가 가능하다.

동일인에게 10년이내에 증여를 받게 되면 증여재산은 합산하고 공제는 한번만 적용하여 증여세를 계산하게 된다. 여기서 동일인은 증여자 기준으로 직계존속일 경우에 배우자를 포함한다. 예를 들어 성인자녀가 아버지에게 1억원을 증여 받고 8년 후 또다시 1억원을 증여 받았다면 합산하여 증여재산은 2억원이 되고 증여공제는 5천만원을 적용하여 증여세를 계산 납부하게 된다. 또한 아버지에게 1억, 어머니에게 10년 내에 또 다시 1억원 증여 받았을 경우에도 동일인으로 봐서 증여재산 2억원, 5천만원 증여공제 후 증여세를 납부하게 된다. 따라서 **증여재산이 합산 되는 것을 방지하고 증여공제를 각각 적용 받기 위해서는 10년 단위로 증여하는 것이 효과적이다.**

〈10년이내 2회 증여에 대한 증여세 계산 사례〉

(단위, 원)

항목	1차 증여 (2015년 1월)	2차 증여 (2022년 1월)	비고
증여재산가액	100,000,000	100,000,000	성인 자녀에게 1억씩 2억 증여 사례 증여세 부담 총액은 2천만원
증여재산 가산액	–	100,000,000	
증여세 과세 가액	100,000,000	200,000,000	
증여공제	50,000,000	50,000,000	
과세표준	50,000,000	150,000,000	
증여세 산출세액	5,000,000	20,000,000	
기납부 세액 공제	–	5,000,000	
최종 산출세액	5,000,000	15,000,000	

〈10년 단위로 2회 증여에 대한 증여세 계산 사례〉

(단위, 원)

항목	1차 증여 (2015년 1월)	2차 증여 (2025년 2월)	비고
증여재산가액	100,000,000	100,000,000	성인 자녀에게 1억씩 2억 증여 사례 증여세 부담 총액은 1천만원
증여재산 가산액	–	–	
증여세 과세 가액	100,000,000	100,000,000	
증여공제	50,000,000	50,000,000	
과세표준	50,000,000	60,000,000	
증여세 산출세액	5,000,000	5,000,000	
기납부 세액 공제	–	–	
최종 산출세액	5,000,000	5,000,000	

10년 단위 계획적 증여를 통한 자녀 재산 증식

자녀의 미래에 일정 자산을 확보해 주고 싶다면 10년 단위로 계획적으로 증여해주는 것이 좋다. 강씨의 경우 자녀 미성년 기간에는 5천만원씩을 증여하고, 성년 기간에 1억원씩을 증여하여 30세까지 총 4번의 증여를 할 경우 총 증여세는 1600만원을 납부하게 된다(신고세액 공제 미적용). 증여 받은 금액을 연 3%의 수익률을 적용하게 되면 35세 시점에 자녀의 자산은 약 5.14억원이 된다. 반면 강씨가 10년 단위 증여를 하지 않고 35세에 5.1억원을 일시에 증여하여 줄 경우 증여세는 8200만원을 납부하여야 한다. 결국 10년 단위로 증여했을 때 보다 6600만원을 더 부담하게 된다. 따라서 **일정 기간 후에 자녀에게 목돈을 마련해 주고 싶다면 10년 단위로 어렸을 때부터 계획적 증여를 실행하는 것이 필요하다.**

〈1안 : 강씨 10년 단위 증여〉

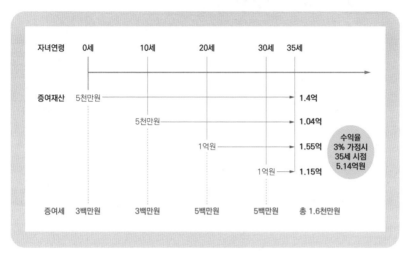

자녀연령	0세	10세	20세	30세	35세
증여재산	5천만원				1.4억
		5천만원			1.04억
			1억원		1.55억
				1억원	1.15억
증여세	3백만원	3백만원	5백만원	5백만원	총 1.6천만원

수익율 3% 가정시 35세 시점 5.14억원

〈2안 : 강씨 자녀 35세에 5.1억 증여시〉

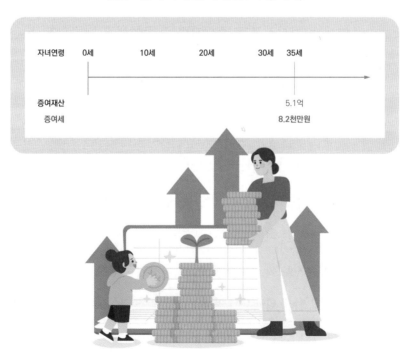

자녀연령	0세	10세	20세	30세	35세
증여재산					5.1억
증여세					8.2천만원

증여, 이것만은 기억하라

03.

수증자 인원과 증여자를 잘 활용해라

윤씨 부부에게 양가 부모님이 주택 확장을 위해 일정액을 증여해 주고 싶어하신다. 어떻게 하면 증여세를 최소화 하면서 효과적으로 증여를 받을 수 있을까? 고민이 많다. 가장 좋은 방안은 무엇일까?

수증자 숫자에 숨어있는 절세의 비밀

증여세는 기본적으로 수증자별로 증여세를 납부하게 된다. 따라서 자녀 가정에 증여를 예정하고 있다면 적극적으로 수증자의 숫자를 늘리는 것을 고려할 필요가 있다. 현금 10억원을 윤씨가 아들에게 한꺼번에 증여할 경우 증여세 산출세액은 2억 2500만원이 된다. 하지만 아들과 며느리에게 각각 5억원씩을 증여한다면 증여세 산출세액은 1억 6800만원으로 아들에게 전액 증여했을 때보다 5700만원 절세가 가능하다. 또한 성인 손자녀까지 활용하여 수증자가 4명으로 증가하게 되면 증여세 산출세액은 1억 4000만원이 되어 수증자가 2명일때보다 2800만원이 추가로 절세가 된다. 물론 수증자에 따라 증여금액이 달라짐에 따라 증여세 산출세액은 추가로 줄어 들 수도 있다. 따라서 **가장 적합한 조합을 찾는 게 필요하고** 증여의 목적에 따라 누구에게 얼마씩 증여할 것인지에 대한 합리적 의사 결정이 필요하게 된다.

(단위 : 백만원)

수증자 1명	현금 1,000	수증자 2명	현금 1,000		수증자 4명	현금 1,000			
			子1	며느리		子1	며느리	孫1	孫2
증여재산 가액	1,000	증여재산 가액	500	500	증여재산 가액	300	200	300	200
증여공제	50	증여공제	50	10	증여공제	50	10	50	50
과세표준	950	과세표준	450	490	과세표준	250	190	250	150
산출세액	225	산출세액	80	88	산출세액	40	28	52	20
		총산출세액	168		총산출세액	140			

−5,700만원   −2,800만원

−8,750만원

결혼한 자녀의 경우 양가 부모를 활용하면 절세된다.

수증자가 동일인(직계존속의 배우자 포함)에게 10년내에 받은 증여는 합산과세 된다. 다만 직계존속이 아닌 사위 며느리에 대한 증여는 합산과세 하지 않고 공제도 각각 가능하다. 따라서 **결혼한 자녀들에게 양가에서 각각 3억원씩을 증여하여 부부 공동 명의 부동산 구입 자금을 지원해 줄 경우 증여 방법에 따라 세금 차이는 크게 발생한다.**

아들과 며느리가 각각의 부모님에게 3억원씩을 증여 받을 경우 증여세는 각각 4000만원씩 총 8000만원의 증여세를 납부하게 된다. 하지만 아들이 아버지로부터 1억, 장인과 장모로부터 각각 1억원씩을 증여 받으면 아버지로부터 받은 1억원에 대하여 500만원 증여세가 발생된다. 장인에게 받은 1억원에 대해서는 기타친족에 의한 공제 1천만원을 제외한 9000만원의 10%인 900만원의 증여세를 납부하게 된다. 장모에게 받은 1억원의 경우는 장인장모는 아들의 직계존속에 해당되지 않기에 장인과 장모의 증여재산을 합산하지 않고 1억원에 대하여 1천만원을 공제하고 10%인 900만원의 증여세만 부담하면 된다. 따라서 3억원에 대해 총 2300만원의 증여세를 납부하게 된다. 마찬가지로 배우자의 경우에도 친정부모에게서 1억, 시아버지, 시어머니로부터 각각 1억씩을 나누어 증여 받게 되면 총 2300만원의 증여세를 납부하게 된다.

결론적으로 **각각의 부모로부터 3억씩 증여 받을 경우 총 증여세는 8000만원이 되지만, 각각 부모로부터 교차하여 증**

여를 받을 경우, 총 증여세는 4600만원으로 3400만원의 증

여세 절세가 가능하다.

〈결혼한 부부가 본인의 부모로부터 각각 3억원을 증여 받는 경우〉

증여자	수증자	증여금액	증여공제	과세표준(세율)	증여세
아버지	아들	3억원	5000만원	2억5000만원 (20%)	4000만원
친정 부모	딸	3억원	5000만원	2억5000만원 (20%)	4000만원
계		6억원			8000만원

〈결혼한 아들이 양가부모로부터 증여 받는 경우〉

증여자	수증자	증여금액	증여공제	과세표준(세율)	증여세
아버지	아들	1억원	5000만원	5000만원 (10%)	500만원
장인	사위	1억원	1000만원	9000만원 (10%)	900만원
장모	사위	1억원	1000만원	9000만원 (10%)	900만원
계		3억원			2300만원

〈며느리가 양가부모로부터 증여 받는 경우〉

증여자	수증자	증여금액	증여공제	과세표준(세율)	증여세
친정아버지	딸	1억원	5000만원	5000만원 (10%)	500만원
시댁아버지	며느리	1억원	1000만원	9000만원 (10%)	900만원
시댁어머니	며느리	1억원	1000만원	9000만원 (10%)	900만원
계		3억원			2300만원

증여, 이것만은 기억하라

04.

손자녀를 활용한
세대생략 증여하기

> 100억원대의 고액 자산가 김씨. 김씨의 아들도 상당한 재력가
> 이다. 따라서 자녀에게 추가적으로 증여하거나 상속해 주는 것이
> 맞는 것인지 고민이 많다. 고민 많은 김씨에게 효과적인 자산이전
> 방법은 무엇일까?

세대생략 증여는 증여세가 할증된다.

세대를 건너 뛰어 증여하는 세대생략 증여의 경우 30% 할
증과세가 된다. 또한 만 19세 미만의 미성년자에게 20억원 이
상의 자산을 증여할 경우에는 40%의 할증과세를 한다. 아버
지가 성인 자녀에게 5억원을 증여 할 경우 증여세는 8000만
원이다. 하지만 할아버지가 아들이 아닌 성년 손자녀에게 똑
같은 금액인 5억원을 증여할 경우 증여세는 30% 할증되어 1
억 400만원으로 무려 2400만원을 추가 납부하게 된다. 하지
만 **많은 고액 자산가들은 적극적인 세대생략증여를 실행하고
있다. 증여세를 할증과세 함에도 불구하고 적극적으로 세대**

생략 증여가 유행처럼 이뤄지는 이유는 무엇일까? 그것은 바로 절세 방법이 세대생략 증여에 있기 때문이다.

세대 생략 증여, 결국 절세가 된다.

할아버지가 아들에게 증여하고 추후 아들이 아들의 자녀에게 다시 증여 한다면 증여세를 두 번 내게 된다. 하지만 세대를 건너 뛰어 증여하면서 30% or 40% 할증하게 되더라도 결과적으로는 증여세가 절세된다. 예를 들어 아버지로부터 5억원을 증여 받을 경우 8000만원의 증여세를 납부한다. 그 후 또 다시 증여 받은 자산을 자녀에게 증여해줄 경우 8000만원의 증여세를 다시 납부하게 되어 총 1억 6000만원의 증여세를 납부하게 된다. 하지만 세대를 건너 뛰어 5억원을 증여하면 1억 400만원의 증여세만을 납부하면 되기 때문에 5600만원의 절세 효과가 발생한다.

다만 아들 사망 후에 손자녀에게 증여할 경우 할증과세는 되지 않는다.

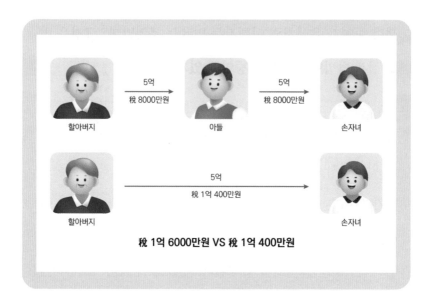

税 1억 6000만원 VS 税 1억 400만원

손자녀 자금출처와 조기 자산형성에 도움이 된다.

또한 손자녀에게 증여를 통해 자산을 이전함으로 **손자녀의 자금 출처 확보와 손자녀의 조기 자산형성에도 긍정적인 영향**을 가져다 줄 수 있다. 손자녀가 증여받은 자산을 잘 활용하면 더 큰 부를 형성하는데 도움을 줄 수 도 있고, 추가적인 증여시 증여세 납부재원으로 활용할 수 있는 장점이 있다.

**손자녀에게 증여시 5년만 지나면
상속재산에 포함되지 않는다.**

상속인에게 증여시 10년내에 증여한 재산은 상속발생시 합산하여 과세하게 됨으로 상속세가 증가될 가능성이 높아진다. 하지만 상속인 외의 자에게 증여한 재산은 5년만 지나면 상속재산에 합산되지 않는다. 따라서 **손자녀는 상속인이 아니기에 조부모에게 증여 받은 재산은 5년만 지나면 상속재산에 합산되지 않기에 상속세 측면에서도 절세 기회를 찾을 수** 있게 된다.

〈증여재산의 상속재산 합산 가능 기간〉

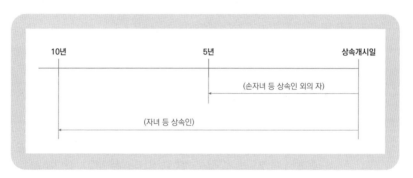

05.

증여도 타이밍이다.
증여시기를 잘 활용해라

아파트 2채와 주식 등을 소유한 자산가 하씨. 최근 자산가격이 하락하여 고민이 많다. 자산 가격 하락기가 증여에 좋은 시기가 될 수도 있다는데 구체적인 사항에 대해 궁금하다.

부동산 자산 하락은 증여의 적기가 된다.

2021년 까지 급격하게 상승하던 부동산 가격이 2022년을 정점으로 급격하게 가격 조정을 받고 있다. 문재인 정권하에서 부동산 가격이 급격히 상승하여 종부세 등 보유세가 늘어나자 활발하게 증여가 이루어 졌다. 하지만 보유세를 감안하지 않고 증여세만을 고려한다면 그때는 증여의 적기라 볼 수 없고 **오히려 부동산 가격이 조정을 받는 지금 시점이 적기라 할 수 있다.** 예를 들어 시가 10억원 부동산을 성인자녀에게 증여할 경우 증여세 산출세액은 2억2500만원이다. 하지만 가격이 조정을 받아 시가 5억원일 때 증여를 하게 되면 증여세 산출세액은 8000만원으로 줄어들게 된다. 결국 증여 시기에 따라 1억4500만원의 증여세 차이가 발생하게 되는 것이다. 따라서 자산 가격 하락기는 증여의 좋은 타이밍이 될 수 있다. 또한 증여를 계획하고 있다면, 향후 자산가치 상승이 예상되는 자산을 낮은 가격에 증여하는 것이 증여의 골든 타임을 활용하는 방법이 된다.(10억원 자산의 증여세 2.25억, 20억원으로 상승 후 증여시에는 6.2억원을 부담해야 함)

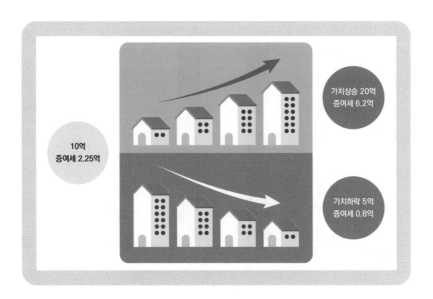

폭락한 금융상품, 증여에 적극 활용해라

매년 토지나 건물이 증여에서 차지하는 비중이 유가증권보다 2배 많았다. 하지만 2008년에는 건물이나 토지보다 유가증권 증여가 2배 가량 많은 보기 드문 이상한 현상이 발생하였다. 어떻게 이런 일이 발생했을까? 그것은 바로 부자 고객들이 주식시장 폭락기를 활용하여 적극적으로 증여를 실행한 결과다. **2008년은 서브프라임 모기론 사태가 금융시장에 악영향을 미쳐 주식시장은 폭락한 시기였다. 그 시기를 부자 고객들은 증여의 골든 타임으로 활용**한 것이다.

〈2008년 전후 재산 종류별 증여 현황〉

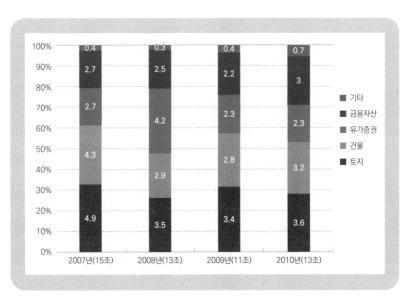

모기지 사태를 활용한 증여 효과를 검토해 보면 다음과 같다. 2007년 10억을 주식에 투자한 고객이 2008년 주식가치가 5.9억으로 하락했을 때 성인자녀에게 주식을 증여 했다면 증여세는 1억 200만원을 납부하게 된다. 그 후 2010년 주식시장이 회복되어 2년만에 10.8억원으로 4.9억 증가하더라도 추가 증여세 없이 자녀의 자산이 증가하게 된다.(2010년 10.8억 증여시 증여세는 2억 5200만원 부담). 또한 그 주식을 2021년까지 보유 하였다면 15.7억으로 자산가치는 상승하게 되는데 증여세 1억 200만원 부담으로 엄청난 자산증식 효과를 거두게 된다. 만약에 2021년에 15.7억을 증여하면 증여세가 4억 4800만원임을 감안하면 엄청난 절세가 가능했다.

〈2007년 10억원을 주가지수에 투자를 가정했을 경우〉

투자금	투자일 2007년	2008년 모기지 사태	2010년	2021년
종합지수	1897	1124	2051	2977
자산가치	10억	5.9억(-41%)	10.8억	15.7억
비교	2007년	2008년	2010년	2021년
증여액	10억	5.9억	10.8억	15.7억
증여세	2억 2500만원	1억 200만원	2억 5200만원	4억 4800만원
절감액		-1억 2300만원	+1억 5000만원	+3억 4600만원

따라서 **우량 주식이나 펀드 투자 후 일시적 가치 하락시에는 환매보다는 자녀들에게 적극적인 증여가 필요하다.** 2008년 서브프라임 모기지 사태에 부자들의 유가증권 증여 현상이 증여의 골든타임을 보여 주고 있다.

증여, 이것만은 기억하라

06.

부담부증여와 절세방법

> 서울에 아파트 1채(10억)를 소유하고 있는 정씨. 은퇴 후 전원생활을 계획하고 있습니다. 아파트 가격도 계속 상승할 것 같아 파는 것도 꺼려집니다. 자녀에게 증여하는 것을 고려하고 있으나 증여세가 부담 됩니다. 좋은 방법이 없을까요?

부담부증여는 무엇인가?

부담부증여는 증여시점에 증여재산에 채무가 포함되어 있을 경우 채무와 자산을 함께 넘기는 방식으로 증여하는 것으로, 부담이 수반되는 증여라고 보면 이해하기 쉽다. 부동산을 부담부증여 하려면 부동산에 증여자의 채무(대출 또는 임대보증금)가 있어야 하고, 그 채무를 증여 받는 사람(수증자)이 인수해야 한다. 따라서 10억원의 부동산에 5억원의 대출이 있을 경우, 단순증여는 증여자가 5억원의 채무를 상환하고 10억원을 증여하는 것이지만, 부담부증여는 대출까지 수증자가 인수(수증자가 대출 상환의무)하는 것이다. 따라서 대출 5억원은 유상으로 양도받는 부분에 해당하고, 5억원은 무상으로 증여 받는 것이 된다. 결국 **대출이 있는 부담부증여는 양도와 증여행위가 동시에 이루어지는 것이라** 이해하면 된다.

부담부증여 통한 절세 사례

부담부증여시 부채는 수증자가 인수하는 것으로 부채금액은 양도세(증여자 부담)가 발생하고, 부채를 제외한 금액에 대하여는 무상으로 받는 것이기에 증여세(수증자 부담)가 발생하게 된다. 따라서 자녀 입장에서 증여세만을 고려한다면 부담부증여가 무조건 세부담이 적어 유리하다. 다만, 부모의 입장에서는 양도세를 부담하기에 실질적으로 총 세부담은 양도세와 증여세를 모두 고려하여 의사결정이 이루어져야 한다.

10억원의 아파트를 보유하고 있는 정씨가 성인 아들에게 부채 없이 단순증여를 할 경우에는 증여세는 2억2500만원이다. 하지만 5억원의 대출을 인수하는 조건의 부담부증여 일 경우, 정씨가 부담하는 양도세는 1세대 1주택 비과세로 세금이 발생하지 않는다. 정씨의 아들은 5억 증여 받은 부분에 대하여 8000만원의 증여세를 납부하게 된다. 따라서 정씨는 10억의 아파트를 자녀에게 부담부증여하면서 총 부담세액은 증여세 8000만원으로 단순 증여 때 보다 1억4500만원의 절세효과를 얻게 된다. **정씨는 5억원의 대출을 통해 전원주택 구입자금으로 활용하고, 부담부증여를 통해 증여세 1억 4500만원 절세라는 1석2조의 효과를 거둘 수 있다.**

자산 10억 대출 0	단순 증여			
		증여재산가액	증여세	기타
		10억	2.25억원	부채 상환 또는 자녀에게 5억지급해야 단순증여가능

자산 10억 대출 5억	부담부 증여			
		증여재산가액	증여세	기타
		5억	0.8억원	
		양도가액	양도세	기타
		5억	–	양도세 : 증여자(부모) 부담 부채 상환 의무 : 자녀

부담부증여, 독이든 사과일 수도

부담부증여는 반드시 양도세를 계산하여 증여세보다 낮을

경우에 결정해야 한다. 따라서 비과세 자산이나 양도차익이 적은 부동산을 부담부증여하게 되면, 부모가 부담할 양도세가 없거나 적게 발생한다. 또한 자녀도 수증가액이 낮아져 증여세도 줄어들기 때문에 적극적인 부담부증여를 고려할 필요가 있다. 하지만 다주택자로써 양도세 중과 대상이거나 양도차익이 많이 발생한다면 부담부증여는 오히려 독이 될 수 있다. 양도세율이 증여세율보다 높다면 부담부증여에 의한 세부담이 단순증여에 의한 세금보다 많을 수 있기 때문이다. **따라서 반드시 양도세와 증여세를 계산하여 보고 단순증여 할 것인가? 부담부증여를 할 것인가?를 결정해야 한다, 아래의 정씨 친구 오씨의 사례를 통해 확인해보자**

정씨 친구 오씨의 부담부증여를 통한 세금 폭탄 사례

2023년 5월 현재 3주택자,
조정지역(강남,서초,송파,용산) 아파트 1채 증여 예정
증여대상 아파트 현황 : 2014년 5월9일 매입가 2억원
　　　　　　　　　　　　2024년 5월9일 증여 예정(시가 10억원)
　　　　　　　　　　　　대출 5억원 (여타 조건은 고려하지 않음)

　　예를 들어 정씨의 친구 **오씨가 10억원 아파트를 성인자녀에게 단순증여 할 경우 증여세는 2억 2500만원**이 발생한다.

하지만 오씨가 5억원의 대출을 통한 부담부증여를 한다고 가정해보자. 오씨가 납부해야 할 양도세는 중과세율이 적용되어 약 2억5200만원의 세금이 발생한다. 또한 5억원에 대해 자녀(수증자)가 증여세 8000만원을 부담하게 되어 **오씨네가 부담부증여로 인해 부담할 전체 세금은 3억 3200만원**이 된다. 결국 **단순증여보다 무려 1억 700만원의 추가 세부담이 발생**한다. 또한 부채 5억원에 대하여서는 아들이 추후에 갚아야 할 빚으로 남기 때문에 부담부증여가 효과적이라 볼 수 없다. 따라서 오씨의 경우처럼 양도세가 많이 발생하는 경우에는 단순증여가 유리하다. 다만, 아들이 부담하는 증여세만을 생각하면 부담부증여가 유리 할 수도 있다.

증여형태	증여가액	증여세	양도가액	양도세	총부담세액	비고
단순증여	10억원	2.25억원	-	-	2,25억원	
부담부증여	5억원	0.8억원	5억원	2.52억	3.32억원	+1.07억

부담부증여 핵심 사항 정리

① 부담부증여시 증여세는 수증자(자녀), 양도세는 증여자(부모)가 부담한다

② 부담부증여는 양도세가 증여세보다 적을 때 유리하다

③ 부담부증여는 양도차익이 적거나 비과세 자산을 증여할 때 유리하다. 따라서 다주택자의 경우는 전문가와 반드시 상담을 거쳐야 한다.

④ 단순증여시 증여세와 부담부증여시 양도세&증여세 총액을 반드시 비교한 후 실행해라.

⑤ 자녀가 부담해야 할 증여세는 단순증여보다 부담부증여가 항상 적다.

⑥ 부담부증여시 부채에 대한 이자 부담과 원금상환은 수증자(자녀)의 자산을 활용해야 한다. 그렇지 않으면 부담부증여는 부인 당할 수 있다.

부담부증여세 계산에 유용한 사이트

부동산 관련 세금이나 상속증여세 계산에 유용하게 활용할 수 있는 사이트가 있다. 물론 100% 정확한 계산을 위해서는 세무전문가의 조력이 필요하겠으나 '부동산계산기(www.ezb.co.kr)를 활용하면 도움이 될 것이다.

증여, 이것만은 기억하라

07.

증여효과 만점, 임대부동산 증여하기

50억원대 자산가 60세의 송씨. 자산가치가 지속적으로 증가할 것으로 예상되어 증여를 생각하고 있다. 어떤 재산을 증여하는 것이 상속세 절세 등에 유리할까? 고민이 많은 송씨. 가장 합리적인 증여와 자산관리 방안에 대한 조언이 필요하다.

- 송씨 재무현황

아파트(시가 15억), 임대상가A (시가15억, 공시가격10억, 월 500만원 임대소득), 임대상가B(시가 10억, 공시가격 8억 월 300만원 임대소득), 토지(5억), 현금 5억, 생활비 현재기준 월 300만원, 자녀2명, 배우자 無. 자산증가율 연3%, 상속시점 80세 가정

증여물건 선정기준

증여는 상속세 절세 목적이 가장 크다. 또한 증여시 증여세도 절세할 수 있다면 일석이조의 효과를 거둘 수 있다. 이러한 관점에서 '어떤 자산을 증여할 것인가'?의 선택은 굉장히 중요하다. **증여세와 동시에 상속세를 절감하기 위해 증여 물건 선정시 고려해야 할 점은 다음과 같다.**

첫째, 자산 가치 상승이 예상되는 자산을 증여해라. 자산가치가 상승하면 증여세도 증가하고 향후 상속세도 증가하기 때문이다. 증여하면서 쓸모 없는 자산, 미래가치 하락이 예상되는 자산을 증여하는 것은 백해무익한 일이다. 따라서 현재가치는 낮지만 미래가치가 상승할 것으로 예상되는 자산을 증여하는 것이 증여와 상속세 절세 측면에서 유리하다.

둘째, 실거래가는 높고, 기준시가나 공시가격이 낮은 자산을 증여해라. 자산가치 평가는 시가평가가 원칙이나 시가평가가 어려운 경우는 기준시가나 공시가격 등의 보충적 평가방법을 활용하는 경우가 많다. 예를 들어 아파트 등은 단지네 위치에 동일평형 아파트가 존재하기에 시가평가가 가능하다. 하지만 단독주택이나 토지 등은 동일물건이 존재하지 않는게 일반적이기에 공시가격 등을 활용하여 평가하게 된다. 따라서 실거래가 20억원의 부동산을 10억의 공시가격으로 성인자녀에게 증여한다면 증여세 2.25억원을 부담하고 20억 가치의 물건(증여세 6.2억)을 증여하는 효과를 얻게 된다.

셋째, 현금자산보다는 부동산 자산이 유리할 수 있다. 현금을 증여할 경우 활용성 측면에서는 유리하다. 다만 현금 10억은 내재가치 또한 10억이고 투명한 자산으로 10억에 대한 증여세를 납부 해야 한다. 하지만 부동산은 일반적으로 현재 가치보다 내재가치가 더 크다. 현금 10억원과 10억원의 부동산을 증여할 경우 증여세는 동일하지만 부동산의 내재가치가 더 크기 때문에 증여의 실질 효과는 부동산이 더 크다. 유동성 측면만을 배제한다면 현금자산보다 부동산 자산의 증여가 낫다.

네째, 부동산은 임대 소득이 발생하는 부동산이 증여 효과가 크다. 임대소득이 발생하는 부동산을 증여하게 될 경우 단순히 부동산만 증여하는 것이 아니고, 부동산에서 매년 발생하는 임대소득까지 증여하는 효과가 있다. 따라서 부동산을 증여 받은 자녀는 임대소득을 활용하여 추가적으로 자산을 증대시킬 수 있는 기회를 획득하게 된다.

임대부동산 증여, 임대소득은 증여세가 없다.

자녀에게 증여를 고민하고 있는 송씨의 경우 임대소득 월 500만원이 발생하는 건물을 증여하는 것이 좋다. 월 300만원 임대소득이 발생하는 자산은 본인의 노후생활비로 활용하는 것을 고려해야 하기 때문이다. 따라서 송씨는 매년 6000만원의 임대소득을 자신의 자산으로 축적하는 것보다는 자녀에게 증여함으로 자녀명의로 축적되게 하는 것이 유리하다. 임대소득 월 500만원이 발생하는 A임대상가 증여시 증여세는 2.25억원이다. 하지만 그 효과는 실로 엄청나다. 현재 시점에서 A 임대상가를 증여한 후 10년 경과시 임대소득은 6억원, 20년 경과시 임대 소득은 12억원이 발생된다. 결국 임대상가의 자산가치 상승을 감안하지 않더라도 단순 10억 부동산 증여가 아닌 실질적으로는 16억원, 22억원의 증여의 효과가 있기 때문이다. 임대소득을 오씨가 축적한 후 증여할 경우 현금 6억 증여시 1억500만원, 12억 증여시 3억원의 증여세 부담도 줄일 수 있다

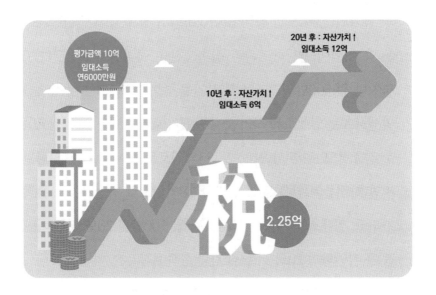

임대소득 부동산 증여로 두 마리 토끼 잡기

위에서 언급한 바와 같이 임대소득 발생 부동산 증여시 소득도 함께 이전되어 상속시 상속자산 감소로 상속세를 절세하는 효과가 크다. 오씨가 10억원의 자산을 임대 상가가 아닌

토지와 현금을 증여한 후 20년 뒤 상속 발생시 예상 상속세는 큰 차이가 발생한다. 따라서 연 6000만원의 임대소득이 송씨의 자산으로 축적되는 것보다는 자녀에게 증여함으로 자녀 명의로 축적되는 것이 유리하다.

임대소득 월 500만원이 발생하는 A임대상가를 증여할 경우와 토지와 현금자산 10억을 증여했을 때 증여 효과를 검토해보면 다음과 같다.

송씨의 경우 사전 증여 없이 20년 뒤 상속 발생시 상속세는 약 38억이 발생하고 세후 상속재산은 54억원이 예상된다. 하지만 월 500만원 임대소득 상가를 증여한 후 20년 뒤 상속 발생시에는 임대소득 상가를 증여했기에 상속세는 21억원으로 감소하고, 세후 상속재산도 53억원으로 소폭 감소한다. 하지만 사전증여 받은 임대 상가가 18억원으로 자산가치가 증가되고, 임대소득 저축분 15.5억원(월 500만원 20년 저축 가정)을 감안하면 20년 뒤 실질 자녀 상속재산은 87억원으로 대폭 증가한다. 만약 송씨가 월 500만원의 임대소득 상가(10억)를 증여하지 않고 토지(5억), 현금(5억)등 10억원의 자산을 증여할 경우 상속세는 28억으로 증가하고, 상속재산 44억, 사전 증여 재산 증가분 18억원을 합한 총 자녀 상속재산은 62억원이 된다.

<증여재산 종류에 따른 20년 뒤 상속세 및 자녀 재산>

(단위, 만원)

구분		현재시점 (60세) 예상 상속세	상속시점 (80세) 사전 증여 無	증여 실행 후 상속세(80세) 1안) 현재 A임대상가 증여 (10억)	2안) 현재 토지 5억 & 현금 5억 증여
상속재산	부동산	380,000	683,322	505,711	577,956
	금융자산	50,000	90,306	90,306	
	저축증가분	–	155,000		155,000
	계	430,000	931628	596,017	732,956
(-)채무 및 장례비		1,000	1,000	1,000	1,000
(-)인적공제	일괄공제	50,000	50,000	50,000	50,000
	배우자공제				
(-)금융자산공제		10,000	20,000	18,061	20,000
과세표준		369,000	860,628	526,956	661,956
세율		50%	50	50%	50%
상속세액		138,500	384,314	217,478	284,978
세후 실질 자녀 재산		상속재산 291,500	상속재산 547,314	상속재산:378,539 증여재산:180,611 저축증가분:155,000 계:714,150	상속재산:447,978 증여재산:180,611 계:628,589

*저축증가분 : 월 500만원 연복리 3% 20년 저축 가정

결국 사전증여는 상속세 절세와 세후 상속자산 증가 효과가 있다. 그리고 임대소득이 발생하는 부동산을 증여하는 것이 다른 자산을 증여하는 것보다 상속세 절세 효과가 크고, 자녀의 자산 증대에도 효과적이다.

〈송씨의 증여 효과 요약〉

구 분	임대부동산 사전증여	일반자산 사전증여	사전 증여 無
상속세	21억 7478만원	28억 4798만원	38억 4314만원
상속 후 실질자산	71억 4150만원	62억 8589만원	54억 7314만원

증여, 이것만은 기억하라

08.

자녀 창업자금은 과세특례 제도를 활용해라

60대 자산가 정씨. 자녀가 창업자금 10억원을 증여 해달라고 요구한다. 10억 증여시 증여세도 엄청나게 부담이 될 것 같아 밤 잠을 못 이룬다. 좋은 방법은 없을까?

창업자금에 대한 증여세 과세 특례제도

정씨의 경우 성인 자녀에게 10억원을 단순증여 할 경우 증여세는 2.25억원으로 상당한 부담이 될 수 있다. 하지만 창업자금에 대한 증여세 과세 특례제도를 활용하면 5억원을 공제하고 5억원에 대한 10% 세율을 적용하여 증여세 5천만원만 납부하면 된다. 물론 추후 상속이 발생하면 10억원 전체에 대하여 상속세 과세가액에 합산하여 적용하지만 당장의 세금을 줄이는 효과가 있다.

'창업자금에 대한 증여세 과세 특례제도'는 투자와 고용을 증대시킬 목적으로 정부에서 적극 권장하는 부분이기도 하다 (조세특례제한법 30의5). 일정한 조건을 요구하기는 하지만 50억(최대 100억)한도로 5억원 공제 후 10%의 낮은 세율로 과세하고, 상속이 발생하면 받았던 증여자금을 상속세 과세가액에 가산하여 상속세를 납부하게 하는 제도다.

〈창업자금에 대한 증여세 과세 특례제도〉

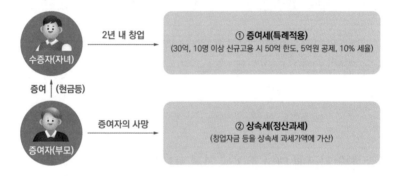

과세 특례적용을 받기 위한 요건

과세 특례 적용을 받기 위해서는 여러 가지 요건을 충족해야만 가능하다. 만 60세 이상의 부모로부터 만18세 이상의 자녀가 받는 창업자금이어야 한다. 또한 조세특례제한법 6조 3항에 열거된 중소기업 창업에 한하여 혜택을 부여하고 있다. 세법에 열거되지 않은 업종인 도소매업, 유흥음식점, 일반숙박업, 노래방 등은 과세특례적용을 받을 수 없다. 또한 증여를 받은 날로부터 2년이내에 반드시 창업을 하여야 하며, 4년이내에 해당목적에 자금을 사용해야 한다. 이러한 조건이 지켜 지지 않을 경우에는 증여세 추징 및 1일당 2.2/10,000(연

8.03%)으로 계산한 이자상당액을 추징당하게 된다.

주요 요건	상세 내용
수증자	만 18세 이상의 거주자(자녀 각각 적용가능)
증여자	만 60세 이상의 수증자의 부모
증여물건	양도소득세 과세 대상이 아닌 재산 (현금,예금,소액주주상장주식,채권 등)
과세특례신청	증여세 신고기한까지 납세지관할 세무서장에게 제출
창업의 범위	창업의 범위 : 신규 사업자등록, 사업용 자산을 취득하거나 확장한 사업장의 임차보증금 및 임차료 지급 창업으로 보지 않는 경우: 종전의 사업을 승계, 개인사업의 법인전환, 폐업 후 폐업전과 같은 종류의 사업등 (단, 종전 사업용자산 일부 매입 동종사업 영위시 중고자산매입비율이 30%이하일 경우 창업으로 인정)
중소기업 업종	조세특례제한법 6조3항에 열거된 기업에 한하여 적용 (부동산임대, 유흥음식점,일반숙박업,도소매업등은 불가)
창업 및 사용기간	증여받은 날로부터 2년이내 창업하고 4년이내 창업자금을 해당 목적에 사용

사후관리 및 세부 내용

창업자금 과세특례 제도는 엄격한 사후 관리 요건을 가지고 있다. 2년이내 창업하지 않으면 창업자금 전체에 대하여 과세하며 다른 용도로 사용된 금액도 과세하게 된다. 또한 10년이내에 해당사업을 폐업하거나 휴업할 경우 또는 수증자가 사망한 경우에는 창업자금(창업으로 인한 가치상승분 포함)을 과세한다. 10년 이내 창업자금을 해당 사업용도외에 사용시에도 사용된 금액에 대해 과세한다.

국세청에서 발간한 중견 중소기업 경영자를 위한 가업승계지원제도 안내 책자(2023.4)에 실린 내용을 중심으로 유의사항을 알아보면 다음과 같다.

Q 창업자금 과세특례 적용을 받는 경우에도 증여세 신고세액 공제와 연부연납 가능한가?

A 창업자금 과세 특례 적용받는 경우 신고세액 공제는 불가하지만 연부연납은 가능

Q 창업자금 과세특례 적용받은 증여도 10년이 경과하면 상속재산에 합산과세 하지 않나요?

A 과세특례 적용받을 경우 기간에 상관없이 항상 상속재산가액에 합산하여 상속세를 납부

Q 중소기업 창업 후 증여받아 공장취득에 사용된 대출 상환시 과세특례 적용이 가능한가요?

A 창업 후 대출금 상환목적으로 증여받은 자금은 특례 적용 불가
(서면2018-상속증여-3674,20.3.30)

Q 창업 자금을 증여 받아 창업을 한 사람이 새로 창업자금을 증여받아 그 자금으로 증여한 경우?

A 당초 창업자금 중소기업 사업과 관련하여 사용시 과세특례적용 가능
(재산세과-247.2012.7.4)

Q 과세 특례 적용 후 증여세가 추징되지 않는 사례가 궁금합니다.

A 부채가 자산을 초과하여 폐업하는 경우
창업 후 1회에 한하여 2년이내 기간동안 휴업 또는 폐업하는 경우 (2년 이내 재 개업)
수증자의 사망시 수증자의 상속인이 당초 수증자의 지위를 승계하여 창업하는 경우 등

창업자금 과세 특례적용 관련하여서는 반드시 세무 전문가와 상담을 한 후 실행하여야 불이익을 줄일 수 있다.

09.

증여 3개월内 신고하고 흔적을 남겨라

사전 증여를 계획하고 있는 이씨. 1억원을 증여할까? 5천만원만 증여할까? 고민 중이다. 증여세 면제범위인 5천만원을 증여하면 증여세도 없고, 신고도 안 해도 되니 좋을 것 같다. 또한 1억원을 증여한다 해도 과세 당국에서 알 길도 없으니 신고도 안 하려 하고 있다. 송씨의 생각은 현명한 일인가?

증여세 보다 자산가치 증가에 주목해라

많은 사람들이 증여세 부과 기준 이내로 증여한다. 증여세 내는 것이 아깝기 때문일 것이다. 그래서 성인자녀에게 증여할 때도 5천만원만을 증여하는 경우가 많다. 하지만 나는 약간의 부담을 하더라도 면세 범위를 넘는 금액을 증여하는 것을 조언한다. 왜냐하면 약간의 세금을 더 내고 증여하는 것이 향후 자녀의 재산 증식과 형성에 더 큰 도움을 줄 수 있기 때문이다. 이씨가 각각 다음과 같이 증여 후 연복리 5%의 수익률로 자녀의 자산이 증가한다고 가정을 해보자.

구분	증여액	증여세	10년 경과 후	20년 경과 후
〈1안〉	50,000,000	0	76,600,000	109,900,000
〈2안〉	100,000,000	5,000,000	145,000,000	227,000,000
차액	+50,000,000	+5,000,000	+68,400,000	+117,100,000

(단위, 원, 일반과세적용)

증여세를 아끼려고 5000만원만 증여받은 성인 자녀의 20년 후 자산은 1억 9백만원으로 증가하였다. 반면 1억원을 증여하고 증여세 5백만원을 납부했을 경우(3개월내 납부시는 485만원)에는 20년 후에는 세금을 제외한 9500만원의 자산이 2억2700만원으로 증대된다. 5천만원을 증여했을 때보다 20년후 2배가 넘는 규모로 자산이 증가함을 알 수 있다. 따라서 **자녀의 자산 증식과 자금출처 확보를 위해서는 약간의 세금을 납부하더라도 많은 금액을 증여해 주는 것이 좋다. 즉 무조건 비과세 한도에 얽매이는 의사결정은 그리 바람직하지 않을 수 있다.**

신고 흔적을 남겨 자금출처를 확보해라

대부분 사람들은 면세 범위內에서 자녀들에게 증여하고 신고하지 않는다. 하지만 관점을 전환하면 면세 범위內라도 신고하는 것이 것이 좋다. 성인 자녀들의 자금출처를 만들어

주기 위해서다. 자산이 많아도 합법적인 자금출처가 확보되지 않는다면, 적극적인 자산 취득이나 증식을 위한 행동들은 제약을 받을 수밖에 없다. 나이와 소득수준을 초과한 자산 취득 시에는 자금출처 소명 요구와 조사로 이어져 낭패를 당할 수도 있기 때문이다. 예를 들어보자, 증여 후 증여자산이 급격한 증가를 가져왔을 경우 증여세 신고자료가 없다면, 자산증가에 대한 소명에 어려움을 겪을 수 있다. 하지만 증여 자료가 남아 있다면, 자산증가에 따른 자금출처 소명이 훨씬 쉬울 수 있다. 따라서 **알 수 없는 미래의 일에 대비하는 차원에서라도 증여 후 증여세 신고를 통한 흔적을 남기는 것이 필요**하다.

증여세 3% 절약하기

증여세 신고 납부 기한內에 신고를 하면 3%의 신고 세액공제가 가능하다. 증여세 산출세액이 1억이라고 하면 3%인 300만원의 세금이 절약된다. 반면 무신고 및 과소신고의 경우 최소 10%에서 최대 40%의 가산세가 부과되며, 미납 및 미달 납부한 경우에도 납부지연 가산세로 1일당 22/100,000 (연환산 8.03%)을 납부하는 불이익을 받아야 한다. 따라서 증여세는 반드시 3개월안에 신고 납부하는 것이 좋다.

증여, 이것만은 기억하라

10.

증여신고 및 반환 기간을 활용한 절세 방안

주식 부자인 주씨. 상장주식을 자녀명의로 변경하고 증여세를 신고할 예정이다. 하지만 증여 후 주식 가격이 많이 올라 증여세가 예상보다 증가하여 고민이 많다. 주씨, 증여 취소 후 다시 증여하면 안될까?

주식과 펀드의 증여시 평가기준

부유층 고객의 주식 및 유가증권 투자는 자산관리의 핵심으로 자리 잡았다. 그 결과 주식 등의 유가증권 증여가 주씨의 사례에서 보듯이 활발히 행해지고 있다. 따라서 주식 등 유가증권의 평가 방법을 확실히 알아두는 것은 의미 있는 일이다. **상장주식은 증여일 전후 2개월간 매일의 최종 시세를 평균하여 증여재산 가치를 평가하고 증여세를 부과한다.** 또한 펀드는 증여일의 기준가격을 증여재산 가치로 평가하여 증여세를 부과하게 된다. 금전과 부동산 역시 증여 당시의 시가를 증여재산 가치로 평가하게 된다. 증여 후 증여세 신고 납부 기간까지는 약 3개월의 기간이 있기 때문에, 그 사이 자산가치 상승

과 하락은 증여세에 영향을 주게 되고 증여 실행에 대한 의사

결정에도 영향을 준다.

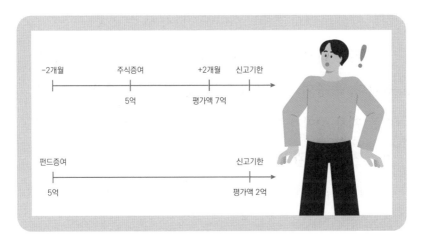

주씨의 증여시점 주식가치는 5억원(증여세 8천만원)이었

다. 하지만 증여 전후 2개월을 평가해보니 7억원(증여세 1억

3500만원)으로 증가한 상황이다. 증여세가 무려 5500만원이

증가하여 주씨는 세금에 민감하게 반응할 수 밖에 없는 상황

이다. 또한 펀드의 경우에는 5억원 증여로 증여세 8천만원을

납부해야 하는 상황이다. 현재 펀드 가치가 2억원으로 감소하

였기에 지금 증여를 하게 된다면 증여세는 2천만원으로 감소

할 텐데 억울한 상황이다. 이럴 경우 해결책은 없는 것일까?

증여세 신고기한 내 취소하면 증여세 환급 가능하다.

증여는 취소 후 쌍방의 합의하에 언제든지 반환 받을 수 있

다. 다만, 증여 물건의 종류와 취소 기간에 따라 추가 증여세 부담 여부가 결정된다. 따라서 증여 물건별 취소기한을 기억하는 것은 증여세 절세의 하이라이트가 될 수 있다.

현금은 시기를 불문하고 원칙적으로 증여 후 취소가 불가능하다. 즉 증여 후 취소를 위해서는 현금을 반환 받아야는데 이는 재차 증여가 되어 최초 증여시 증여세 납부, 반환시 재차 증여세를 부과 받게 된다. 즉 두번의 증여세를 납부하게 된다. 따라서 현금 증여는 대단히 신중하게 결정해야 할 필요가 있다.

현금외 자산은 취소나 반환 시기에 따라 과세 여부가 달라진다. **현금외 자산은 증여세 신고기한(증여일이 속한 달의 말일부터 3개월)내에 증여를 취소하면 증여세가 과세 되지 않는다. 물론 이미 납부한 증여세도 환급 받을 수 있다.** 다만, 취득세가 부과되는 부동산등의 경우 증여세는 환급이 되더라도 취득세는 돌려 받을 수 없다.

따라서 **주씨의 경우 증여세 신고 기한 경과前에 주식 증여를 취소하고, 다시 증여 타이밍을 잡으면 과도한 증여세로부터 벗어날 수 있다.** 따라서 현금외 자산 증여시 취소를 통한 절세의 골든타임은 증여세 신고납부 기한인 3개월이라는 것을 잊지 말자.

신고기한 경과 후 3개월도 중요하다.

금전을 제외한 자산을 증여한 후에 신고기한으로부터 3개월내에 증여자산을 반환 받게 되면 어떻게 될까? 신고 기한으로부터 3개월내 반환의 경우 최초 증여한 것에 대한 증여세는 과세가 된다. 다만 반환 받은 것에 대한 증여세는 과세하지 않는다. 즉 **증여신고기한으로부터 3개월 내에 증여재산을 반환하게 되면, 최초의 증여세는 과세가 되어 환급이 불가능하지만 반환시 증여세는 과세되지 않는다.**

다만, **증여세 신고기한으로부터 3개월이 경과하게 되면, 최초 증여시에도 증여세가 부과되고, 반환시에도 증여세가 부과**된다. 즉 두번의 증여세가 부과된다는 사실이다.

〈증여자산 반환시기별 증여세 부과 여부 요약〉

재산구분	반환시기	최초 증여	반환(재증여)
금전	시기 불문	증여세 과세	증여세 과세
금전외	신고기한 內	과세 無	과세 無
	신고기한부터 3개월 內	과세	과세 無
	신고기한부터 3개월 경과	과세	과세
	반환前 증여세 결정	과세	과세

증여, 이것만은 기억하라

11.

증여 순서에도 절세 방법이 숨어있다.

주택 구입을 앞두고 있는 나씨. 2억원 정도의 자금이 부족한데 아버지에게 2억원을 증여 받는 것이 좋을지? 할아버지가 1억원, 아버지가 1억원씩 증여를 나누어 받는 것이 좋을지? 고민이다. 증여세 계산 방법의 차이와 그에 따른 절세 방법이 있는지 궁금하다.

할아버지와 아버지로부터 각각 증여 받을 경우 증여세는?

부모는 동일 증여자로 보아 합산과세를 하게 된다. 예를 들어 아버지로부터 1억원을 증여 받고 10년내 어머니로부터 1억원을 증여 받을 경우의 증여세는 어떻게 계산될까? **증여자산가액은 아버지와 어머니로부터 받은 증여액을 합산하여 증여재산 2억원에 대하여 과세하게 된다. 마찬가지로 조부와 조모에게 각각 증여 받은 자산도 부부간은 동일 증여자로 보아 합산과세** 하게 된다.

하지만 할아버지와 아버지로부터 각각 증여 받을 때의 증여세 계산과 공제 방법은 다르다. **할아버지에게 1억원을 증여 받고, 10년내 아버지에게 1억원을 추가로 증여 받을 경우 증**

여자산은 합산하여 과세하지 않는다. 다만, 증여 공제 5000만 원은 1회에 한하여 가능하다. 즉 할아버지에게 증여받으면서 5000만원 공제를 받게 되면 과세표준은 5000만원이 되고 그에 대한 증여세 500만원 대하여 30%를 할증하여 650만원이 산출세액이 된다. 그 후 아버지에게 1억원을 증여 받을 때는 증여공제가 불가능하여 과세표준 1억원의 10%인 1000만원의 증여세가 산출된다.

증여공제 순서에 따라 세금 차이가 발생한다.

나씨가 아버지로부터 2억원을 일시에 증여 받을 경우 사례 〈1〉에 나와있는 것처럼 증여공제 5천만원을 제외한 과세표준은 1억 5천만원, 증여세는 2천만원이 발생된다.

〈증여사례 1〉

(단위, 천원)

구분	증여재산가액	공제액	과세표준	산출 세액
아버지	200,000	50,000	150,000	20,000

하지만 할아버지와 아버지로부터 각각 증여 받을 경우에는 어떻게 될까? **나씨가 할아버지와 아버지로부터 각각 1억 원을 증여 받을 경우 공제 순서에 따라 증여세 차이가 발생한**

다. 〈증여사례 2〉의 경우 아버지로부터 1억원을 증여 받으면
서 5천만원을 공제 받게 되면 증여세는 5백만원이 된다. 또다
시 할아버지에게 1억원을 증여 받을 때는 증여공제가 불가능
하기에 과세표준은 1억이 되고 30%할증 과세하게 되면 증여
세는 1300만원이 된다. 결과적으로 각각 1억을 증여 받을 경
우 나씨는 총 1800만원의 세금을 부담해야 한다.

〈증여사례 2〉

(단위, 천원,10년내 증여)

구분	증여재산가액	공제액	과세표준	산출 세액
① 아버지	100,000	50,000	50,000	5,000
② 할아버지	100,000	0	100,000	13,000
계	200,000	50,000	*-	18,000

하지만 〈증여사례 3〉의 경우처럼 증여공제 순서를 바꾸어
할아버지로부터 받는 증여에 대하여 증여공제를 활용하면 어
떻게 될까? 할아버지로부터 증여 받으면서 먼저 증여공제 5
천만원을 활용하면 증여세는 30% 할증과세 후 650만원이 된
다. 다음으로 아버지에게 증여 받을 경우에는 증여공제가 적
용되지 않기에 증여세는 1천만원이 발생한다. 결국 나씨의 총
증여세 부담액은 1650만원이 되게 된다.

〈증여사례 3〉

(단위, 천원,10년내 증여)

구분	증여재산가액	공제액	과세표준	산출 세액
① 할아버지	100,000	50,000	50,000	6,500
② 아버지	100,000	0	100,000	10,000
계	200,000	50,000	*-	16,500

똑같이 할아버지, 아버지로부터 증여를 받았지만 증여세는 150만원의 차이가 발생한다. 할아버지에게 증여 받을 때 증여공제를 활용한 〈사례3〉이 미약하지만 증여세 150만원의 절세효과가 발생 한다. 그 이유는 할아버지로부터 증여 받을 경우 할증과세가 되는데, 공제를 활용함으로 증여세를 줄이고 그 결과가 할증과세에도 영향을 미쳤기 때문이다.

결론적으로 나씨가 아버지로부터 2억원 모두를 증여 받을 경우 증여세는 2천만원으로 가장 많다, 아버지 1억, 할아버지 1억 증여 받을 경우에는 할아버지에게 증여 받으면서 증여공제를 활용할 때 증여세가 1650만원으로 가장 적게 발생하게 된다. 따라서 **나씨의 가장 현명한 선택은 할아버지와 아버지로부터 각각 1억원을 증여 받되, 할아버지로 받는 증여에서 증여공제 5천만원을 사용하는 것이다.**

증여, 이것만은 기억하라

12.

증여세 납부능력 없는 수증자를 위한 조언

5억원의 상가 증여를 계획하고 있는 허씨. 하지만 자녀가 증여세 납부할 돈이 없어 걱정이다. 자녀의 증여세 문제를 해결할 좋은 방법이 없을까?

증여세도 증여해야 한다?

증여를 하려는 많은 고객이 갖는 고민중의 하나는 증여세를 납부할 돈이 자녀들에 없다는 것이다. 현금을 증여하는 경우에는 현금으로 증여세를 납부하면 된다. 하지만 부동산을 증여할 경우에는 증여세를 납부할 현금이 없으면, 증여세를 납부할 현금까지 증여를 해줘야 한다. 결국 추가적인 증여에 의해 더 많은 증여세를 부담해야 하는 결과가 된다. 허씨의 경우 5억원의 부동산을 증여할 경우 성인자녀가 납부해야 할 증여세는 8천만원이 된다. 그러나 납부할 증여세 8천만원이 없다면 허씨가 증여세를 대납해야 한다. 〈사례〉에서 보듯이 증여세 대납을 하게 되면 증여세 과세가액은 5억이 아닌 6.02억원이 되고 증여세 산출세액은 1.05억원으로 증가하게 된다. 결국 2천여만원의 증여세가 늘어나게 된다. 방법은 없는 것일까?

〈증여세 대납 사례〉

(단위: 원)

내용	상세	금액
증여가액		500,000,000
증여세 대납액		102,609,309
과세가액	증여가액+증여세 대납액	602,609,309
증여공제	직계존속으로부터 증여(성인)	50,000,000
과세표준	과세가액-증여공제	552,609,309
산출세액	9000만원+5억초과 30%	105,782,793

(www.ezb.co.kr 사이트 활용 계산)

임대 보증금을 활용해라

임대 부동산의 경우 대부분 보증금이 있게 된다. 보증금을 활용한 부담부증여를 통한 증여세 절세 방안을 모색해 볼 수도 있겠지만, 보증금을 증여세 납부 재원으로 활용하는 것도 한가지 방법이 된다. 단순 증여를 할 경우 보증금은 세입자에게 돌려 줄 부채이기에 자녀가 보증금을 허씨에게 받아야 한다. 따라서 자녀는 보증금을 가지고 증여세를 납부하면 된다.

또는 월세 중심의 부동산이라면 일시적으로 월세를 낮추고 보증금액을 높여서 증여세 납부재원을 확보해도 된다. 다만 대출을 활용해서 세금 납부 재원으로 활용하는 것은 신중해야 한다. 왜냐하면 금융기관의 감정평가를 받을 경우 부동산 가치의 노출에 의해 증여세 과세가액이 증가되고 증여세도 추가 부과될 수 있기 때문이다.

월세를 활용, 분납 또는 연부연납 해라

증여세 납부할 세액이 1천만원이 초과되면 신고 납부기한 경과 후 2개월이내에 분할납부 할 수 있는 분납제도가 있음을 앞서 언급한 적이 있다. 따라서 증여세 8천만원을 2개월에 걸쳐 4천만원씩 납부하는 방법을 택할 수도 있다. 또한 납부세액이 2천만원이 초과할 경우 관할 세무서의 허가에 의해 최대 5년에 걸쳐 수증자가 신청한 기간內에 연단위로 분할하여 납부하는 연부연납 제도를 활용하는 것도 하나의 방법이다. 허씨의 자녀는 증여세 8천만원을 6회에 걸쳐 매년 약 1330만원씩 분할하여 납부하면 증여세 부담은 대폭 줄어 들게 될 것이다. 물론 연 2.9%의 이자 부담은 있음은 유념해야 한다.

토지를 제외하고 건물만 증여해라

건물과 토지를 증여하기 위해 가치 평가시 평가액의 대부분을 차지하는 것은 토지가액이다. 따라서 건물과 토지를 함께 증여하게 되면 증여세 부담이 될 수 있다. 이러한 부담을 줄이기 위해서는 건물만 증여하는 것도 하나의 방법이다. 건물만 증여할 경우 상대적으로 증여액이 적어서 증여세가 적기 때문이다. 또한 부모가 토지를 소유하고 있다면, 건물은 자녀 명의로 건축하는 것도 고려해 볼만 하다. 건물 임대로 발생하는 소득은 자녀 소유이기 때문에 장기적 관점에서 상속세 부담을 줄일 수 있다. 다만 토지 사용에 대한 적정한 대가를 토지 소유주에게 지급하면 된다.

증여, 이것만은 기억하라

13.

사전증여 잘못하면 독이 된다.

> *30억원의 재산을 소유하고 홀로 사는 80세의 고씨. 건강도 좋지 않고 이것저것 걱정이 많다. 상속세 절세를 위해 자녀3명에게 각각 10억원씩 증여를 고민하고 있다. 상속이 임박한 상황에서 증여를 통해 상속세를 줄일 수 있을까?*

많은 사람들이 증여를 하면 무조건 상속세가 절세가 된다고 생각한다. 물론 사전증여를 효과적으로 사용하면 상속세 절세의 지름길이 될 수 있다. 하지만 모든 경우에 사전증여가 절세가 되는 것은 아니다. 그것은 바로 상속이 임박하거나 증여 후 10년내 상속 발생시 증여가 상속공제 종합 한도를 감소시키기 때문이다. 사전 증여가 독이 되는 증여사례를 알아보자.

상속공제 한도 바로 알기

상속공제는 일괄공제, 배우자 공제, 금융재산공제, 동거주택 상속공제, 가업상속 공제 등 다양하다. 따라서 상속 공제를 잘 활용하면 상속세 부담을 대폭 줄일 수 있다. 하지만 상속공제에도 한도가 정해진다는 사실을 알고 있는 사람은 많지 않다. 상속공제 한도는 상속세 과세가액에서 ①선순위 상속인이 아닌 자에게 유증한 재산가액 ②선순위 상속포기로 인해 다음 순위 상속인이 상속받은 재산가액 ③증여재산 가산액의 과세표준을 차감한 금액이다. 따라서 사전증여를 잘못하면 상속 공제 한도를 감소 시키게 된다. 아래의 예시를 참고해 보면 상속세 과세가액 30억원에서 유증재산 5억과 사전증여 가산액 20억이 있을 경우 상속공제는 5억원만 가능하게 된다.

〈상속공제 한도(상속세 및 증여세 법 제 24조)〉

	상속세 과세가액 (30억원)
(-)	선순위 상속인이 아닌자에게 유증한 재산가액 (5억원)
(-)	선순위 상속인의 상속포기로 인해 후순위 상속인이 상속받은 재산가액 (0원)
(-)	증여재산 가산액의 과세 표준 (20억원)
(=)	상속공제 한도액 (5억원)

배우자공제도 한도가 있다.

배우자 상속공제는 배우자가 실제 받은 금액과 배우자상속공제 한도 적용 금액 중 적은 금액을 적용한다. 따라서 배우

자에게 증여 후 10년이 미경과할 경우 배우자 공제를 축소시

킬 위험이 있음에 유의해야 한다.

배우자 상속공제 한도액 계산법

{(상속재산가액 + 10년내 증여재산가액 – 상속재산 중 상속인이 아닌 사람이
받은 유증금액) × 배우자 법정상속분 비율} – 배우자가 사전증여 받은 재산
과세표준 = 배우자상속 공제금액

사전증여와 증여세

고씨가 상속세를 절세하기 위해 사전 증여 계획에 의해 자

녀 3명에게 동일하게 10억원의 자산을 사전증여를 실행하게

되면 증여세는 얼마일까? 자녀들에게 10억씩을 사전 증여하

게 되면 아래와 같이 1인당 증여공제가 각각 적용되기 때문에

1인당 증여세는 2억2500만이 된다. 따라서 자녀 3명이 부담

해야 할 전체 증여세는 6억7500만원이 발생한다.

〈사례 1 : 자녀 1인당 10억자산 증여〉

과세가액(1인당)	증여공제	과세표준	산출세액	합계(3인)
10억원	5천만원	9억 5천만원	2억 2500만원	6억 7500만원

고씨가 사전증여 후 10년이 경과하면 추가적인 상속세 납

부 세액은 발생하지 않는다. 그러나 10년이내 상속이 발생할 경우에는 증여재산을 합산하여 상속세를 과세하기 때문에 세부담이 증가하게 될 것이다.

독이 든 사전증여 후 상속사례

고씨가 아들들에게 자산을 증여하고 10년내에 상속이 발생하면 어떻게 될까? 결론부터 말하면 독이 든 사과를 맛있게 먹은 후에 결과와 같을 수 있다. 위에서 언급한 것처럼 상속공제 한도적용을 받고, 10년내 증여자산을 합산해서 과세하기 때문이다. 〈사례2〉를 보면 사전증여 했기 때문에 상속재산은 없으나, 10년내 증여자산 30억원에서 장례비용을 뺀 29억 9천만원이 과세가액이 된다. 상속공제한도 적용을 위해 상속세 과세가액(29.9억)에서 사전증여 과세표준(28.5억원)을 빼주면 상속공제가 가능한 한도는 1억 4천만원이 된다. 즉 인적공제 5억원 전체를 공제받지 못하고 상속공제 한도인 1.4억원만 공제가 가능해진다. 그 결과 상속세 산출세액은 9.8억원이 되고 증여 받으면서 납부한 증여세를 공제해 주면 3.05억원의 상속세를 추가 납부해야 한다.

결과적으로 **30억 전체를 사전 증여 후 10년이 경과하였으면 증여세 6.75억원으로 상속 문제는 해결이 가능했다.** 하지만 증여 후 10년이 지나지 않아 상속이 발생하게 되어 증여재산이 합산되고, 상속공제에도 영향을 미쳐 총 세부담은 9.8억원으로 증가한다. 결과적으로 3.05억원의 추가 세부담이 발생한 것이다.

(단위,천원)

구 분	〈사례 2〉 증여 후 10년內 상속 발생	〈사례 3〉 증여 없이 상속 발생
상속재산	-	3,000,000
사전증여재산 가산액	3,000,000	-
장례비용	10,000	10,000
과세가액	2,990,000	2,990,000
일괄공제	500,000	500,000
상속공제 (한도반영시)	140,000	500,000
과세표준	2,850,000	2,490,000
산출세액	980,000	836,000
증여세액공제 (기납부증여세)	675,000	
공제 후 산출세액	305,000	
실질 총 세금	**980,000**	**836,000**

상속이 사전 증여 보다 세금이 적은 사례

만약 고씨가 사전증여 없이 상속으로 모든 재산을 물려 주었다면 어떠했을까? 증여 없이 상속 발생시 상속세 예상 세액 계산을 위해 〈사례3〉 참고해 보자. 사전증여가 없을 경우 상속 재산은 30억원이고 일괄공제 5억원을 제외하면 과세표준은 24.9억원이 된다. 세율 40%를 적용하면 상속세는 8.36억원이 된다. 따라서 사전 증여 후 10년내 상속 발생 했을 때 보다 1.44억원의 세금이 감소하게 된다. 이러한 결과의 원인은 상속 공제 한도에 있다. **사례〈2〉의 경우에서 상속공제가 한도에 걸려 공제가 1.4억이었으나 사례〈3〉에서는 상속공제 한도 영향을 받지 않아 공제 5억원이 모두 공제된 결과다.**

고씨는 80세의 연령이고 건강이 좋지 않은 상태라면 사전증여는 신중해야 한다. 오히려 사전증여로 자녀들의 상속세 부담이 늘어 날 수 있기 때문에 상속으로 자산을 물려 주는 것이 좋을 수 있다. 고씨의 사례에서 볼 수 있듯이 사전 증여가 무조건 좋은 것은 아니라는 사실이다. 따라서 사전증여를 계획하고 있다면 여러 조건들을 컨설팅 전문가와 검토한 후에 실행하는 것이 바람직하다.

증여, 이것만은 기억하라

14.

국세청이 알려주는 상속증여세금 상식

2023년 4월 국세청에서는 '상속증여 세금상식'이라는 자료를 통해 상속증여세 관련하여 국민들이 궁금해 할 내용을 상세 안내하였다. 그 내용의 일부를 발췌하여 공유하고자 한다.

부모로부터 빌린 돈으로 부동산 구입 괜찮나?

많은 사람들이 자녀의 부동산 취득 자금이 부족할 경우 자금을 지원해 주려 한다. 다만 증여세가 부담이 되기 때문에 일시적으로 증여세를 회피하기 위해 차용증을 작성하고 자금을 대여해 준다. 하지만 원칙적으로 직계존비속간의 소비대차는 인정하지 않는다. 이러한 경우 대부분 세무조사를 통해 증여세와 가산세를 추징당하게 된다. 따라서 **실제 차입금으로 인정받기 위해서는 ① 제 3자간에 주고받는 통상적인 차용증과 같은 형식과 내용을 갖춘 금전소비대차 계약에 의한 변제기일, 약정이자 등 기재하고 ② 실제로 차용증에 기록된 대로 이자를 지급해야 한다 ③ 또한 만기에 상환 여부도 체크 할 수 있다는 것까지 염두에 둬야 한다.** 따라서 실제로 부모로부터 차입을 통한 부동산 구입시에는 증여추정을 피하기 위해서는 상기에 언급한 내용들을 잘 지켜서 실행해야 한다.

자녀가 계약자인 보험의 보험금은 과세가 안될까?

보험의 경우 계약자와 수익자가 일치하면 보험금에 대하여 원칙적으로 과세가 되지 않는다. 이런 점을 활용하여 간혹 절세 목적으로 계약자와 수익자만을 자녀로 하는 보험에 가입하는 경우가 많이 발생한다. 특히 계약자와 수익자를 자녀로 하고, 피보험자를 부모로 하여, 부모 사망시 거액의 보험금이 발생하는 보험에 가입한다. 부모 사망시 나오는 보험금에 대하여서는 상속세를 회피하고 수령한 보험금으로 상속세를 납부하기 위해서다. 하지만 과세 당국에서는 단순히 계약자와 수익자가 자녀인 것 만으로 과세를 종결하지는 않는다. 과세당국은 계약자의 보험료 납입 능력을 중시한다. 또한 실제 보험료를 자녀가 납입했는지를 파악한다. 실제 부모가 보험료를 납입한 것이 밝혀지면 상속재산에 포함하여 과세한다. 따라서 **납입 능력이 없는 자녀 또는 실제로 자녀가 납입하지 않는 보험의 보험금은 모두 과세 대상**이 된다.

신혼 부부 축의금으로 주택구입 문제없나?

부모가 자녀들에게 지원하는 결혼 축의금과 일상적인 혼수용품에 대하여서는 증여세를 과세 하지 않는다는 것이 과세 당국의 기조이다. 하지만 사회통념을 벗어난 축의금과 사치용품, 고가의 자동차 등은 과세 대상이라고 언급하고 있다. 또한 축의금으로 고가의 전세나 주택 구입시는 문제가 될 수 있다. 그 축의금이 자녀들에게 귀속되는 것이라면 문제가 없겠으나 부모님에게 귀속되는 축의금으로 자산을 구입하면 증여세만 부과 될 수 있다. 또한 귀속여부를 명확히 따질 수 없기에 축의금이 신랑 신부에게 귀속됨을 증명하기 위해 방명록이나 액수 등을 기록한 자료를 반드시 보관하는 것이 좋다.

생활비와 교육비로 지급한 돈은 증여가 아니다?

소득이 없는 자녀에게 주는 생활비와 교육비는 부모로써의 양육비에 해당하기 때문에 통상적으로 과세당국에서는 증여세를 과세하지 않는다. 하지만 소득이 있는 자녀에게 생활비를 지급하거나 교육비를 주는 것은 증여세 과세 대상이 될 수 있다. 또한 소득이 없는 자녀에게 지급한 생활비와 교육비라도 그 자금을 모아 자산을 취득하는데 사용한다면 증여세 과세대상이라는 것이 과세당국의 일관된 기조다. 특히 최근에는 소득있는 자녀 대신에 조부모가 손주에게 교육비나 생활비를 지원해 주는 일이 빈번하다. 하지만 이 경우에도 증여세가 과세될 수 있다. 왜냐하면 소득있는 자녀가 충분히 손자녀에게 생활비와 교육비 지원이 가능함에도 조부모가 대신 지원했기 때문이다. 비단 이런 문제는 자녀에게만 해당되는 것이 아니다. 배우자에게 생활비 명목으로 지원한 돈을 배우자가 저축해서 부동산 구입 등의 자금으로 활용하게 되면 배우자에게 증여세가 과세되는 일이 빈번하다. 물론 6억까지는 비과세 되기 때문에 괜찮다. 하지만 소득 없는 배우자가 6억 이상 초과되는 부동산을 구입하는 경우에는 초과금액에 대하여 증여세가 부과될 수 있다.

4장

상속 전후
절세를 위한
방안

상속세 절세는 상속직전, 상속직후에도 어떻게 자산관리를 하고 준비하느냐에 따라 많은 차이가 발생한다. 상속이 임박하게 되면 상속재산을 줄이기 위해 무리한 행동을 하는 경우가 많다. 또한 상속이 발생하면 허둥지둥 대다가 상속세 신고 기한을 놓치거나 절세의 방안들을 숙고할 겨를도 없이 시간이 지나간다. 따라서 상속 전후 자산관리 방안을 검토하고 절세 방안을 마련해 두는 것도 중요하다.

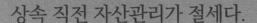

상속 전후 절세를 위한 방안

01.

상속 직전 자산관리가 절세다.

80세 어머니를 모시고 사는 고씨. 어머니는 하루가 멀다 하고 병원 신세를 지고 있다. 어머니의 상속재산은 15억원이 넘을 것 같다. 고씨가 상속세 절세를 위해 할 수 있는 일이 있을까?

추정상속 재산에 유의해라

상속개시일 前 2년내에 재산을 처분하거나 인출, 채무 부담한 경우로 사용처가 객관적을 명확하지 않은 금액이 일정액을 넘을 경우 상속인이 받은 것으로 추정하여 상속세 과세가액에 포함하는데 이를 추정상속재산이라 한다.

추정상속재산은 재산 종류별로 상속발생일 前 1년 이내에 2억원 이상, 상속발생일 前 2년 이내는 5억원 이상일 경우에 해당한다. 재산의 종류는 현금과 예금, 유가증권 등의 현금성 자산과 부동산 및 부동산에 관한 권리와 기타자산으로 구분된다. 따라서 1년에 2억원, 2년에 5억원 이상의 자산 인출에 대하여는 주의해야 한다. 즉 상속자산을 줄일 목적으로 고액의 자산을 피상속인의 자산에서 인출 은닉하거나 빼돌리는 행위는 바람직하지 않다. 사용처를 상속인이 입증하지 못하면 어차피 묻지도 따지지도 않고 상속재산에 포함하여 상속세를 부과하기 때문이다.

〈추정 상속재산의 이해〉

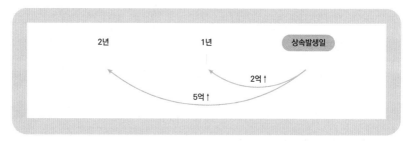

상속직전 2년간 인출금액은 사용처를 기록해라

앞서 추정상속재산의 위험성에 대하여 언급하였다. 따라서 추정상속재산 입증을 위해서는 피상속인 자산 인출시에는 사용처를 명확히 기록해 두는 습관이 필요하다. 금액이 명확히 정해져 있지는 않으나 몇백만원 이상의 큰 돈의 사용처는 더더욱 명확히 해두는 것이 필요하다. 특히 추정상속재산으로 입증책임이 상속인에게 있는 상속직전 2년 이내의 고액 자금 사용처는 반드시 기록해 둬야 한다. 추정상속재산 기간을 벗어난 자금흐름에 대한 입증책임은 과세 당국에 있기 때문에 상속직전 2년간의 피상속인의 자금관리가 더욱 중요하다.

계좌간 거래는 절대 금물, 5년간 거래 조회는 기본

추정상속 재산의 경우 상속인 계좌에서 인출된 금액이 1년에 2억, 2년에 5억 미만의 경우에는 해당되지 않는다. 다만 피상속인과 상속인간의 계좌간 거래는 명확하게 근거가 남아 있기 때문에 추정상속재산과 관계없이 상속재산에 포함될 수 있다. 일반적으로 상속세 조사는 피상속인과 상속인의 5년간 계좌조회는 기본이라고 봐도 된다. 따라서 계좌거래는 과세 당국이 정확히 파악하여 과세할 수 있다. 계좌를 통한 미신고 증여 역시 100% 파악하고 과세가 가능하다. 특히 피상속인이 고액 자산가이고 상속인 또한 사업가 이거나 자산가일 경우는 상속으로 인해 다양한 세무적인 문제가 발생 할 수 있기 때문에 더욱 주의가 필요하다.

상속재산 축소를 위해 피상속인 자산을 활용해라

상속세 절세의 기본은 상속 발생시점에 상속재산이 적어야 한다. 하지만 대부분의 가계에서 피상속인의 병원비, 생활비등을 자녀들의 자금으로 활용하는 경우가 많다. 이는 상속재산을 축소하는 행위하고는 거리가 멀다. 따라서 병원비 및 요양비는 기본이고, 사회통념을 벗어나지 않는 범위내에서 생활비는 피상속인의 자산을 최대한 활용하는 것이 필요하다. 또한 상속재산 축소를 위해 소비성 자산 이나 물건 구입 역시 피상속인의 자금을 활용하고, 그 사용처를 기록해 두는 것이 좋다.

상속 전후 절세를 위한 방안

02.

상속 발생시 배우자 공제가 절세의 핵심

30억 자산(금융10억, 부동산20억)을 상속받게 된 양씨네. 상속자산을 어떻게 나눠 갖는게 좋을지 고민이 많다. 상속세도 줄이면서 원만하게 자산을 분할할 수 있는 방법이 무엇일까?

가족관계(모친생존, 2형제), 장례비 1000만원 반영

배우자 공제에 따른 상속세 차이

배우자가 생존해 있을 경우 최저 5억원에서 최고 30억까지 배우자공제가 가능하다. 하지만 배우자의 법정상속지분과 실제 상속분을 초과할 수 없다. 양씨네의 경우 배우자 공제를 최소로 적용하여 상속세를 납부할 경우 상속세는 5.56억원이 된다. 하지만 배우자 법정상속지분인 12.8억원을 공제받을 경우에는 상속세는 2.41억원으로 감소하게 된다. 결국 배우자 공제 반영금액에 따라 상속세는 3.15억원의 차이가 발생하여 배우자 공제의 중요성을 실감할 수 있다.

배우자 공제	예상 상속세
최저 5억	5.56억
최대 12.8억	2.41억

10억   20억

배우자 有, 자녀 2명, 장례비 1000만원

부동산은 반드시 기한內 분할 등기해라

양씨가 배우자 법정상속지분 12.8억원을 최대한으로 공제받기 위해서는 실제로 12.8억원을 배우자가 상속받아야 한다, 위에서 언급한 바와 같이 배우자 실제 상속분을 초과 할 수 없기 때문이다. 특히 배우자가 부동산을 상속 받을 경우에는 유의해야 할 부분이 있다. 반드시 정해진 기한內에 상속재산을 분할하고 등기를 마쳐야 한다. 그래야 실제 상속받은 것으로 인정받아 배우자 공제가 가능하다. 좀더 자세히 알아보면 다음과 같다. 상속 부동산은 상속세 신고기한의 다음날부터 9개월이 되는 날까지 배우자 상속재산으로 분할하고 납세지 관할 세무서에 신고하여야 한다. 또한 부동산의 등기 원인은 반드시 '협의 분할에 의한 상속'으로 신고 할 필요가 있다. 분할 신고를 하지 않을 경우에는 배우자 공제는 최소 5억만 적용될 수 있기 때문이다.

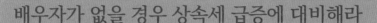

상속 전후 절세를 위한 방안

03.

배우자가 없을 경우 상속세 급증에 대비해라

> 홀로되신 어머니를 모시고 사는 박씨. 상속재산은 20억원 정도로 상속세는 걱정되지 않습니다. 아버지로부터 상속받을 때 30억원 자산이었지만 상속세는 2.5억원 남짓이었기 때문입니다. 박씨, 진짜 상속세 걱정 안 해도 될까?

배우자가 없을 경우 배우자 공제는 불가하다.

앞서 여러 번 언급 되었듯이 배우자 공제는 상속세 절세의 핵심이다. 배우자가 있을 경우에는 최저 5억원에서 최고 30억원까지 배우자 공제가 적용되어 상속세가 감소한다. 하지만 배우자가 없으면 배우자 공제는 적용되지 않아 최소 5억원에서 30억원까지 공제 받을 수 있는 기회를 상실하게 된다. 이러한 현상으로 인해 일반적으로 배우자가 있을 경우 10억원까지는 상속세가 없게 되는 것이다. 하지만 배우자가 없을 경우에는 10억원의 자산 상속시 상속세는 8800여만원이 발생된다. 배우자가 없을 경우 상속세가 발생하지 않는 자산 규모는 약 5억원으로 대폭 줄어든다. 따라서 배우자의 유무는 상속에 있어서 절대적이다.

배우자 없는 박씨네, 상속세 얼마나 될까?

아버지로부터 30억원을 상속받으면서 2.5억원 정도의 상속세를 납부한 박씨. 정말 상속세 걱정하지 않아도 될까? 박씨는 크게 잘못 생각하고 있는 것이다. 아버지로부터 상속 받을 때는 어머니가 계셔서 배우자 공제 12.8억을 받아서 상속세가 적었던 것이다. 하지만 어머니가 안계신 상황에서 배우자 공제가 불가하여 상속세는 4.46억원으로 크게 증가하게 된다. 상속재산은 30억원에서 20억원으로 줄었는데 **상속세는 오히려 2.5억원에서 4.46억원으로 약 2억 정도가 증가하게 된다.**

배우자가 생존해 있어도 공제 불가할 수 있다.

배우자 공제의 전제 조건은 반드시 배우자가 생존해 있어야 한다. 또한 배우자는 법적 배우자,법률혼에 의한 배우자만 받을 수 있다. 따라서 **동거인 등 법률적으로 부부관계가 성립되지 않는 사실혼의 경우에는 배우자 공제가 불가**하다. 자녀가 없는 경우에 배우자 공제는 어떻게 될까? 자녀가 없어도 배우자 공제는 가능하다. 또한 상속을 포기 하거나 실제로 상속을 하나도 받지 않아도 배우자 공제는 가능하다. 다만 **상속포기나 실제 상속분이 없을 경우에는 배우자 공제 5억만 가능**하다.

〈배우자 공제 사례 요약〉

내 용	배우자 공제 적용 여부
배우자가 없을 경우	불가
동거 등 사실혼 배우자(법률혼이 아닌 경우)	불가
자녀가 없는 경우	배우자 공제 가능
배우자 상속 포기시	배우자 공제 5억만 가능
배우자 실제 상속액이 없을 경우	배우자 공제 5억만 가능

상속세 준비가 답이다.

많은 가정의 경우 일반적으로 재산이 아버지에게 치중되어 있고, 대부분 남자의 평균수명이 짧기에 아버지가 먼저 사망할 것이라 예측하게 된다. 결국 자산이 많은 아버지 사망시 발생할 상속세만을 준비하는데 관심을 두고 있다. 그러나 앞의 사례에서 봤듯이 부모 중 홀로 남으신 분의 사망으로 인해 상속이 발생할 경우 상속세가 훨씬 더 부담이 된다. 따라서 홀로 남은 부모를 둔 상속인들은 상속세에 대한 준비가 더욱 필요한 것이다. 상속세는 현금자산이 중요하다. 어떻게 상속세를 현금자산으로 준비할 것인가에 대한 방법을 마련해야 한다.

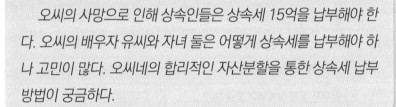

상속 전후 절세를 위한 방안

04.

상속세를 고려한 자산분할과 연대납부 활용해라

오씨의 사망으로 인해 상속인들은 상속세 15억을 납부해야 한다. 오씨의 배우자 유씨와 자녀 둘은 어떻게 상속세를 납부해야 하나 고민이 많다. 오씨네의 합리적인 자산분할을 통한 상속세 납부 방법이 궁금하다.

상속세는 누가 납부해야 하는가?

상속세는 원칙적으로 상속인들이 상속 받은 재산 비율에 따라 상속세를 안분하여 납부하여야 한다. 오씨네의 경우 배우자 유씨와 자녀 둘이 똑 같은 비율로 자산으로 상속 받았다면 상속세는 각각 3명이 5억원씩을 납부하는 것이 원칙이다. 하지만 상속세 납세 의무자 중 일부가 상속세를 납부하지 않을 경우에는 어떻게 될까? 이러한 경우에는 다른 납세의무자가 미납된 상속세에 대하여 본인이 받은 상속재산 한도에서 연대납부 책임을 진다. 다시 말해 두 자녀가 상속세 납부의무를 이행하지 않으면 모친(유씨)이 상속세 납세의무를 지게 된다. 요약하면 상속세는 상속 재산비율에 따라 안분하여 납부해야 하지만, 상속인 중 미납된 상속세가 있으면 다른 상속인이 본인이 받은 재산한도 내에서 연대납부 의무가 주어진다. 결국 상속세는 상속인 중 아무나 납부해도 된다.

상속세는 누가 납부하는 것이 좋은가?

결론부터 말하면 **상속세는 피상속인의 배우자인 유씨가 납부하는 것이 가장 좋다.** 상속세는 연대 납부 의무가 있기에 상속인 중 누가 납부해도 상관없다. 자녀들의 상속세를 모친이 납부하여 주어도 증여세 납부나 별도의 불이익이 발생하지 않는다. 따라서 상속세는 모친이 자녀들의 상속세까지 납부하는 것이 가장 현명한 방법이다.

상속세를 피상속인의 배우자인 유씨가 납부하면 좋은 점은 무엇인가?

첫째, 자녀들의 상속세를 모친(유씨)이 대신 납부하여 줌으로 **자녀들의 실질 상속재산이 증가한다.** 둘째, 피상속인의 배우자 유씨의 재산 감소로 인해 **유씨 상속 발생시 상속세 절감 효과**를 가져온다. 유씨 사망시 배우자 공제 불가로 인해 증가되는 상속세 부담을 줄일 수 있다.

상속세 부담되면 분할 납부하면 된다.

상속세 납부가 부담이 된다면 유씨는 연부연납이란 제도를 활용한 분할 납부가 가능하다. 연부연납은 납부할 세금이 2천만원이 초과하면 세무서에 연부연납을 신청하고 허가를 득하면 가능하다. 허가일부터 최대 10년에 걸쳐 세금을 분할하여 납부 할 수 있다.(가업상속의 경우 최대 20년간 또는 10년거치 10년 분할납부가능). 연부연납시에는 2023년 5월 기준 연 2.9%의 가산금을 납부하면 된다. 따라서 유씨는 상속세 15억원에 대하여 상속세 신고 기간 안에 1회분을 납부하고 나머지를 10년에 걸쳐 납부하면 된다. 따라서 상속세 신고 시 1억 3700여만원을 납부하고 10년에 걸쳐 1억 3700여만원씩 10회에 분할납부 하면 된다.(가산금은 별도). 따라서 연부연납 제도를 활용하면 과도한 상속세 부담은 일정부분 해소 할 수 있다.

〈오씨네의 상속세 15억 연부연납 납부 계획〉

최초	1회	2회	3회	4회	5회
1.37억	1.37억	1.37억	1.37억	1.37억	1.37억

6회	7회	8회	9회	10회
1.37억	1.37억	1.37억	1.37억	1.37억

*매년 잔액에 대해 2.9%의 가산금 추가 납부

상속세를 고려한 자산분할 방법은?

배우자 공제는 상속세를 절세할 수 있는 최고의 방법이라고 앞서 수없이 언급했다. 따라서 배우자 공제와 상속세 납부금액을 고려하여 배우자의 몫을 결정하는 것이 필요하다. 배우자가 상속재산을 너무 많이 받을 경우 본인 상속발생시 세부담이 증가 할 수 있음에 유의해야 한다. 또한 **피상속인의 배우자인 유씨는 납부 상속세를 고려한다면 금융재산을 상속 받는 것이 현명한 방법**이다. 유씨가 부동산을 상속 받으면 상속세 납부재원으로는 활용하기에 부적절하기 때문이다.

잘못된 상속재산 분할 사례

흔히 상속인들이 범하는 잘못된 상속재산 분할 사례를 알아보면 다음과 같다. **첫째, 배우자가 부동산 중심으로 상속 받**

는 것은 좋지 않다. 부동산 중심의 상속재산 분할은 상속세 납부 재원이 없어서 자녀들이 모친의 상속세까지 납부해줘야 하는 상황이 될 수 있다. 그 결과 모친의 자산은 증가하고 자녀들의 자산은 감소하게 된다. **둘째, 자산가치 상승이 예상되는 자산을 모친이 상속 받는 것은 금해야 한다.** 모친의 자산 증가는 추후 상속 발생시 급격한 상속세의 증가를 가져오기 때문이다. 따라서 자산가치의 큰 상승이 예상되는 자산은 피상속인의 배우자보다는 자녀들이 상속 받는 것이 바람직하다. **상속재산 분할은 상속세 납부를 조언하고 절세를 도와주는 세무사들도 적극적으로 조언을 해주는 경우가 드물다. 따라서 상속인들은 이런 부분까지를 염두에 두고 상속재산 분할 계획을 사전에 세우는 것이 현명하다.**

상속 전후 절세를 위한 방안

05.

상속세 신고 및 납부로
끝난 것이 아니다.

김씨는 부친의 상속이 임박한 것을 알고 5~6년 전부터 차명으로 아버지 자산도 돌려놓고 금 등 실물자산으로 보관하고 있었다. 상속 발생 4년이 지난 후 김씨는 차명자산과 금괴 등을 본인 이름으로 돌려오고 싶다. 상속세도 납부했고 조사도 끝났으니 아무 문제 없겠다고 생각한다. 정말 괜찮은 걸까?

고액상속인 사후 관리

일반적으로 30억 이상의 고액 상속재산을 상속받았을 경우에는 상속세 신고 납부와 조사가 끝났다고 해서 안심하기는 이르다. 국세청에서는 보통 5년간 상속인에 대해 사후 관리를 한다고 알려졌기 때문이다. 상속 당시 보다 상속인들의 급격한 자산 증가 등은 세무 조사의 대상이 된다. 따라서 은닉한 상속재산을 상속인 명의로 실명전환 하거나, 운영하여 자산을 증식시키는 것은 대단히 위험한 일이다.

고액자산 탈루시 15년간 안심할 수 없다.

상속세 및 증여세의 경우 국세를 부과할 수 있는 기간 즉 국세 부과제척기간이 15년으로 가장 길다. **상속세 신고기한이 지나도 15년이내에 언제든지 세금을 추징할 수 있다는 것이다. 또한 탈루 재산가액이 50억이 넘으면 과세 당국은 그 사실을 안 날로부터 1년이내 언제든지 세금을 부과 할 수 있어 부과제척기간이 무의미 할 수 있는 경우도 있다.**

〈상속세 및 증여세 부과 제척기간 15년 인 경우〉

> 납세자가 부정한 방법으로 포탈하거나 환급 공제 받은 경우
>
> 신고서를 제출하지 아니한 경우
>
> 신고서를 거짓 또는 누락 신고한 경우(거짓 누락신고 부분만 해당)

상속 및 증여의 포탈 재산가액이 50억을 초과할 경우에는 상속 또는 증여가 있음을 안 날로부터 1년 이내에 상속세 및 증여세를 부과할 수 있는 경우는 다음과 같다.

> ① 제3자 명의의 피상속인 또는 증여자의 재산을 상속인 또는 수증자가 취득한 경우
>
> ② 피상속인이 취득할 재산이 계약이행 기간에 상속발생으로 미등기,미등록, 명의개서가 이루어지지 않고 상속인이 취득한 경우

③ 국외에 있는 상속재산이나 증여재산을 취득한 경우

④ 명의개서가 필요하지 않은 유가증권,서화 골동품등을 취득한 경우

⑤ 수증자 명의로 되어있는 증여자의 금융자산을 수증자가 보유하고 있거나 사용 수익한 경우

⑥ 비거주자인 피상속인의 국내 재산을 상속인이 취득한 경우

⑦ 상속세 및 증여세법 제 45조2의에 따른 명의 신탁재산의 증여 의제에 해당하는 경우

⑧ 가상자산을 자상자산 사업자를 통하지 않고 상속인이나 수증자가 취득한 경우

부과 제척기간을 통해서도 알 수 있듯이 상속세 및 증여세 조사는 가장 긴 기간 동안, 가장 강력한 방법으로 조사가 이루어진다. 따라서 포탈재산가액이 50억을 초과한다면 탈세 사실을 안날로부터 1년이내 언제든지 추징이 가능하다. 물론 포탈 재산가액이 50억을 넘지 않는다면 상속세 신고기한 다음 날부터 15년만 지나면 상속세 및 증여세로부터 자유로워질 수 있다.

소득지출 분석시스템과 세무조사

국세청은 소득지출분석시스템(Property, Consumption and Income Analysis System), 일명 PCI시스템을 활용하여 적극적으로 탈루 혐의자를 전산 추출함으로써 지능적인

탈세에 적극 대처하고 있다. PCI시스템은 국세청에서 보유하고 있는 과세 정보자료를 체계적으로 통합 관리하여 일정 기간 신고소득과 재산 증가, 소비 지출액을 비교 분석하는 시스템이다.

〈PCI시스템 모델〉

재산증가액		소비지출액		신고소득금액	
부동산		카드, 현금영수증 사용액		수입금액(매출액)	
주식				⊖	(필요경비)
자동차, 회원권	+	해외체류(여행비)	−	⊖	소득금액
기타등기재산 (취득−양도=증가(감소)액)				⊖	(세금)
금융재산이자지급명세서 등 (부채상환 포함)		해외송금(유학자금)		신고소득금액	

PCI시스템은 개인사업자 탈루소득 적발, 법인사업자의 법인자금 사적 사용 여부 검증, 고액자산 취득 시 자금 출처관리, 세무조사 대상자 선정 시 등에 활용한다. 상속인들의 세무 조사에도 적극적으로 활용이 가능한 시스템이다.

국세청은 2023년 2월 다양한 세무 검증 시스템을 활용하여 84명을 세무조사에 착수하였다는 보도자료를 제공하였다. 몇 가지 사례를 소개하면 다음과 같다.

인터넷에 저작물을 연재하는 웹툰 작가가 설립한 법인으로 실제 근무하지 않은 가족에게 가공의 인건비를 제공하여 법인 자금을 유출하고, 대표는 법인 명의로 슈퍼카 여러 대를 사적으로 사용하고 있었다. 또한 법인 신용카드로 고가의 사치품을 구매하고 SNS를 통해 적극적으로 과시하는 등 호화 사치생활을 하는 것이 적발되어 법인자금 유출 등의 혐의로 엄정 조사에 착수하였다.

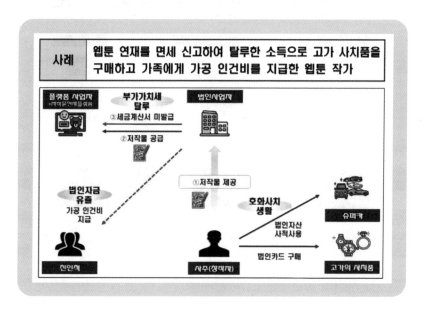

두 번째 사례는 젊은 층에 인기 높은 재테크 방송 전문 유튜버이다. 가상자산 거래소를 홍보하여 해당 거래소를 가입시키고 수수료를 가상자산으로 수취한 뒤 신고 누락하였다. 또한 수입이 급증하자 방송 수입 등을 친인척과 직원 명의 등 차명으로 소득을 분산하였고 가족 채무를 대신 상환하면서 신고를 누락하였다. 탈루 소득으로 고가 부동산과 슈퍼카를 가족 명의로 구입하는 등 호화 사치생활을 영위하는 것으로 나타나 매출 누락과 증여세 누락 혐의로 조사에 착수하였다.

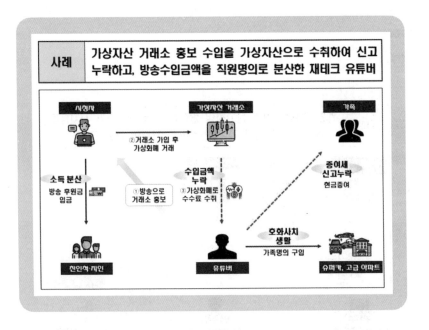

두 사례의 공통점은 호화 사치생활을 하였다는 것이다. 과세 당국은 조사 전에 어떻게 알고 실제 세무조사에 착수할 수 있었을까? 그것은 소득 지출 분석시스템을 활용해 소득과 지출 자산 증가 현황에 대한 사전 분석을 통해 알게 된 것이다. 이외에도 다양한 전산시스템을 활용하여 적극적으로 탈세 방지에 주력하고 있다.

금융거래의 저승사자, 금융정보분석원

금융정보분석원(Financial Intelligence Unit: FIU)은 2001년 설립되었으며, 금융회사로부터 보고받은 의심스러운 금융거래 정보를 분석한다. 분석 결과 범죄자금 또는 자금세탁과 관련 있다고 판단될 경우 법 집행기관(검찰청, 경찰청, 국세청, 관세청)에 관련 정보를 제공하는 역할을 한다.

FIU는 금융회사로부터 정보 제공을 받기 위해 의심거래보고 제도와 고액현금거래보고 제도를 운영하고 있는데 FIU의 〈2021년 연차보고서〉를 통해 그 역할에 대해 알아보면 다음과 같다.

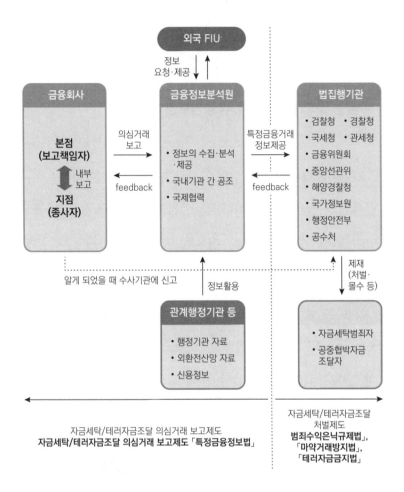

의심거래보고 제도는 금융거래 등과 관련하여 불법재산 또는 자금세탁 행위로 의심될 경우 FIU에 보고하도록 하는 제도인데 금융회사 자체 기준을 통해 운영되고 있다. FIU 자료에 의하면 2021년 의심 거래 보고 건수 884,655건 중에서 42,595건이 법집행기관으로 제공되어 탈세 등 각종 범법행위 조사자료로 활용됐을 것으로 추정된다. **고액현금거래보고**

제도는 하루 1천만원 이상의 현금을 입금하거나 출금한 경우 거래자의 신원, 거래 일시, 거래 금액 등이 전산시스템을 통해 자동으로 FIU에 보고되도록 하고 있다. 고액현금 거래 건수는 2021년 20,551건으로 2018년 9,539건 대비 100%정도 증가되었다.

〈특정금융거래정보의 법집행기관별 제공내역〉

(단위 : STR)

구분	검찰청	경찰청	국세청	관세청	금융위	선관위	해경청	국정원	공수처	행안부	합계
2016	1,136	6,678	14,827	2,232	329	0	0	3	–	–	25,205
2017	735	4,910	13,773	2,972	30	0	210	4	–	–	22,634
2018	890	10,572	17,746	4,178	6	0	0	0	–	–	33,392
2019	1,924	11,760	13,069	2,658	12	0	0	0	–	–	29,423
2020	1,146	14,795	19,939	1,888	0	0	0	0	–	–	37,768
2021	2,642	18,785	17,475	3,651	30	0	0	12	0	0	42,595
합계	8,473	67,500	96,829	17,579	407	0	210	19	0	0	191,017

추가적으로 한 가지 더 관심을 기울일 부분이 있다. FIU가 자체 분석하여 제공한 데이터가 2021년 42,595건이었는데, 법 집행기관이 추가로 요구한 자료도 무려 41,645건이나 되었다. 특히 **국세청은 탈세 혐의자 관리와 조사를 위해 가장 적극적으로 FIU 수집 정보를 활용하는 것으로 나타났다. 특정 금융거래정보의 법 집행기관의 자료 요구 건수는 2021년**

41,645건이었는데 그 중 40,742건, 98%가 국세청에서 요구한 건수였다.

최근 우리나라를 떠들썩하게 하고 있는 정치인의 가상화폐 투자 관련한 것도 최초에 FIU에 포착이 되었고, 그 자료들이 사법당국과 공유되면서 문제가 확산되었다.

따라서 **고액 자산가들의 경우 의심 거래나 고액현금 거래와 관련하여 대단히 주의가 필요함을 알 수 있다. 고도화되는 세무 검증시스템에서 세무 리스크 축소에 관심을 가져야 한다. 상속세 신고 납부로 끝났다고 생각하는 것은 착각일 수 있다. 또한 상속세 조사의 엄격함과 상속세 제척기간이 15년이고 50억 초과시 안날로부터 1년이내 언제든지 상속세를 부과할 수 있다는 것을 철저히 유념할 필요가 있다.**

5장

상속 해결사, 보험 바로 알기

상속세는 한 사람이 일생 동안 땀 흘려 모은 자산의 일부를 무상으로 국가에 헌납하는 것과 같다. 이런 상황에 대비하기 위해 많은 부자들은 보험을 활용한다. 왜 많은 부자들이 일반인들보다 보험을 더 선호하고, 보험에 많은 투자를 할까? 보험이 재테크 차원에서도 훌륭한 금융자산의 역할을 하기 때문이다. 또한 상속세 납부재원으로 그 어떤 금융자산보다 장점이 있기 때문이다. 상속세를 본인의 자산이 아닌 보험회사에서 지급되는 보험금을 통해 해결할 수 있다.

상속 해결사, 보험 바로 알기

01.

보험에 대한 인식의 전환

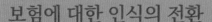

> 자수 성가한 55세의 황씨. 15억원 상당의 부동산과 10억원의 예금 자산을 보유하고 있다. 주변에서 보험가입을 권유하지만 자신은 건강에 자신도 있고 치료비 정도는 보유자산으로 해결 가능해서 전혀 걱정 없다고 생각한다. 황씨, 정말 보험이 필요 없는 것일까?

위험과 보장의 이해

위험은 경제적 관점에서 보면 "원하지 않는 내외부 충격으로부터 자산이나 소득의 손실을 가져오는 것"이라 할 수 있다. 위험은 우리가 살아가는 동안에 피할 수 없는 것이다. 어떠한 형식으로, 언제, 어디서, 어떻게, 닥칠지 모르는 불확실성을 가지고 있기에 '위험'이라 부른다. 그래서 사람들은 그러한 위험을 축소하고 회피하기 위해 많은 노력을 한다. 하지만 대부분의 위험은 발생하지 전까지는 그 심각성을 인식하는게 쉽지 않다. 그래서 위험에 대한 대비 역시 소홀한 경우가 많다. 하지만 현명한 사람은 위험으로부터 회피할 방법을 찾기도 하고,

위험으로부터의 보호, 보장 받을 수 있는 다양한 장치와 수단을 준비한다. 우리는 이러한 외부 위험으로부터의 보호대책이 필요한데 이것을 '보장'이라도 부른다.

그럼 우리가 원하지 않는 내외부 충격으로부터 자산이나 소득의 손실을 가져오는 것으로부터 보장해 주는 수단은 무엇일까? 많은 것들 중에 하나가 바로 보험이다. 결국 **'보험은 원하지 않는 내외부의 충격으로부터 내가 피땀 흘려 모은 자산과 소득의 손실을 막아주는 보장장치'**이다.

보험은 내 자산을 지키는 수단이다.

황씨에게 정말 보험은 필요 없고 무의미한 것일까? 황씨는 아마도 보험 보다는 예적금, 부동산이 소중하다고 생각할 것이다. 보험은 예적금이나 부동산보다 수익률 측면에서 본인의 자산증식에 도움이 되지 않는다고 여길 것이다. 물론 보험은 표면적으론 예적금보다 수익률이 낮을 수 있다. 하지만 보험은 예적금 이상의 가치를 가지고 있다. 위에서 말한 것처럼 보험은 만일의 사고에 대비하는 것이기에 그 자체로 가치가 있는 것이다. 많은 사람들이 왜 1년에 사고 한번도 나지 않음에도 불구하고 몇십만원에서 몇백만원하는 자동차 보험료를 매년 내고 있는가? 그것은 바로 혹시나 모를 사고로부터 자산을 보호하기 위해서다. 사고시 보험을 통해 내가 부담해야 할 피해자의 고액의 치료비와 위로금 등을 보험에서 해결해 줌으로 나의 부담을 줄일 수 있기 때문이다. 자동차 의무보험은 타인을 위한 보험이다. 그럼 본인을 위한 준비는 어떠한가? 나의 신체적 사고로 인한 치료비와 소득손실을 위한 대비는 더욱 중요하지 않은가? **자산증식과 부에 대한 욕망이 큰 황씨에게 들려주고 싶은 말이 있다. 그것은 당신이 그토록 아끼는 자산을 지키기 위해서는 보험에 가입해야 한다는 것이다.**

보험도 재테크의 도구다.

보험에 대한 인식의 전환이 필요하다. 많은 사람들이 보험을 '보장자산'이란 단어로 사용하기 시작했다. 그것은 보험이 단순한 상품이 아닌 부동산자산, 금융자산과 똑같은 자산이란 의미이다. 사람들이 소중하게 모으고, 늘리고, 지키려는 자산처럼 보험도 그러한 자산이란 뜻이다. 보험엔 관심도 없고 오직 자산증식에만 관심 있으며, 모은 자산을 극도로 소중하게 생각하는 황씨에게 다음의 얘기를 하고 싶다.

황씨가 〈사례1〉 상항에서 심각한 질병이나 사고로 인해 치료비 1억이 발생한다고 가정을 해보자. 치료비는 어떻게 마련해야 할까? 자산을 지키기 위해 치료를 거부하지는 않을 것이다. 그럼 황씨가 선택할 수 있는 유일한 방안은 소중하게 모으고 증식시킨 금융자산에서 1억을 소비해야 할 것 이다. 만약 황씨에게 금융자산이 없었다면 부동산을 담보로 대출을 받거나, 매각을 통해 충당해야 할 것이다. 결과적으로 1억의 치료비 지출로 인해 황씨의 자산은 25억원에서 24억원으로 감소하게 된다.

황씨 보험가입 前 〈사례1〉

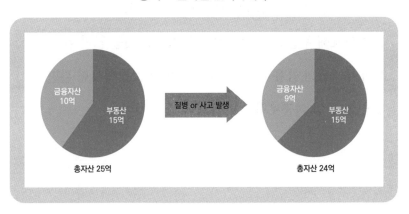

그러나 황씨가 보험 가입 후 질병이나 사고가 발생했다고 가정한 〈사례2〉를 보자. 가입한 보험회사에서 치료비 1억원을 지급 받으면 황씨의 자산 변동은 전혀 발생하지 않는다. 치료비를 황씨가 가입한 보험에서 지급받았기 때문이다. 결국 황씨가 가입한 보험이 보장 자산의 역할을 통해 다른 자산을 보호해 준 것이다. 보험이 자산의 손실을 막아준 것이다. 다른 자산을 보호하고 지켜 준 것이다. 결과적으로 보험을 가입하지 않은 〈사례1〉에서는 1억 손실이 발생했는데, 〈사례2〉에서는 손실이 발생하지 않아 자산 25억원에 변동이 없다. 재테크 측면에서 바라보면 〈사례2〉의 경우가 훨씬 나은 성적을 거둔 것이다. **재테크는 수익도 중요하지만 손실을 줄이고 막는 것 즉 리스크 헷지, 위험관리도 대단히 중요하다. 하락장에서 손실이 적은 사람이 재테크를 잘한 것이다. 결국 보험은 보장자산으로써 당신이 그렇게 애써 모으고, 늘리고, 지켜온 다른 자산을 보호해 주는 가장 중요한 자산이라는 것을 잊지 말자. 그래서 부자들의 금융자산 포트폴리오에는 보장성보험 뿐만 아니라 저축 및 연금보험이 포함되어 있는 것이다.**

황씨 보험가입 後 〈사례2〉

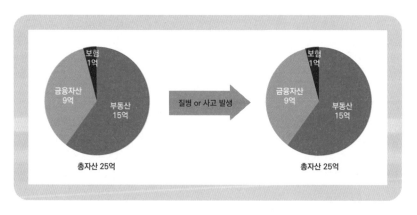

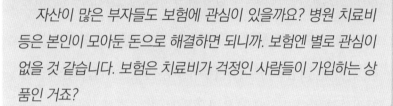

상속 해결사, 보험 바로 알기

02.

부자들은 보험을 좋아한다.

자산이 많은 부자들도 보험에 관심이 있을까요? 병원 치료비 등은 본인이 모아둔 돈으로 해결하면 되니까. 보험엔 별로 관심이 없을 것 같습니다. 보험은 치료비가 걱정인 사람들이 가입하는 상품인 거죠?

부자들의 금융자산에는 보험이 있다.

2011년부터 국민은행에서는 금융자산 10억원이상 보유한 개인을 한국부자로 칭하고 부자의 현황과 투자형태, 자산관리 형태에 대하여 분석한 '한국부자 보고서(Korea Wealth Report)'를 발간하고 있다. 또한 하나은행에서는 2007년부터 한국 부자들의 자산관리방식과 라이프스타일을 분석하고 보고서를 내고 있다. 하나은행 역시 금융자산 10억원 이상의 보유고객을 부자라 칭하고 있고, 부자 중 금융자산 100억이상 또는 보유자산 300억원 이상의 고객을 슈퍼리치로 분류하여 매년 '대한민국 웰스리포트'(Korea Wealth Report)를 발간하고 있다. 본 저서에서 인용한 자료는 2022년 12월 국민

은행과 하나은행에서 발간한 보고서를 참고로 하였다. 2022
년 부자보고서에 의하면 부자들은 과연 보험을 얼마나 보유
하고 있을까?

국민은행 보고서에 의하면 부자들의 84.5%가 만기환급형
보험(저축과 연금보험)을 보유하고 있었다. 주식(77.3%)펀드
(52.8%)를 보유한 사람보다 월등히 많은 인원이 보험을 보유
하고 있었다.(참고자료1) 거주용부동산과 수시입출금예금을
제외하고는 가장 높은 보유비율을 보여, 저축성보험은 자산포
트폴리오의 필수상품으로 자리잡고 있음을 알 수 있다.

〈참고자료 1〉 부자의 세부 자산유형별 보유율

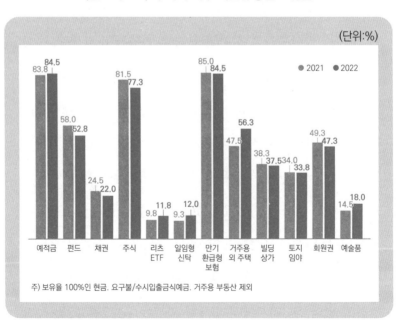

주) 보유율 100%인 현금. 요구불/수시입출금식예금. 거주용 부동산 제외

그럼 부자들의 금융자산에서 보험이 차지하는 비중은 몇 퍼센트 정도나 될까? 금융자산에서 보험이 차지하는 비중은 아주 미미할 것이라고 예상할 것이다. 하지만 당신은 하나은행 보고서에 나타난 보험구성비 〈참고자료2〉를 보면 놀라게 될 것이다. 보험과 연금이 금융자산에서 차지하는 비중은 15%로 예금(35%)과 주식(16%) 다음으로 높은 비중을 차지하고 있다. 펀드,신탁 14%, 현금입출금통장 13%, 채권6%보다 높은 비중을 보험이 차지하고 있다. 가히 놀라울 정도로 부자들은 보험에 대한 관심이 높고, 보유비중 역시 높은 것을 알 수 있다. 그래서 나는 보험을 '부자들의 금융상품, 부자들을 위한 금융상품'이라 자신 있게 말한다.

〈참고자료 2〉 부자의 금융자산 구성 변화

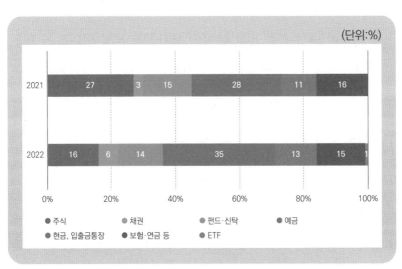

팬더믹 상황! 보험의 가치가 빛나다.

코로나19 위기 상황에서 부자들의 보험에 대한 투자 형태를 보면 보험의 가치를 더욱 알 수 있게 될 것이다. 국민은행 보고서에 의하면〈참고자료3〉 2020년 11.6%에서 2021년 12.2%로 미세하나마 소폭 투자 비중이 늘었다.

〈참고자료 3〉 코로나19 팬데믹 시기의 금융자산 포트폴리오

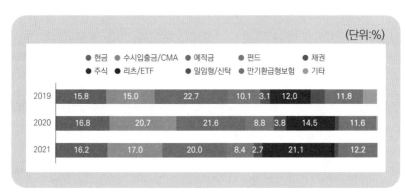

하지만 더 중요한 것은 팬더믹 상황에서 투자 성과를 살펴볼 필요가 있다〈참고자료4〉. 팬더믹 기간 중에 한국부자는 주식에서는 수익을 경험한 경우가 22.3%로 가장 높았지만, 손실이 발생했다고 응답한 비율 역시 37%로 가장 높았다. 다음으로는 펀드에서 수익이 발생한 비율이 12.3%로 높았지만, 손실이 발생한 비율도 19%로 높았다. 세번째로 수익이 발생했다고 응답한 비율이 높은 투자 유형은 만기환급형 보험이

11.8%로 많았다. 하지만 더욱 중요한 것은 만기환급형 보험에서 손실이 발생했다는 비율은 3.8%로 매우 낮은 수준을 기록하였다. 수익과 손실이 발생하지 않은 비율이 72%를 차지해 보험은 시장상황과 관계없이 안정적인 상품이라는 사실을 보여주는 실질 사례라 할 수 있다.

〈참고자료 4〉 금융자산 유형별 투자 성과

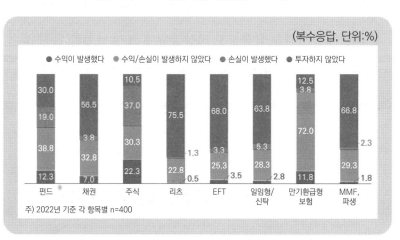

〈주요 상품 수익과 손실발생 비율〉

주요 상품	수익 발생했다	손실 발생했다	수익/손실 발생하지 않았다
주식	22.3%(1위)	37%(3위)	30.3%(4위)
펀드	12.3%(2위)	19%(2위)	38.8%(2위)
보험	11.8%(3위)	3.8%(1위)	72%(1위)
채권	7.0%(4위)	3.8%(1위)	32.8%(3위)

**손실 경험 비율은 낮을수록 우수

부자들의 보험에 대한 선호를 요약해보면, 부자들에게 보험은 필수 금융상품으로 자리잡고 있다. 전체 금융자산에서 차지하는 비중 또한 10~15%의 높은 비중으로 많이 투자 하고 있다. 왜 부자들이 보험을 좋아하고 그들의 포트폴리오에 높은 비중으로 보유하고 있는지는, 코로나19 팬더믹 상황에서의 수익률과 손실률을 통해 확인할 수 있었다. 보험에서 수익을 경험한 비율도 높았다. 보험은 장기 투자시 안정적으로 환급금이 증가하는 상품으로 시장상황에 크게 영향을 받지 않기 때문이다. 따라서 부자들은 손실을 최소화하면서 안정적인 수익이 가능한 보험을 선호한다는 것을 알 수 있다.

머니투데이   2019년 02월 25일 월요일 010면 금융

고액 자산가들이 종신보험 찾는 이유

삼성생명 설문조사

"상속세 재원 마련·금리 높아" … 보험상품중 가장 선호
고수익 예상 자산, 부동산 제치고 주식·펀드 첫손 꼽아
연평균 기대수익률 5~6% … 관심사는 상속·절세·승계

상속 해결사, 보험 바로 알기

03.

상속세 고민 해결할 수 있다.

평생 일군 돈으로 강남에 빌딩을 건축한 홍씨. 홍씨의 자산은 120억원 정도로 예상된다. 하지만 빌딩을 건축하느라 20억원대의 대출이 있다. 홍씨, 만약에 상속이 발생하면 상속세는 어떻게 마련해야 할지 걱정이다. 좋은 방법은 없는 걸까? 가족관계는 배우자와 2명의 자녀가 있다.

평생 일군 자산으로 상속세 내야 하는 홍씨

홍씨가 사망하게 되면 상속세는 얼마나 될까? 상속재산에서 부채와 장례비를 제외하면 상속세 과세가액은 99억 9000만원이 된다. 과세가액에서 일괄공제 5억과 배우자공제 최대한도인 30억원을 제외하면 상속세 과세표준은 64억 9000만원이다. 과세표준 30억 초과시 과세표준에 50%를 계산한후 4억 6000만원을 제하면 상속세 산출세액은 27억 8500만원이 된다. 취득세를 감안하면 총 부담세액은 약 30억원이 된다. **홍씨에게 당장 상속이 발생한다면 상속세 납부재원은 어떻게 마련할 수 있을까? 대단히 난감한 상황이 전개될 수 밖**

에 없다. 현재도 부채가 20억원이 있는데 상속세를 낼 현금이 없기 때문이다. 방법은 부동산 매각이나 대출이 유일한 대안이 될 것이다.

<홍씨의 예상 상속세>

상속재산	120억원
(-)부채	20억원
(-)장례비	1000만원
(=)상속세 과세가액	99억 9000만원
(-)일괄공제	5억원
(-)배우자공제	30억원
(=)과세표준	64억9000만원 (50%-4억 6000만원)
(=)산출세액	27억 8500만원

가장 효과적인 상속세 납부재원 마련방법은?

비단 홍씨의 경우뿐만 아니라 많은 사람들이 상속세 납부 재원에 대한 고민과 준비가 부족하다. 결국 상속세 납부재원에 대한 준비가 제대로 되지 않는다면, 그것은 상속인들에게 엄청난 부담과 짐을 지우는 결과를 가져온다. 그래서 상속세 납부 재원을 어떠한 방법으로 준비하고, 어떤 자산을 활용하여 상속세를 납부 할 것인가에 대한 고민이 필요하다.

상속세를 어떤 자산을 활용하여, 어떠한 방법으로 납부하는 것이 좋을까? 상속세를 해결할 수 있는 몇가지 방법을 정리해 보면 다음과 같다.

첫째, 현금성자산인 금융자산을 활용하는 방법이다. 하지만 우리나라 국민들은 자산의 80%이상이 부동산으로 구성되어 있다. 다만 극소수 부유층의 경우는 전체자산에서 금융자산이 차지하는 비중이 40% 정도로 알려져 있다. 그 또한 주식과 펀드 등의 투자형 상품에 많이 투자되어 있다. 그러한 금융상품의 경우 손실이 극심한 상태에서 상속이 발생하면 상속세 납부 재원으로의 역할을 할 수 없다. 뿐만 아니라 상속세를 납부하기 위해 엄청난 손실을 감내하면서 해지하여 상속세를 납부해야 한다. 결국 자산의 손실을 가져오게 된다.

또한 상속세 예상 납부금액이 30억원이라고 가정을 해보자. 30억원을 준비하기 위해 매월 1000만원씩 적립한다면 원금기준으로 25년을 납입해야 한다. 즉 25년 이상을 살아있어야 한다는 것이다. 하지만 상속은 언제 발생할지 아무도 모른다. 만약 상속이 10년만에 발생한다면 적금은 12억원밖에 적립되어 있지 않아 상속세 납부 재원으로 사용이 불가능하다는 단점을 가지고 있다.

둘째, 보유 부동산을 활용하여 대출을 받아서 상속세를 납

부하는 방법이 있을 수 있다. 담보 대출시 이자를 상속인들이 부담해야 하기에 상속인들은 채무자가 된다. 또한 담보 대출을 받기 위해 감정평가를 받게 되면 부동산 시가가 노출되어 상속재산 가치가 증가하여 추가적인 상속세를 부담해야 할 위험성이 있다. 나의 자녀들이 내가 물려준 자산으로 인해 빚쟁이가 되는 걸 바라지는 않을 것이다. 이미 부채가 20억원이 있는 홍씨 자녀들이 또다시 30억원의 부채를 통해 상속세를 납부해야 한다면 상속인들은 50억원의 채무를 감당해야 한다. 그 이자와 원금 상환은 언제 가능할까? 따라서 부동산 자산가가 상속세 준비를 부동산 대출을 통해서 하겠다는 것은 상상도 못할 일이다.

셋째, 부동산을 매각하여 상속세를 납부하는 방법이 있다. 그러나 부동산 매각을 통해 상속세 문제를 해결한다는 것은 가정 자체가 잘못된 것일 수 있다. 부동산을 상속세 납부 기한內에 매각된다는 보장은 아무도 할 수 없다. 부동산 자산 가격이 높을수록 매수자를 찾기가 더욱 어렵다. 또한 상속세 납부 기한에 쫓기다 보면 급매를 할 수 밖에 없을 것이다. 급매의 경우 시세보다 낮은 가격으로 매각함으로 실질적 손실이 발생할 수도 있다. 그리고 상속세 신고가격보다 높게 매각시에는 상속세 추가 부담이 발생할 수 있다. 마지막으로 피상속인이 평생에 걸쳐 일궈온 자산을 매각하길 바라지는 않았을 것이다. 그럴 것이라면 처음부터 부동산이 아닌 자산으로 상속을 준비하는 것이 낫기 때문이다.

넷째, 부동산으로 상속세를 납부하는 물납의 방법이 있다. 물납시 당연히 자산가치는 낮게 평가되기 때문에 자산의 손실을 가져오게 되는 것이다. 또한 부동산 매각과 같은 결과로 피상속인이 평생 일궈온 자산을 상속세 납부 재원으로 사용하게 한다는 것은 피상속인에게도 상속인에게 바람직한 일은 아닐 것이다.

마지막으로 보험을 활용하는 것이다. 상속발생시 고액의 사망보험금이 지급되는 상속세 마련 목적 보험상품 가입시 최소 보험료로 고액 사망보험금을 받을 수 있다. 보험금을 지급받음으로 상속세 부담으로부터 자유로워 질 수 있다. 또한 일정기간이 지나야 약정된 금액을 받을 수 있는 은행 적금과는 차원이 다르다. 가입 즉시 상속이 발생하더라도 약정된 보험금을 받을 수 있어 언제 닥칠지 모르는 상속에 완벽하게 대응할 수 있는 최적의 상품이다. 상속세로 인한 자산의 손실을 막을 수 있고, 피보험자의 일생 일군 자산을 지킬 수 있는 최적의 방법은 보험을 활용하는 것이다.

〈상속세 납부재원별 장단점〉

방법	내용 및 효과
현금 (예금)	• 우리나라 국민의 재산 중 80% 이상이 부동산 등의 자산으로 구성되어 있다. 따라서 거액의 상속세를 납부할 수 있는 고액의 금융재산을 보유하고 있을 확률은 매우 낮음 • 금융 재산인 경우에도 주식, 펀드 등 투자형 상품으로 보유하고 있어 매매타이밍에 따른 손실 가능성이 상존하고, 결과적으로 유동성이 충분하지 않을 가능성이 높고, 상속인 자산 손실 가능 • 금융자산을 매월 또는 매년 적립하여 상속세 납부 재원으로 활용할 경우 상속세 예상금액이 적립될때까지 계속 납부해야 함. 하지만 상속발생시기는 아무도 모름.
부동산 대출	• 대출을 받아서 상속세를 납부 할 경우 대출이자 부담 발생하고 담보 설정을 위한 감정 평가시 시세가 노출되어 추가 상속세 부담 발생 가능성 高. 상속인을 채무자로 만들게 됨
부동산 매각	• 상속받은 부동산을 매각하여 상속세를 납부하려 할 경우, 적기에 매각이 불가능 할 수 있고, 시세보다 낮은 가격으로 매각해야 할 수도 있다 • 또한 부동산 매각시 시가가 노출되어 상속세 부담이 증가될 수 있다
물납	• 상속세 물납 가액은 일반적으로 상속재산가액으로 산정하게 되어 시가보다 낮은 가격으로 산정되어 자산 손실을 가져옴. 결국 물납은 피상속인의 자산을 매각하는 것과 같은 결과
종신(사망) 보험	• 피보험자 사망 時 시기와 상관없이 언제든지 약정한 보험금 지급 • 평소 약정된 보험료 지출로 고액의 상속세 납부 재원을 마련 가능(비용대비 효과 극대화) • 상속세 납부를 위해 부동산을 매각하거나 담보대출 받을 필요가 없어 피상속인의 자산 유지

국세청에서도 상속세의 경우 상속인인 자녀들이 세금 계획을 세우기가 매우 곤란하기에 상속세는 피상속인이 장기 계획을 세워 미리미리 대비하라고 조언하고 있다.(국세청 2023 세금절약가이드 181 페이지 이하) 특히 상속세가 과세되는 경우 수억원에서 수십억원등 고액 납세자가 많이 발생하기에 납세자금 대책을 세워야 한다고 권하고 있다. '대책이 마련되지 않으면 상속재산을 처분하거나 공매 당하는 상황이 발생할 수도 있기에 자녀명의로 보장성보험을 들어 놓거나 사전증여 등으로 세금납부 할 수 있는 능력을 키워야 한다'고 구체적으로 언급하고 있다. 또한 상속세 세금계획은 단시간내에 실행 할 수 있는 것은 효과가 제한적이기에 10년이상 장기계획을 세워 시행해야 효과가 크기에 하루라도 빨리 수립하여 시행하는 것이 좋다고 말한다. 이러한 권면 등을 종합해보면 '하루라도 빨리 가장 효과적인 상속세 납부방법을 찾아 준비하고 실행'하는 것인데 그 방법 중의 하나가 종신보험을 활용하는 것이라고 말하고 싶다.

〈은행적금과 보험의 상속세 납부재원 마련방법 비교〉

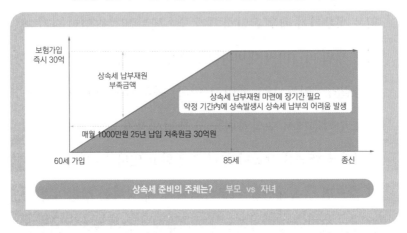

보험가입
즉시 30억

상속세 납부재원
부족금액

상속세 납부재원 마련에 장기간 필요
약정 기간內에 상속발생시 상속세 납부의 어려움 발생

매월 1000만원 25년 납입 저축원금 30억원

60세 가입　　　　　　　　　　85세　　　　　　　종신

상속세 준비의 주체는?　부모 vs 자녀

朝鮮日報

2011년 06월 17일
C05면 (금융/재테크)

보험 Q&A　상속세 자금 마련에 종신보험 인기 왜?

가입기간 상관없이 약정한 돈 나와 '걱정 끝'

Q　많은 사람들이 상속세 납부 자금을 마련하기 위해 종신보험을 활용한다고 들었습니다. 어떤 이유로 필요한 것인지, 유의할 점은 무엇인지 알고 싶습니다.

A　최근 상속세 문제를 고민하는 고객이 부쩍 늘고 있습니다. 최저 10%에서 최고 50%의 높은 세율이 적용되므로 상속인들에게는 큰 부담이기 때문입니다.

만약 30억짜리 부동산을 상속 받는다면 무려 4억3600만원의 세금을 내야 합니다. 현재 우리나라 노령층 자산의 대부분을 부동산이 차지하고 있는 현실을 감안하면 현금 4억 이상을 보유하는 사람은 많지 않습니다. 부동산을 처분해서 상속세를 내고 싶어도 최근 부동산 시장의 침체가 이어지고 있어 매각이 어려울 뿐 아니라, 부모님이 평생 일궈 물려준 유산을 즉시 처분해야 하는 아픔도 겪게 됩니다. 부동산 처분이 어렵다면 은행 빚을 얻어 상속세를 납부하는 방법밖엔 없는데, 이자 부담이 적지 않습니다.

이때문에 종신보험 가입으로 상속세 납부 재원을 확보하려는 고객이 점점 늘어나는 추세입니다. 종신보험은 기간이나 사망원인에 관계없이 가입자가 사망할 때까지 평생 동안 일정한 보험금을 받을 수 있기 때문입니다. 즉, 예상되는 상속세만

큼의 보험금을 받을 수 있는 종신보험에 가입하면, 가입기간과 상관없이 재산 상속과 동시에 지급받은 보험금으로 상속세 걱정을 날려 버릴 수 있습니다. 상속세 마련을 위한 종신보험 가입 시에는 몇 가지 유의점이 있습니다.

첫째, 종신보험은 고액의 보험금이 지급되기 때문에 가입 조건이 까다롭고, 높은 연령대에서는 보험료가 부담이 될 수 있습니다. 따라서 향후 자산 증가가 예상되고 상속세가 걱정된다면, 한 살이라도 젊을 때 건강한 몸 상태에서 가입하는 것이 절대 유리합니다.

둘째, 계약자, 피보험자, 수익자를 누구로 할 것인지 세심한 주의가 필요합니다. 계약자와 피보험자가 피상속인이고, 수익자가 배우자(또는 자녀)라면 피보험자 사망 시 발생하는 보험금은 상속재산에 포함되어 추가 상속세 납부 의무가 발생합니다. 따라서 소득이 있는 배우자(또는 자녀)가 계약자와 수익자가 되고 피상속인이 피보험자가 되는 종신보험에 가입하는 것이 유리합니다. 이때 발생하는 보험금은 보험료를 내는 사람(계약자)과 수익자가 동일하기 때문에 상속재산에 포함되지 않아 상속세 추가 부담이 없으므로 절세 효과를 볼 수 있습니다.

김기홍 대한생명 강남FA센터장

상속 해결사, 보험 바로 알기

04.

상속세 납부 재원으로 보험의 장점 몰아보기

부자들은 보험을 활용한 상속세 납부 재원을 미리 준비한다는 언론 기사 많다. 왜 부자들은 조기에 해지하면 손실이 발생하는 보험에 가입할까? 그것도 매월 수백만원에서 수천만원까지 큰 금액을 납입하는 그 이유가 궁금하다.

유언보다 더 강력한 효과가 있다.

내가 사랑하는 특정한 자녀에게 더 많은 자산을 물려 주고 싶다면 사전증여나 유언을 통해 자산을 이전한다. 하지만 사전증여는 자녀들이 경제적으로 나태해질까 봐 선뜻 실행하기가 쉽지 않다. 또한 유언을 하자니 형식과 절차도 복잡하다. 이러한 경우 가장 유용하게 활용할 수 있는 것이 보험을 활용하는 것이다. 피상속인을 피보험자로 하는 종신(정기)보험에 가입할 경우, 상속이 발생해야만 보험금이 지급됨으로 자녀들이 경제적으로 나태해지는 것을 막을 수 있다. 또한 보험의 수익자를 내가 사랑하는 자녀나 특별히 더 많은 자산을 주고 싶은 자녀로 지정을 하면 보험금은 지정된 특정한 자녀에게 지급

된다. **자녀를 특정하여 보험금을 받게 할 수 있다. 따라서 어떤 재산을, 어떻게 나눌 것인지 재산분할로 인한 유가족 분쟁도 방지할 수 있다. 결국 수익자를 지정해서 지급되는 보험금은 유언과 같은 역할을 하지만, 유언처럼 별도의 서류를 작성하거나 법원에 검인을 받을 필요도 없는 장점을 가지고 있다. 보험금 수령시 다른 상속인들의 동의도 받을 필요가 없는 가장 강력한 이점이 있는 상속 방법이다. 결론적으로 가장 간편하게 활용할 수 있는 유언대용 상품이기에 많은 부자들이 보험에 가입하고 있다.**

보험 가입	피보험자 = 부모	수익자 = 특정자녀	사망보험금 무조건 특정자녀에게 지급 별도절차가 필요치 않음 (청약시 수익자 지정) 분쟁 방지 기능 있음

상속을 포기해도 보험금은 받을 수 있다.

부채가 상속자산보다 많을 경우 상속을 포기할 수밖에 없다. 특히 법인 CEO나 자영업자의 경우 상속이 발생하면 보이지 않는 우발적인 채무로 인해 상속을 포기하는 일이 자주 발생한다. 부채가 많아 상속까지 포기해야 할 상황이라면 남은 유가족은 어떻게 살아 갈까? 사업하는 부모를 둔 가정의 자녀들은 사업이 운영되는 순간에는 어렵지 않은 좋은 환경에서 학업을 하고, 좋은 삶을 살아갈 것이다. 하지만 사업은 언제 어떤 상황이 닥칠지 모르는 것이고, 또한 상속이라는 것도 언제 어떤 상황에서 발생할지 모르는 일이다. 이런 상황을 대비하는 가장 좋은 방법은 종신보험 등을 가입하여 유가족들에게 고액의 보험금을 물려 주는 것이다. **부채가 많아 상속을 포기하는 상황이 되더라도 사망보험금은 상속인의 고유자산으로 상속인이 수령할 수 있기 때문이다. 상속을 포기하더라도 보험금은 상속인의 고유자산으로 상속인이 받을 수 있다**는 것은 수많은 대법원 판례 등을 통해 확립 되었다.(2001. 12. 24. 선고 2001다65755 판결, 2001. 12. 28. 선고 2000다31502 판결, 대법원 2002. 2. 8. 선고 2000다64502 판결 등 참조)

다만, 사망보험금이 민법상 상속인의 고유 자산이지만, 계약자와 수익자가 동일하지 않은 보험에서 수령하는 사망보험금에 대해서는 상속재산으로 보아 상속세를 납부해야 한다. (대법원 2007. 11. 30. 선고 2005두5529 판결 참조)

상속세를 절세 할 수 있다.

보험 가입 후 피보험자 사망으로 받는 보험금은 계약 관계자 즉, 계약자와 피보험자, 수익자를 어떻게 설정하느냐가 중요하다. 계약관계 설정에 따라 상속세 과세가액에 포함되어 상속세 납부 대상이 될 수도 있고 상속세 납부 대상이 되지 않을 수도 있다. **계약자와 피보험자가 부친이고 수익자가 상속인인 사례⟨1⟩을 보자. 부친사망으로 인해 발생하는 사망보험금은 부친이 보험료를 납입하고, 상속인들이 보험금을 수령하였기에 상속재산에 포함된다. 상속재산에 포함되기 때문에 보험금도 상속세 납부 대상 재산이 된다. 사례⟨2⟩의 경우는 계약자와 수익자가 자녀이고, 피보험자가 부친인 경우다. 부친 사망으로 발생하는 사망보험금은 과세 대상일까? 과세 대상 자산이 아니다. 자녀가 보험료를 납부하고 자녀가 보험금을 수령했기 때문에 상속재산에 포함되지 않을 뿐 아니라 상속세와도 관련이 없다.** 마지막으로 사례⟨3⟩은 계약자와 수익자가 자녀이고 피보험자 사망시 사망보험금을 수령하는 사례⟨2⟩와 같은 상황이다. 하지만 과세당국은 보험료 실제 납입능력과 납입자를 보고 판단한다. 사례⟨3⟩의 경우는 부친이 보험료를 납입했기에, 실질적인 계약자를 부친으로 보아 보험금은 상속재산에 포함되고 상속세도 납부해야 한다. 다만 이 경우에도 보험금은 금융자산으로 보아 금융재산 상속공제에 포함되어 최대 2억까지 공제가 가능하다.

구분	계약 관계자	상속재산 포함 여부
사례1〉	계약자 = 父, 피보험자 = 父, 수익자 = 상속인	상속재산포함, 세금 有
사례2〉	계약자 = 子, 피보험자 = 父, 수익자 = 子	상속재산 不 포함 세금 無
사례3〉	계약자 = 子, 피보험자 = 父, 수익자 = 子 (실제 보험료납입 父)	상속재산포함, 세금 有

결론적으로 계약자와 수익자가 동일인이고 실제 보험료를 납입하였다면, 피보험자 사망으로 수령하는 보험금은 상속재산에 포함되지 않아 상속세도 과세되지 않는 장점을 가진 금융상품이다. 따라서 계약관계자 설정도 유의해야 한다.

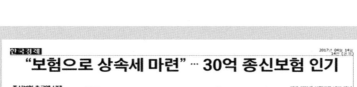

보험은 상속재산 수호신이다.

보험은 상속인의 자산을 지킬 수 있다. 상속세 재원으로 은행에 예금을 예치해놨다고 가정해보자. 은행 예금 등 투자상품은 중간에 손실위험도 없고 유동성이 좋다 보니, 언제든지 다른 목적으로 사용될 확률이 높다. 결국 상속발생시 상속세 납부 재원으로 온전히 사용되지 못할 수 있다. 상속세 납부 목적의 고액보험금을 지급하는 상품도 조기 해약할 경우에는 손실이 발생한다. 하지만 보험은 손실 때문에 오히려 장기 유지가 강제되어 상속세 납부의 고유 목적으로 사용하게 만든다. 결과적으로 보험을 통해 상속세 문제를 해결할 수 있고, 부모들이 남긴 자산을 온전히 유지할 수 있게 될 것이다. 상속자산이 온전히 유지되는 것을 바라지 않는 부모는 없을 것이다. 그런 의미에서 보험은 부모들이 평생 일군 자산을 지켜주는 수호신과 같은 역할을 하게 된다. 평생 일군 자산이 온전히 자녀에게 이전되길 원한다면, 하루라도 빨리 상속세 문제를 해결할 수 있는 보험에 가입하는 것이 좋다.

수익률 측면에서도 우위에 있다. 보험은 가입초기에 해약할 경우 손실이 발생할 수 있다. 하지만 상속세 납부 재원을 목적으로 하는 사망보장 중심의 보험은 조기 해약 위험이 적을 것이다 왜냐하면 '상속이 발생하면 수령된 보험금으로 상속세 납부재원으로 사용하겠다'는 명확한 목적이 있기 때문이다. 결국 상속세 납부 목적의 보험은 상속이 발생하여야만 보험금이 지급된다. 그리고 상속발생시 수령하는 보험금은 납입 보험료 보다 대부분 큰 금액이다. 결과적으로 **다른 금융상품에 투자하는 것보다 수익률이 더 높은 경우가 많다. 다만 상품에 따라 다를 수 있기에 전문가와 상담을 통해 적합한 상품을 선택해야 한다. 수익률을 중시하는 부자들이 종신보험을 장기간 가입하여 상속세 납부 재원으로 활용하는 이유가 있다.**

법인 CEO, 보험으로 가업을 지켜라

기업을 운영하는 CEO는 기업 운영에 있어서 항상 유동성 위험에 노출되어 있을 뿐 아니라, 기업이 성장할 경우 기업가치 상승에 따른 고액의 상속세 납부 문제에 직면할 수 있다. 또한 기업이 어려운 가운데 상속이 발생할 경우 상속포기 또는 기업의 유동성 악화에 따른 유가족의 삶에 심각한 문제가 발생한다. 이러한 연유로 기업을 운영하는 CEO는 보험 가입을 통해 여러 상황에 적극적으로 대처하는 것이 필요하다. 또한 **보험 가입시 개인자금이 아닌 법인자금으로 상기에 언급된 여러 상황에 적극적으로 대처가 가능하다는 장점이 있다. 법인이 가입한 보험을 통해서 CEO에게 리스크 발생시 고액의 보**

험금을 법인이 수령할 수 있다. 법인이 수령한 보험금으로 기업의 유동성 확보, CEO의 상속세 납부재원 활용, CEO의 퇴직금 지급, 기업의 운영자금으로 사용하는 등 다양하게 활용이 가능하다. 또한 보험에 따라서 회사에서 납입하는 보험료가 전액 비용처리 되어, 법인세 절세 목적으로도 활용이 가능하다. 이런 다양한 목적으로 활용하기 위해서는 회사의 정관과 규정을 잘 완비해야 한다. 더욱 자세한 내용은 3편의 CEO 자산관리 이야기에서 다루도록 하겠다.

매일경제

유사시 유가족 보장·사업지속 '안전판 보험' 들어야 법인CEO 컨설팅

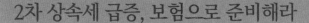

상속 해결사, 보험 바로 알기

05.

2차 상속세 급증, 보험으로 준비해라

배우자가 생존하고 있을 경우 배우자 공제가 30억까지 가능해서 상속세가 많이 부담되지 않는다. 다만 배우자가 공제를 받기 위해 상속을 많이 받고, 원래 보유 자산도 있을 경우 2차 상속세가 걱정된다. 2차 상속에 대비하여 보험으로 할 수 있는 방법은 없을까?

배우자가 없으면 상속세가 증가 한다.

일반적으로 상속세 공제 항목에서 가장 큰 부분을 차지하는 것은 앞에서도 언급했듯이 배우자 공제다. 배우자 법정상속분 범위內에서 실제 본인이 상속받은 것을 한도로 30억까지 배우자 공제가 가능하기 때문이다.

배우자공제 유무에 따른 상속세를 비교해 보면 다음과 같다. 배우자가 생존해 있는 사례⟨1⟩의 경우 상속재산이 50억일 경우 배우자 공제가 최대 21.4억원까지 가능하다. 이 경우 상속세는 약 7억 7000여만원이 된다. 하지만 동일한 조건에서 배우자가 없을 경우에는 배우자 공제가 적용되지 않기에 상속세는 약 17억 8000여만원으로 증가하게 되는 것이다. 결국 동일한 자산을 상속할 경우 배우자 유무에 따른 배우자공제의 차이로 10억원의 상속세 부담이 추가되게 된다.

〈배우자 유무에 따른 예상 상속세〉

(자녀1명, 장례비 1000만원반영)

구분	자산	배우자 유무	일괄공제	배우자 공제	과세표준	예상 상속세
사례1	50억	有	5억	21.4억	23.4억	7.7억
사례2	50억	無	5억	–	44.9억	17.8억

사례를 통해 확인한 것처럼 상속세 걱정은 1차 상속보다는 2차 상속(배우자가 없는 경우) 발생시 더 크게 된다. 따라서 상속세 납부재원은 1차와 2차 상속에 모두 대비하여 확보하는 것이 필요하다.

부부 동시 종신보험 가입으로 2차 상속에 대비해라

일반적으로 자산의 대부분을 보유하고 있는 남자(남편)가 일찍 사망할 것에 대비하여 남자를 피보험자로 하는 종신보험을 가입하여 상속세 부담에 대비한다. 하지만 남편과 아내 중에서 누가 먼저 사망할 지는 아무도 모른다. 따라서 남자 중심의 상속세 납부재원 준비는 생각해 볼 필요가 있다. 또한 위에서 검토한 것과 같이 배우자가 없을 경우 상속세 부담이 급증하게 된다. 따라서 남편 중심의 종신보험 가입을 넘어서서 아내의 종신보험 가입도 적극적으로 검토해야 한다. 이러한 이유로 최근에는 남편과 아내가 동시에 종신보험에 가입하는 비율이 늘어나고 있다.

부부가 동시에 15억원이 보장되는 보험에 가입한 사례〈3〉의 예시를 통해 활용법에 대하여 알아보자.

남편이 먼저 사망할 경우 종신보험 계약①에서는 보험금은 발생하지 않는다. 피보험자가 사망해야 사망보험금이 발생하는데 계약자는 남편이고 피보험자는 아내이기 때문이다. 따라서 **계약①**은 남편인 계약자가 사망하였기에 계약자를 변경하여 종신보험은 계속 유지하면 된다. 다만 계약자를 아내가 아닌 자녀로 변경하는 것이 좋다. 그래야 아내가 後 사망할 경우 받게 되는 고액의 보험금이 상속재산에 포함되지 않고 상속세도 과세되지 않는다. 계약자와 수익자가 자녀이기 때문이다. 그리고 아내 사망으로 인한 2차 상속발생시 **계약①**에서 나오는 사망보험금 15억원으로 자녀들은 상속세를 납부할 수 있어 상속세 부담을 줄일 수 있다. 따라서 반드시 계약자를 자녀로 변경하는 것이 필요하다. **남편이 사망할 경우 종신보험 계약②**에서는 피보험자인 남편이 사망하였기에 사망보험금 15억원을 지급받고 계약은 종료된다. 아내는 사망보험금 15억원을 받아 상속세 납부 재원으로 활용할 수 있다. 또한 계약자와 수익자가 아내기 때문에 상속재산에 포함되지도 않는다.

〈사례3 : 부부 동시가입 종신보험 활용 방안〉

아내가 먼저 사망할 경우를 보자. 종신보험 계약①에서는 피보험자인 아내가 사망했기에 사망보험금 15억원을 남편이 받고 계약은 종료된다. 계약자가 남편이고 수익자가 남편이기에 사망보험금 15억원은 상속재산에 포함되지 않아 상속세 추가 부담도 없다. 사망보험금 15억원을 상속세 납부 재원으로 활용하면 된다. **계약②**는 계약자인 아내가 사망했기에 계약자와 수익자를 자녀로 변경하여 계속 유지하는 것이 좋다. 그래야 남편이 後 사망하여 2차 상속이 발생(남편사망)시 **계약②**에서 지급되는 사망보험금 15억원을 자녀들이 지급받을 수 있다. 또한 계약자와 수익자가 자녀로 변경되었기에 남편 사망시 지급받는 보험금은 상속재산에 포함되지 않고 상속세 추가 부담도 없다. 또한 자녀들은 2차 상속시 부담이 되는 상속세를 보험금 15억원으로 해결이 가능하다.

결론적으로 부부가 동시에 보험 가입시 남편 OR 아내 중 누가 먼저 상속이 발생해도 상속세 부담으로부터 자유로울 수 있다. 또한 자녀들로 계약자를 변경하여 유지함으로써 2차 상속시 상속세가 급증하더라도 효과적으로 대처가 가능하다.

06.

보험으로 완성하는 3世代 플랜

부자 3代를 못 간다는 말이 있다. 그것은 아마도 자녀들이 부를 대하는 태도의 문제일 것이다. 또한 우리나라와 같은 최고 세율 50%의 경우는 세금 또한 주요 요인일 것이다. 3세대 이상을 이어갈수 있게 보험을 활용하는 방법은 없을까?

老老 상속의 시대! 자산 보존이 어렵다

평균 수명이 점차 늘어나서 90세에 육박하고 있다. 과거 평균 수명 60~70대일 경우에는 70대 아버지의 사망으로 상속이 발생하면 자녀 연령은 40대 중후반 이었다. 자녀들은 상속재산을 다시 운영하여 재산을 늘려서 다시 자녀들에게 상속해 줄 수 있는 시간적 여유가 있었다. 하지만 현재와 앞으로 다가올 시대는 老老상속의 시대가 예측된다. 다시 말해 노인이 노인에게 상속하는 시대가 도래할 수 있다는 것이다. 90세에 상속이 발생하면 자녀 연령은 60대이상이 되기 때문이다. 고액 자산가의 경우 할아버지로부터 상속받는 아버지는 세금 50%를 납부하고 50%의 자산을 상속받게 된다. 아

버지는 자산을 추가적으로 증식시킬 시간도 없다. 절세의 기
회를 마련하기도 전에 또다시 자녀에게 상속하면서 50%의
상속세를 납부하게 될 것이다. 결국 자산증식의 기회를 잃고
세금만 납부하게 되기 때문에 자산은 더욱 줄어들 수 밖에
없다. 물론 자녀들의 숫자가 많으면 각자가 분배 받는 자산
은 더 작아질 것이다.

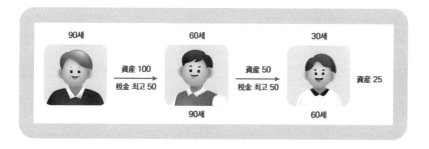

종신보험 3세대 플랜 활용해라

고연령자의 경우 본인을 피보험자로 하는 보험은 가입이
어렵다. 일반적으로 70세이상은 피보험자가 되는 것이 어렵
기 때문이다. 따라서 이러한 경우에는 고연령이신 할아버지를
계약자로하고, 피보험자는 아버지로 하는 종신보험 가입을 통
해 손자녀(나)가 보험을 승계받는 3세대 플랜이 유용하다. 보
험계약에 있어서 보험계약자는 연령, 건강 등 특별한 제한이
나 자격 요건이 불필요 하기 때문이다. 아래의 사례처럼 계약

자를 조부로 하고 피보험자를 부로 하는 종신보험에 가입한다. 일반적으로 조부가 먼저 사망하게 되면 계약자를 조부에서 부친이 아닌 손자녀로 변경한다. 물론 손자녀로 변경시 일반적으로 납입보험료와 이자수익 상당액을 상속재산으로 보아 상속세를 할증(30%)하여 납부하게 될 것이다. 이 경우에도 앞서 언급했듯이 상속세는 연대납부 의무가 있기 때문에 부친이 대신 납부하여 주는 것이 좋다. 조부 사망 후 손자녀로 계약이 변경되어 계속 유지될 경우 이 보험의 주인은 이제 손자녀가 되게 된다. 손자녀는 보험의 해약금 범위내에서 중도인출등을 활용하여 목적자금으로 사용할 수 도 있다.(상품에 따라 다를 수 있음). 또한 부친 역시 조부로부터 고액의 자산을 상속받았을 것이기에 부친 사망시 손자녀 입장에서는 상속세가 부담될 수 있다. 하지만 조부가 물려준 보험에서 부친 사망시 고액의 사망보험금이 지급되기에 상속세 납부 걱정은 할 필요가 없다. 오히려 상속세를 납부하고도 남을 만한 고액의 상속보험이면 손자녀代에 와서 오히려 자산이 증가 할 수 도 있다. 또한 부친 사망으로 받는 고액 사망보험금은 손자녀의 고유 자산으로 상속재산에 포함되지 않아 추가 상속세 납부 부담도 없게 된다.

〈사례 : 3세대 플랜을 위한 보험 가입 및 활용방안〉

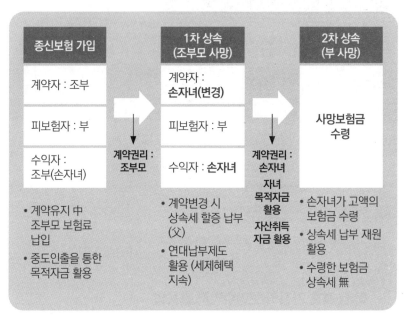

결국 고연령 조부가 손자녀를 위해 가입해준 종신보험으로 인해 손자녀는 부친 사망시 상속세 걱정을 하지 않아도 된다. 또한 고액의 사망보험금이 오히려 자산 증가의 순기능을 할 수도 있다. 본인세대의 자산이 3세대이상 지속적으로 유지되길 원한다면 적극적인 3세대 종신보험 플랜을 활용할 필요가 있다.

상속 해결사, 보험 바로 알기

07.

보험수익자의 숨겨진 비밀 활용하기

한평생 고생하며 축적한 자산! 상속발생시 내가 원하는 사람에게, 분쟁없이 자산을 물려줄 방법은 없을까? 유언이 가장 적합하지만 절차가 복잡하고 번거로워서 망설이고 있다. 좋은 방법은 없을까?

이혼·재혼 가정의 보험수익자 활용법

통계청 자료에 의하면 2022년 혼인 건수는 19만 건 이었는데 이혼 건수도 9만여 건 발생했다. 또한 혼인 건수 중에서 남녀 중 한 명이라도 초혼이 아닌 재혼인 건수가 약 4만 2천 건으로 혼인 건수의 22%를 차지하였다, 이혼 가정 중 미성년 자녀가 있는 가정은 무려 40%에 육박하였다.

이혼과 재혼이 빈번해진 사회환경의 변화는 상속 발생시 다양한 문제들과 분쟁을 초래할 가능성이 증대하고 있다.

첫째, 법률혼에 의한 법정 배우자가 아닌 사실혼이나 동거 배우자에게는 상속권이 발생하지 않는다. 10년 이상 사실혼 관계로 부부 생활을 함께 하였서도 사실혼 배우자가 사망하게 될 경우, 상대방은 상속인에 해당하지 않아 피상속인의 재산을 분할 받지 못하여 다양한 문제들이 발생할 수 있다.(단, 재산형성과 부양에 기여한 경우 기여분 청구 가능).

둘째, 재혼 가정 자녀들의 경우 상속권이 복잡하게 형성됨에 유의해야 한다. 자녀의 경우 혈연 관계 또는 법률적으로 양자, 친양자 관계가 형성되어야만 상속권이 발생한다. 예를 들어 아래와 같이 ①과 ②는 자녀 c와 d가 있는 상태에서 이혼하였다. ①과 ③은 재혼 후 b를 낳게 되고 a는 ③의 전남편과 사이에서 출생한 자녀이다. 이런 상황에서 상속이 발생하면 어떤 일이 발생하게 될까?

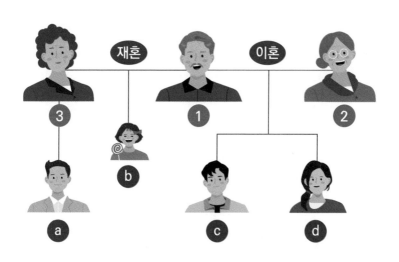

①사망시 법률적인 배우자인 ③은 상속을 받을 수 있다. 혈

연관계인 b,c,d도 상속권이 발생한다. 하지만 a의 경우에는
①과 혈연관계도 아니고 법적인 아버지와 자녀 관계도 아니
기에 상속권이 발생하지 않는다. ①사망시 a에게 상속권이 발
생되기 위해서는 a를 ①이 양자 또는 친양자관계를 형성할 수
있는 법적인 절차를 완료해야만 가능하다. 따라서 법률과 혈
연관계가 형성되지 않는 관계에 있어서는 상속에 관한 분쟁
이 발생할 수 있다. 또한 재혼 가정에서는 특정 자녀에게 재산
상속을 희망한다든지, 재산을 더 많이 물려 주고 싶은 경우에
는 다양한 사전 준비가 필요하게 된다.

〈재혼 가정의 상속권〉

비고	내용	상속인 (상속 권리)
a 와 ①이 양자,친양자 관계가 아닐 경우	① 사망시	③, b , c, d
c,d 와 ③이 양자, 친양자 관계 아닐 경우	③ 사망시	① , a, b
a가 ①에게 양자로 등재된 경우		a는 친생부와 양부 모두의 상속인이 됨
a가 ①에게 친양자로 등재된 경우		a는 친생부에 대한 상속권은 박탈되고, 양부에 대한 상속권만 존재하게 됨

첫 번째 사례에서 사실혼 관계의 동거 배우자에게 상속 자산이 전혀 이전되지 않는다면, 홀로 남은 사실혼 배우자는 심각한 경제적 문제에 직면하게 된다. 이런 경우를 대비하는 가장 좋은 방법은 보험의 수익자를 사실혼 배우자로 지정하는 것이다. 수익자를 지정하면 상속인 여부와 관계없이 보험금은 수익자의 고유재산이 되어 사실혼 배우자가 보험금을 수령할 수 있게 된다.

두 번째 사례에서 양자, 친양자, 혈연관계와 상관없이 특정 자녀에게 상속 자산을 분쟁없이 물려 줄 수 있는 방법 역시 수익자를 내가 원하는 특정 자녀로 지정하는 것이다. 첫번째 사례와 마찬가지로 수익자 지정을 통해 원하는 자녀에게 자산을 물려줄 수 있게 된다. ③의 경우 본인 사망시 a가 보험금을 수령하길 원한다면 a를 반드시 수익자로 지정해야 한다. 또한 ① 사망시에도 a가 상속재산을 수령하길 원한다면 ①이 피보험자인 계약을 a를 수익자로 지정하게 되면 그 보험금은 c, d와 무관하게 a 혼자서 모두 수령할 수 있다.

따라서 유언이라는 제도가 일반화되어 있지 않고, 유언의 복잡성을 감안하면 종신보험이나 보장성보험의 수익자 지정 제도를 활용하면 상속 재산의 분쟁을 감소시킬 수 있다. 그리고 피상속인의 의지를 반영하여, 원하는 자녀나 대상자에게 재산을 효율적으로 이전해 줄 수 있게 된다.

사업자의 보험수익자 활용법

사업하는 고객들을 만나서 상담을 진행해 보면 한결같은 공통점이 발견되는 것 중의 한 가지는 본인의 사업 능력을 과신하는 부분이다. 은행 적금을 권유해도 은행에 예치하는것보다 사업에 투자하면 더 큰 수익을 낼 수 있다는 자신감을 보인다. 그래서 예적금이나 보험상품을 그리 선호하지 않는 경향이 있다. 그러한 자신감을 바탕우로 부채를 활용한 적극적인 사업 확장과 매출 증대에 올인하는 경우를 많이 보게 된다. 또한 사업 초기에는 대부분의 사업장이 일정 부분 대출을 통한 부채를 기반으로 사업을 성장시키게 된다. 분명 훌륭한 사업가적인 성향이라 할 수 있다.

하지만 간과하면 안되는 것이 있다. CEO는 신이 아니고 절대적인 인간도 아니라는 현실이다. 언제 어떤 위험이 닥칠지는 아무도 모른다. 인정하고 싶지 않은 현실이다. 그러다 보니 주변에서 흔히 목격하는 일이, 중소업체를 운영하는 CEO의 갑작스런 불의의 사고시 남은 유가족은 심각한 경제적 문제에 직면하는 일이다. 적극적으로 부채를 활용하여 기업 성장을 추진했던 CEO의 유고는 기업의 부도로 연결될 수 있다.

CEO의 재산이 담보 되어있는 최악의 경우에는 유가족은 과도한 부채로 인해 상속을 포기해야 하는 상황에 직면할 수 도 있다. 결국 유가족 미래의 삶도 불안정하게 될 것이다. 따라서 기업하는 CEO는 이러한 최악의 경우까지 염두를 두고 기업을 운영해야 한다. CEO 유고시에도 유동성 확보를 통해 최악의 상황에 대비하는 가장 좋은 방법은 보험을 활용하는 것이다.

첫 번째 방법은 법인이 계약자가 되고, CEO는 피보험자, 수익자는 법인으로 하여 보험에 가입하는 것이다. 만약 CEO에게 불상사가 발생하게 되면 보험회사에서 지급되는 보험금이 회사로 입금되고, 회사에서는 보험금을 통해 부채상환 자금과 유가족 보상 자금으로 활용이 가능해진다.

두 번째는 CEO가 개인 보험에 가입하는 방법이다. CEO를 계약자와 피보험자로, 수익자를 가족으로 지정하는 것이다. 만약에 CEO 유고시 부채로 인해 유가족이 상속을 포기하더라도, CEO가 가입한 보험에서 지급되는 보험금은 유가족에게 지급이 가능하다. 따라서 유가족은 보험금을 통해 재기의 발판을 마련할 수 있게 된다. 보험이 가지는 가장 큰 장점 중 하나가 상속을 포기하더라도 보험금은 유가족이 수령할 수 있다는 것이다. 따라서 사업을 운영하는 사업자는 최악의 경

우를 대비한 종신보험이나 정기보험 가입이 유행처럼 번지고

있고, 필수 가입 상품이 되어 가고 있는 것이다.

대법원 판례	주요 내용
대법원 2023. 6. 29. (선고2019 다300934) 대법원 2007. 11. 30. (선고2005 두5592)	보험 계약자가 피보험자의 상속인을 보험 수익자로 한 생명보험의 계약의 경우, 피보험자의 상속인은 피보험자에게 사망이라는 사고가 발생할 경우 보험수익자로써 보험회사에 대하여 보험금 지급을 청구할 수 있고, 이 권리는 보험계약의 효력으로 당연히 생기는 것으로 **보험금은 상속재산이 아니라 상속인의 고유 재산이다.**

은퇴와 자산이전 CEO자산관리 이야기

Part 3

법인 CEO자산관리

1장

법인 설립과 운영

법인 설립과 운영

01.

기업 성장을 위해 CEO의 관리력은 필수

매출액 증대로 회사의 성장을 확신하는 대표도 법인 관리에 대한 어려움을 겪게 되면 쉽게 성공으로 나아가지 못한다. 성장하는 만큼 성숙해야 하는 것처럼 법인의 성장과 더불어 재무관리, 세무관리 및 노무관리에 대한 *Know-How*를 습득하여 성숙해 나가야 하는데 이것이 관리력이다.

매출액 증대로 회사의 성장을 확신하는 대표도 법인 관리에 대한 어려움을 겪게 되면 쉽게 성공으로 나아가지 못한다. 성장하는 만큼 성숙해야 하는 것처럼 법인의 성장과 더불어 재무관리, 세무관리 및 노무관리에 대한 know -How를 습득하여 성숙해 나가야 하는데 이것이 관리력이다.

법인 CEO를 만나보면 영업력이 탁월한 분들이 많다. 영업력이란 제품에 대한 확신을 가지고 판매처를 확보하는 능력이다. 영업력으로 매출액을 만들고 이익을 극대화하지만, 매출액 성장과 더불어 확보해야하는 능력이 관리력이다.

사람 관리, 세금 관리 그리고 재무 관리를 말한다. 사업의 시작은 영업력이 중요하지만 매출액이 증가할수록 관리력에 대한 중요도가 높아진다.

법인 성장의 성공요인

자산의 규모가 50억 이하 기업은 매출 증가에 따른 성장이 중요하지만, 자산의 규모가 50억이 넘어가면 성장과 더불어 회사의 노무, 세무, 재무에 대한 리스크가 증가하고 이에 대한 운영 능력이 회사를 좌우한다.

영업력과 관리력이 갖추어진 CEO가 완성형이라면, 현실 중소기업의 경우 경영수업을 받지 못한 CEO에게 2가지 조건을 모두 기대하기에는 어려운 현실이다. 하지만 관리력에 대한 부분을 간과하지 말고 차곡차곡 실력을 쌓아가야 한다.

세무관리의 중요성

최근 국세청 세무 검증 시스템은 전산의 발전과 더불어 기업에게 회계관리의 투명성을 지속적으로 요구하고 있다. 정부는 늘어나는 복지정책에 대한 부족한 재원 확보를 위해 사업주에 대한 세금신고 의무를 성실하게 할 것을 요구하고 있고, 기업의 소득세 신고자료를 분석하여 성실신고 안내문을 지속적으로 보내고 있다. 따라서, 세무조사를 받더라도 세금을 추징당하는 일이 없도록 투명한 회계관리가 필수적이다.

근로계약서와 노무관리

근로자 권리의식 및 노동법에 대한 지식의 증대로 노무관리의 필요성도 점점 증대된다. 근로계약서 작성을 통한 권리와 의무의 이행을 강제하고 있다. 사업주의 노무관리 위반 시 민·형사상 책임을 동시에 지게 되는 양벌규정으로 매우 복잡한 문제를 야기할 수 있다. 예방적 노무관리를 통해 법적 리스크를 줄이고 비용부담을 최소화하는 노력 역시 CEO의 몫이다.

재무관리 리스크

수십 년 기업을 운영하고도, CEO 가지급금을 해결하지 못하는 경우, 설립할 때 명의를 빌려 주식 지분을 분산한 경우 빌려준 주식을 회수 못하는 경우, 법인의 이익잉여금은 늘어나는데 개인 자산은 늘리지 못하는 경우 등 재무관리를 못해 문제를 안고 있는 CEO들이 너무 많다. 이러한 결과는 ceo 관리력의 부재로 발생한 리스크다.

법인설립 목적

개인사업체를 선택하지 않고 법인사업체를 선택한 이유를 3가지로 설명할 수 있다.

첫째, 개인소득세보다 법인소득세가 현저히 낮기 때문이다. 과세표준 1.5억 기준 개인소득세율은 38%지만 법인소득세율은 9%다. 지방소득세를 감안하면 적용세율 차이가 30% 정도 차이다.

또한, 개인사업자가 일정한 매출액 규모가 되면 성실신고확인대상 사업장으로 분류되어 세무신고시 법인과 비슷한 수준의 세무검증을 받아야 한다. 일선 세무사들은 성실신고 확인대상사업자의 세무신고를 부담스럽게 느끼고 있고, 성실신고확인 대상사업자를 법인으로 전환할 것을 종용하기도 한다.

〈2023년 소득세율표〉			〈2023년 법인세율표〉		
과세표준	세율	누진공제액	과세표준	세율	누진공제액
1,400만원 이하	6%	–	2억원 이하	9%	–
1,400만원 ~ 5,000만원	15%	126만원	2억원 ~ 200억원	19%	2천만원
5,000만원 ~ 8,800만원	24%	576만원	2억원 ~ 200억원	19%	2천만원
8,800만원 ~ 1.5억원	35%	1,544만원	200억원 ~ 3,000억원	21%	4억 2천만원
1.5억원 ~ 3억원	38%	1,994만원	200억원 ~ 3,000억원	21%	4억 2천만원
3억원 ~ 5억원	40%	2,594만원	3,000억원 초과	24%	94억 2천만원
5억원 ~ 10억원	42%	3,594만원	3,000억원 초과	24%	94억 2천만원
10억원 초과	45억	6,594만원			

둘째, 관급공사나 대기업 입찰 또는 자금조달을 위해 법인 설립을 선호한다. 개인사업체보다 법인사업체의 공신력이 높다고 판단하여 정부기관이나 대기업에서는 사업파트너로 법인을 선호한다. 자금조달 측면에서도 자금을 대여해주는 금융기관, 기술보증기금, 신용보증기금 등은 개인사업체보다 법인사업체를 선호한다.

셋째, 자산이전이 용이한 장점이 있다. 상속세 부담을 줄일 수 있는 가장 확실한 방법은 사전 증여인데 증여의 최대 효과는 소득원을 마련해 주는 것과 가치가 증대될 자산을 미리 주는 것이다. 성장이 확실한 법인은 이 두 가지 모두를 채워주는 확실한 증여수단이다.

법인 설립 시 배우자와 자녀로 분산하여 자본금(출연금)을 납부한다면 자산이전 효과를 극대화할 수 있다. 향후 발생하는 이익금에 대한 배당금 지급을 통해 증여의 효과를 기할 수 있고, 자본금 1억인 회사가 성장하여 100억이 된다면 100배의 가치를 사전 증여하는 효과가 발생한다.

CEO 최대 목적은 자산증대

법인설립은 매출액을 극대화하고 세금 부담을 줄이면서 자산이전을 용이하게 하는 장점이 있다. 결국 세금부담을 줄여서 이익을 극대화한다는 것인데, 늘어난 법인의 이익을 개인화하는 관리가 필요하다.

[관리력 : 법인 성장은 CEO 자산 증대]

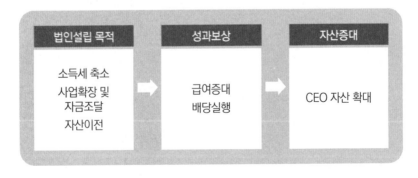

법인 성립시기에는 세금 부담을 줄이는 것이 중요하지만 이익이 늘어나는 성장의 시기에는 그동안 노력한 대가에 대한 보상이 필요하다. 이 노력에 대한 보상은 급여 상승, 주주 배당으로 이어져야 하고 CEO 자산 증대에 기여하여야 한다.

많은 법인대표들이 법인세납부 후 본인 급여에 대해 소득세를 내는 것을 이중과세로 생각하는 경우가 많다. 하지만, 법인은 개인의 자산과 법인의 자산을 엄격하게 분리하고 있고, 법인의 공공적인 성격 때문에 개인소득세율 보다 법인소득세율이 현저히 낮은 것이다.

법인의 성공은 CEO의 성공이어야 하지만 관리력의 부재로 그렇지 못하는 경우가 많다. 회사의 성장이 CEO의 성장으로 완성되지 못하는 것이다. 회사를 설립한 이유는 법인을 통해 보다 많은 이익을 발생시키고 CEO의 삶을 행복하게 하기 위해서다. 법인의 성장이 CEO의 삶의 질과 부를 증대하기 위해 관리력이 필요하다.

02.

경영자(임원)와 소유주(주주) 바로 알기

　개인사업체 매출액이 증가하여 성실신고 확인대상 사업장이 되거나, 소득세 부담이 늘어나는 경우 담당 세무사로부터 개인사업체에서 법인사업체로 전환할 것을 권유받는다. 사업을 개인사업자부터 시작하여 법인을 설립한 CEO나, 엔지니어 출신의 CEO 중에 법인 운영의 어려움을 이야기하는 분들이 많다.

　법인사업체 설립 및 운영 전반에 대한 이해 없이 담당 세무사 또는 법무사에게 일임하여 법인을 설립한 경우가 대부분이고, 법인 자금 사용에 대한 회계처리의 투명성 그리고 법인 사업장에 적용되는 어려운 회계 용어들이 법인의 이해를 어렵게 한다.

상법이 중요하다.

　상행위를 하는 모든 사업체는 상법에 규제를 받지만, 개인 사업체의 경우 일반적인 상식 수준에서 사업을 영위하더라도 어려움이 없다. 하지만, 법인의 경우 요건과 규제가 일반적인 상식 수준으로는 이해하기 어렵다.

상법에는 법인 설립에 따른 정관의 작성, 주주에 관한 사항, 이사(임원)에 관한 사항을 규정하고 있다. 인터넷을 통해 법제처(국가법령정보센터) 사이트를 방문하여 상법을 찾아보고 그 내용을 읽어보는 것은 법인을 운영하는데 매우 유용하다.

주주와 임원의 차이(1인 주주, 1인 임원도 가능)

개인사업체는 소유자(주주)와 경영자(임원)에 대한 구분이 없고 자금 사용에 대한 제약이 없어 운영하기가 편안하고 단순하다. 즉, 내가 주인이고 경영자고 소유자다. 그래서 구분할 필요가 없다. 하지만 법인은 구분해야 이해할 수 있다.

개인사업자 ➡ 법인사업자

법인은 법률상으로 인격을 인정받아 권리능력을 부여받은 법률상의 인격체로 그 요건이 상법의 변경에 따라 변화되어 왔다. 과거에는 법인 설립 시 발기인 수의 요건이 7명, 3명이 되어야 법인설립이 가능했지만 2001년 7. 24일 상법 (288조 발기인)의 개정으로 발기인의 인원수 제한이 없어졌다. 법인 운영 시 1인 주주, 1인 임원이 가능하게 되었다.

법인 설립을 위해서는 자본금을 납부해야 하는데 자본금의 규모는 2009년 최소 자본금 규정이 삭제되어 자본금의 최저한도는 없다.

자본금을 납부한 사람을 주주라고 하는데 실질적인 회사의 주인이다. 주주는 자본금 납부, 2차 납세(과점주주), 간주취득세 납부 의무가 있고 회사에 대한 주주총회 의결권, 이익배당 청구권, 잔여재산분배 청구권 등의 권리를 행사할 수 있다.

법인이익은 이익잉여금이다.

개인과 법인은 이익의 귀속처가 완전히 다르다. 개인사업체 이익의 귀속은 개인에게 있지만, 법인사업체 이익의 귀속은 법인에 있다. 당연한 이야기지만 법인의 이익은 철저히 공공적인 성격으로 관리되어야 하고, 이익이 개인으로 귀속되게 하기 위해서는 분명한 소득처분이 따른다. 그러므로 개인사업

체는 손익계산서 관리가 중요하지만, 법인사업체는 재무상태
표 관리가 중요하다.

[법인 운영을 위해 가장 기본적으로 이해해야 할 내용]

1. 주주 의무와 권리	2. 이사의 의무와 보상
3. 법인 정관 이해 및 활용	4. 재무상태표의 이익잉여금

　내가 만든 회사를 운영하는데 어려움을 겪는 이유는 전혀
다른 사업체 운영방식에 익숙하지 않기 때문이다. 이에 적응
하기 위해서는 2가지를 인지하고 있어야 한다. 법인은 소유와
경영이 분리되어 있고, 법인의 이익은 재무상태표의 이익잉여
금에 있다는 것이다.

주주는 배당, 임원은 급여를 받는다.

　법인의 소유자를 주주라 하고 주주는 자본금을 납부한 사
람이다. 주주가 하는 일은 정관을 변경하거나 임원을 선임하
는 일을 한다. 주주가 받는 이익은 배당인데 배당을 받으면 반
드시 배당소득세를 납부해야 한다.

　법인의 경영자를 이사 또는 임원이라 한다. 주주총회에서
선임된 사람으로 주주를 대신하여 회사를 경영하는 일, 즉 생

산판매에 대한 의사결정 또는 직원을 채용하는 일을 한다. 이사(임원)에게는 임금을 지급할 수 있다. 급여 또는 상여를 받게 되면 근로소득세를 납부해야 하고, 퇴직금을 받게 되면 퇴직소득세를 납부해야 한다.

[법인과 개인사업체의 차이]

법인사업자	구분	개인사업자
법인설립 등기 후 세무서 사업자 등록	설립절차	세무서 사업자 등록
설립등기 비용, 등록면허세 등	설립비용	없음
9% ~24%	소득세	6% ~45%
급여, 상여, 배당	자금활용	제약없음.
인건비 인정으로 법인세 축소가능	대표자급여	없음
정관에 명시 가능	퇴직금	없음
주주총회 또는 이사회	의사결정	자유로움

법인 자금의 개인화는 급여, 상여, 배당으로 가능하다.

법인은 자본금 또는 부채를 통해 조달한 자금으로 회사 자산을 형성하고 매출액을 발생시킨다. 매출원가와 판매관리비(인건비, 임차료, 기타경비 등)를 제하고 영업이익이 발생하면 법인세를 납부하고 남는 이익을 당기순이익이라고 한다. 당기순이익은 주주에게 배당을 하거나, 기업의 성장과 영속을 위해 법인에 재투자하는데 이것을 이익잉여금이라 한다. 즉, 법인 자금을 개인 자금처럼 사용해서는 안되며, 배당, 급여, 상여 등의 방법으로 소득처분한 금액만 개인이 활용할 수 있는 자금이다.

회사 성장과 더불어 소득세 부담을 줄이기 위해 만든 법인이 잘 운영되기를 바란다면 법인에 대한 이해가 선행되어야 한다. 주주, 자본금, 정관, 배당, 임원에 대한 이해가 필요하며, 법인사업체는 재무상태표의 이익잉여금 관리가 필요함을 인식해야 한다.

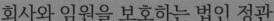

법인 설립과 운영

03.

회사와 임원을 보호하는 법인 정관

주식회사를 설립하기 위해서 반드시 정관을 작성하여야 한다. (상법 제288조) 법인 설립 이후 정관이 어디에 있는지 모르는 CEO가 많다. 회사 설립 시 필수 요건에 들어가기 때문에 만들기는 했으나, 법인 운영 시 어떻게 사용하는지 누구도 가르쳐주지 않는다.

정관은 회사 또는 법인의 자주적 법규 즉, 조직활동을 위한 근본규칙이다. 국가에는 법이 있고, 모임에는 회칙이 있듯이, 법인에는 정관이 있다. 정관은 강행규정이나 사회질서에 반하지 않는 한 회사 또는 법인 구성원 내지 기관을 구속한다. 국가는 회사에 대한 규제를 상법에 의하고, 정관은 상법의 내용을 바탕으로 작성되며, 그 권리와 의무를 주장할 수 있다.

법인 설립 이후 상법을 기반으로 회사 운영에 맞게 정관을 변경해 나가야 한다.

정관의 일반적 구성은 다음과 같다. 제1장 회사의 사업목적을 기재한 총칙, 제2장 주식과 주권, 제3장 사채, 제4장 주주총회, 제5장 임원, 제6장 이사회, 제7장 계산으로 구성된다. 하지만, 중소기업의 경우 이러한 구성이 제대로 되어 있지 않다.

그 이유는 설립할 때 정관의 중요성이나 필요성을 알지 못하고 법원 등기에 필요한 최소한의 내용만 담아 작성하는 경우가 대부분이다. 법인 설립 후 회사의 필요에 따라 정관을 변경하는 것은 당연한 것이다. 또한, 상법의 변화에 맞게 정관도 개선해야 한다.

절대적 기재사항

정관의 절대적 기재사항은 반드시 기재해야 하는 사항으

로 사업목적, 상호, 회사가 발행할 주식의 총수, 액면주식을 발행하는 경우 1주의 금액, 회사의 설립 시 발행하는 주식의 총수, 본점의 소재지, 회사 공고 방법, 발기인(임원: 성명, 주민등록번호, 주소) 이다.

위의 사항은 등기 사항으로 변동 시 반드시 정관을 변경하고 법원에 변경 사실을 알려야 한다. 위반 시 20만원 500만원 과태료 처분을 받을 수 있음을 유의하여야 한다. (상법 635조)

상대적 기재사항

정관의 상대적 기재사항은 정관에 기재하지 않아도 정관의 효력 또는 회사설립에 영향을 주지 않지만 반드시 정관에 기재해야 효력을 주장할 수 있는 사항이다. 대표적으로 변태설립사항, 주식에 관한 사항, 주주총회에 관한 사항, 임원에 관한 사항 등이 해당된다.

상대적 기재사항은 정관에 기재해야 효력이 발생하는 것으로 자기주식의 취득(상법 341조), 주식양도제한(상법 335조), 이사의 책임한도(상법 400조), 임원의 보수 상여금 퇴직금(상법 388조) 등으로 기재하지 않은 규정을 만들어 임원과 회사를 보호할 수 있는 내용으로 채워야 한다.

임의적 기재사항

정관의 임의적 기재사항은 정관에 기재하지 않더라도 정관을 무효하거나 그 효력을 주장할 수 없는 사항이 아닌 것으로 강행법규나 선량한 풍속 기타 사회질서에 위반되지 않는 한 정관에 기재할 수 있는 것을 말한다. 대표적으로 주권의 종

구분	정의	내용
절대적 기재사항	정관에 반드시 기재해야하는 필요적 기재사항으로써 미기재시 정관이 무효가 되는 사항	① 목적 ② 상호 ③ 회사가 발행할 주식의 총수 ④ 1주의 금액 ⑤ 회사가 설립시 발행하는 주식의 총수 ⑥ 본점소재지 ⑦ 회사가 공고하는 방법 ⑧ 발기인의 성명, 주민번호, 주소
상대적 기재사항	필요적 기재사항은 아니지만 정관에 기재해야 그 효력을 주장할 수 있는 사항	① 임원의 보수 및 퇴직금 ② 중간배당 ③ 현물배당 ④ 주식의 양도제한 ⑤ 주식매수선택권 ⑥ 주식의 상환 및 전환에 관한 종류주식 ⑦ 발기인의 특별이익 및 보수 ⑧ 기타
임의적 기재사항	정관에 기재하지 않아도 되는 사항으로써 주주총회나 이사회 결의에 의해 효력이 발생하는 사항	① 주권의 종류 ② 주주와 법정대리인에 대한 사항 ③ 이사와 감사의 수 ④ 회사의 영업연도 ⑤ 자기주식의 취득 ⑥ 기타

류, 정기주주총회 소집 시기, 이사와 감사의 수, 준비금 배당금의 청구기간, 이익의 처분방법 등이다.

임의적 기재사항은 주주총회 절차의 단순화, 이사 및 감사의 수를 제한함으로써 법인 운영의 간소화를 기할 수 있다.

정관을 통해 회사와 임원을 보호하는 수단으로 활용해야 한다.

정관을 관리하는 것은 회사의 역사를 관리하는 것과 같은 일이다. 사업목적의 확장, 주식발행의 연혁, 발기인(임원)의 역사 등 법인 운영 핵심들이 정관에 들어 있다. 국가가 법을 통해 국민의 재산과 인권을 보호하듯, 회사와 임원은 정관을 통해 보호받아야 한다.

법인의 발자취를 기록한 정관을 외롭게 둔다는 것은 무심함을 벗어나 무지한 일이다. 내가 설립한 회사가 나를 지켜줄 수 있도록 점검하는 것은 정관에서 출발해야 한다.

법인 정관에 자기주식취득, 주식의 양도제한, 이사의 책임한도, 임원의 보수·상여금·퇴직금 등의 규정이 있는지 확인해보자. 근로자가 근로기준법이나 산업재해보상법으로 보호를 받듯이, CEO도 정관을 통해 회사와 임원을 보호하는 수단으로 활용할 수 있다.

법인 설립과 운영

04.

재무관리 핵심 Key 세무조정계산서

세무조정계산서는 밖에서 보는 법인의 모습이며, 사업을 운영한 결과물이다. 모든 기업은 회계와 세무를 도와주는 회계사 또는 세무사가 있지만 주로 장부 작성에 관련된 일과 세금 신고를 대신해 줄 뿐 CEO에게 회계나 세무에 대해 자세히 알려주지는 않는다.

재무관리가 미흡하여 고통받는 CEO가 적지 않다. 이러한 고통의 시작은 세무조정 계산서를 통해법인의 재무현황을 정확히 인지하지 못한 결과가 대부분이다.

회계연도가 끝나는 날(통상 12월 31일) 기준으로 법인은 결산 보고 자료를 작성하여야 한다. 결산보고서는 기업 회계 원칙에 따라 기업의 경영 성적 및 재정 상태를 평가하는데 세무조정 계산서 또는 법인 결산자료라고도 한다.

3월 말까지 법인세 신고를 마쳐야 하기 때문에 세무사로부터 4월 초 경에는 세무조정 계산서 책자를 받아볼 수 있다. 기업의 재무는 세무조정 계산서의 재무상태표와 손익계산서를 바탕으로 이해하는 것이 필요하다.

재무상태표를 확인하고 실질적인 자산 내용과 대조하라

재무상태표는 특정 시점(회계연도 말) 기준으로 작성한다. 재무상태표는 차변의 자산항목과 대변의 부채와 자본항목으로 구성되어 있는데 차변과 대변의 합이 반드시 일치해야 하기 때문에 '대차대조표' 라고 한다.

재무상태표를 보면 기업의 재무 규모와 구조를 파악할 수 있다. 자산규모, 전년 대비 증감, 부채비율, 유동성 비율, 매출채권과 재고자산 규모, 단기대여금 규모, 은행부채 규모, 자본금과 이익잉여금 등을 알 수 있다.

손익계산서를 통해 법인세 절세 가능 여부를 검토하라

손익계산서는 일정기간 동안의 이익과 손실을 기준으로 작성하는데 매출액 규모와 전년 대비 증감, 매출원가, 판매관리비, 영업이익, 영업외손익, 법인세 및 당기순이익 등을 작성한다. 손익계산서를 통해 기업의 성장성과 이익률 등을 알 수 있다.

세액 공제 및 감면에 대한 내용은 세무조정 계산서의 법인세 신고내역을 보면 알 수 있는데, 세액 공제 및 감면이 반영된 법인세 내역을 파악하면 어떻게 세금을 줄일 것인지 이해할 수 있다.

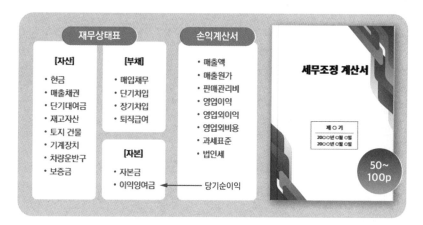

법인세 결산이후 기업의 현재 모습을 돌아보고 향후의 재무계획을 수립하는 게 중요한데 특히, 재무상태표는 기업이 외부에 드러나는 모습으로 법인을 평가하는 가장 중요한 지표가 되기 때문에 유심히 봐야 한다.

단기채권과 매출채권에 숨어있는 가지급금을 찾아라.

재무상태표는 현재 기업의 재무상태 즉, 자산, 부채, 자본의 상태를 보여주는 재무보고서다. 자산이란 자원 또는 경제적 자원이라고도 한다. 기업이 과거 거래 등의 결과로 획득하거나, 통제하고 있는 미래의 획득가능한 경제적인 효익이라고 정의될 수 있다. 쉽게 말하면 기업에 도움이 되는 재화나 채권 등을 말한다.

자산은 유동자산과 비유동자산으로 분류하는데 1년 이내

현금화 가능하면 유동자산(현금성자산, 매출채권, 단기채권, 재고자산 등), 1년 이상의 장기간에 걸쳐 기업 내에 체류하면 비유동자산(장기금융상품, 토지, 건물, 기계장치, 무형자산, 보증금 등)으로 나눌 수 있다.

재무상태표에 표기된 자산을 평가한 금액이 실질과 어떻게 다른 지 반드시 확인해야 하고, 중소기업의 경우 단기채권 또는 매출채권에 가지급금이 숨어 있는지 확인해야 한다.

가수금은 빨리 회수하라

부채는 재화나 용역의 차입을 전제로 부담한 금전상의 상환의무. 일반용어인 채무와 같은 말이다. 자산의 분류와 마찬가지로 1년을 기준으로 유동부채(매입채무, 단기차입금, 가수금)와 비유동부채(장기차입금, 퇴직급여 충당금)로 나누어진다.

부채 항목에서는 실질 은행 대출이 얼마인지, 가수금이 있다면 어떻게 처리할 것인지 판단해야 하는데, 이익이 나는 회사에 가수금이 있으면 매출 누락으로 판단할 수 있어 빨리 회수하는 것이 좋다.

이익잉여금은 고율의 배당소득세를 납부할 가능성이 높다.

자본은 재화와 용역을 생산하거나 효용을 높이는 데 사용하는 밑천이다. 회계학에서는 자본을 자산·부채와 대조되는 개념으로 사용한다. 기업의 총자산에서 총부채를 공제한 잔액으로 자본금과 잉여금을 의미한다.

자본금은 회사를 설립할 때 납부한 자금으로 주주가 낸 자금이고, 이익잉여금은 회사 경영의 결과로 발생한 이익을 기업의 성장을 위해 남긴, 벌어들인 자금이다.

이익잉여금은 법인의 청산이 주주에게 환원되는 것으로 고율의 배당소득세가 납부될 수 있어 관리가 필요하다.

[재무상태표에서 반드시 CEO가 확인해야 할 계정과목]

자산항목	매출채권 : 기업이 상품이나 제품을 판매하고 받지 못한 외상 대금
	주임종 단기대여금 : 법인이 직원이나 임원에게 빌져 준 자금. 가지급금
	토지, 건물, 기계장치, 무형자산, 보증금 등의 실질가치
부채항목	가수금 : 현금의 수입은 있었지만 거래의 내용이 불분명거나 거래가 완전히 종결되지 않아 계정과목이나 금액이 미확정인 경우에 현금의 수입을 일시적인 채무로 표시하는 계정과목.
	퇴직급여충당금 : 일종의 부채성 충당금으로서, 회사가 그 사용인 또는 임원에 대해 퇴직할 경우에 지급할 퇴직충당의 충당금으로서 인정하는 것을 말한다.
자본항목	이익잉여금 : 기업의 영업활동에서 생긴 순이익으로, 배당이나 상여 등의 형태로 사외로 유출시키지 않고 사내에 유보한 부분

사업 성공을 위해 열심히 일하지 않는 기업가는 없다. 기업 경영을 위해 만능 엔터테이너가 되어야 하는 것은 CEO의 숙명이기도 하다. 세무조정 계산서는 밖으로 드러난 회사의 모습으로 외부에서 보이는 회사의 모습을 점검하고 아름답게 보일 수 있도록 개선해 나가야 한다.

2장

법인 성장과
재무관리

01.

가지급금이라는 상처를 남기지 말자.

법인 운영하면서 가장 힘든 게 가지급금 관리다. 가지급금은 대표의 부채가 늘어나는 결과를 가져오고 시간이 지날수록 아픈 상처로 남게 된다. 가지급금이 발행하는 이유를 찾고 더 이상 발생되지 않게 하는 것이 중요하며 장기적인 계획 수립을 통해 상환해 나가야 한다.

가지급금은 법인이 지급한 돈에 대하여 그것을 확정할 때까지 임시로 처리하는 회계방식이지만, 실질적으로 지출의 용도를 증명하지 못할 때 발생한다. 사업을 하다 보면 증빙하지 못하는 자금이 생기곤 한다.

매출을 과다 계산했거나, 지급한 인건비 보다 신고를 적게 한 경우, 대표 급여를 적게 책정하여 회사의 자금을 사적으로 사용한 경우 등이다. 증빙하지 못하는 지출은 대표가 갚아야 하는데 이윤추구라는 사업 목적은 고사하고 오히려 빚이 늘어나는 결과가 된다.

가지급금은 세금 폭탄이 될 수 있다.

가지급금은 규모가 작을 때는 문제가 없으나 시간이 지날수록 감당할 수 없는 수준으로 늘어나는 경우가 많다. 중소법인의 경우 3억이 넘어가면 유의해야 하고, 5억이 넘어가면 장기적인 계획을 세워 상환해야 한다.

가지급금이 문제가 되는 이유는 일시에 세금 폭탄을 맞게 된다는 것인데 기업 양도 또는 폐업 시 가지급금은 전액 대표의 급여로 처리해 근로소득세가 부과된다.

대표이사 사망으로 가업을 물려받은 유족이 가지급금의 승계를 거부할 경우 전액 고인의 급여로 처리해 근로소득세를 부과하게 되는데 이때 고인의 근로소득세를 유족이 부담해야 한다. 대표 사망 시 법인에게 갚아야 할 가지급금이란 부채를 유족이 고스란히 상속받아야 한다.

가지급금은 법인세와 소득세 부담을 가중시킨다.

상환되지 않은 가지급금은 법인대표의 소득으로 상여 처분되어 고율의 소득세를 내야 됨은 물론, 매년 발생하는 인정이자(4.6%) 만큼 소득세를 부담해야 한다. 매년 가지급금 인정이자 만큼 소득세를 부담하지 않으면 가지급금 이자는 회계상으로 이자에 이자가 붙어 복리로 늘어난다.

법인 측면에서는 가지급금 인정이자에 대한 익금산입, 지급이자 손금불산입으로 법인세 부담이 늘어난다. 또한, 은행으로부터 자금을 조달할 때 좋은 평가를 받지 못하고, 세무조사 선정 가능성을 높이는 요인이 된다.

[22년 가지급금 5억, 매년 5,000만원 추가 발생시,
법인세과세표준 20.9%(지방소득세포함)]

구분	현재	1년뒤	2년뒤	3년뒤
가지급금	500,000,000	550,000,000	600,000,000	650,000,000
인정이자 (4.6%)	23,000,000	25,300,000	27,600,000	29,900,000
법인세부담 (20.9%)	4,807,000	5,287,700	5,768,400	6,249,100
총 유실자금	27,807,000	30,587,700	33,368,400	36,149,100

가지급금은 발생하는 원인을 찾아 발생하지 않게 하는 게 우선이다. 회사의 운영을 위해 지속적으로 발생할 수밖에 없다면, 발생할 금액만큼 대표의 급여나 주주의 배당으로 대체해야 한다.

가지급금 해결 방안

가지급금 상환은 법인의 주주 또는 임원 구성에 따라 개별적인 전략 수립이 필요하다. 회사의 순이익이 좋고, 임원의 구성을 다양화할 수 있다면 급여를 올리고 연말 성과에 따른 상여금을 이용하여 상환하는 게 가장 좋다. 급여의 세금 부담이 소득세율 기준 38%가 넘어간다면 배당을 검토하는 것이 필요한데 주주 구성원이 많을수록 배당의 효과가 크다.

갚기 힘든 수준의 가지급금은 대표가 보유하고 있는 자산을 회사에 매각하는 방법을 검토해야 하는데, 개인 부동산 매각, 보유하는 있는 주식의 매각, 개인사업장 영업권 평가를 통한 양도, 특허권 등을 활용할 수 있다.

개인사업자의 영업권을 법인에 양도 또는 특허권을 양도할 때, 개인뿐만 아니라 법인의 절세효과를 볼 수 있다. 영업권 또는 특허권을 양도하고 그 대가로 받는 금품은 기타소득에 포함되어 60%까지 필요경비로 인정해 준다. 만약 영업권 평가 금액이 5억일 경우 3억을 제외하고 2억에 대해서만 소득세를 계산하기 때문에 약 1.5억 규모의 개인소득세 절세를 할 수 있고, 법인 입장에서는 영업권은 5년, 특허권은 7년간 감가상각을 할 수 있어 약 1억 규모의 법인세를 줄이는 효과가 발생한다.

[가지급금 해소 방안]

보유하고 있는 주식을 법인에 매각하는 방법은 자기 주식을 취득하는 목적에 따라 양도소득세 또는 배당소득세를 납부해야 한다. 배우자에게 증여받은 주식을 회사에 매각하고 매각된 자금으로 가지급금을 상환할 수도 있다.

자기주식의 취득 및 배우자로부터 증여받은 주식을 회사에 매각하는 경우 상법상의 절차의 준수가 중요하고 세무조사의 리스크가 있어 전문가의 도움을 받아 검토해야 한다.

가지급금 상환 후 개인화하는 플랜이 필요하다.

가지급금 상환은 회사의 비뚤어진 자산 계정을 올바른 방향으로 끌고 가는 것이다. 대표의 회사에 대한 부채 상환이기 때문에 상환 후 법인자금을 개인화하는 출구전략을 잘 만든다면 언제든지 다시 가져올 수 있는 것이다.

상환하지 않고 늘어나는 데로 방치한다면 써보지 못한 부채가 늘어나 결국은 고율의 세부담은 물론, 대표의 유고 시 유족들은 상속을 포기해야 하는 경우까지 발생한다.

가지급금은 CEO가 치료해야 할 상처다. 이 상처는 내버려 둘수록 점점 커지고 돌이킬 수 없어 결국은 사업을 포기하거나, 가족에게는 상속을 포기해야 하는 경우까지 발생한다. 발생하는 원인을 찾고, 장기적인 상환 계획을 반드시 세워야 한다.

법인 성장과 재무관리

02.

명의신탁 주식은 반드시 해결하자.

회사 설립 시 주주구성의 다양화를 위해 타인 명의로 주식을 분산한 경우라면 회사가 성장함에 따라 주식이전에 대한 세금 부담이 늘어나게 된다. 회사의 매출액이 커지고 분산된 주주가 사망하게 되면 상속세 부담에 대한 분쟁의 소지도 있다.

명의신탁주식은 타인의 명의로 자본금을 납부하여 주식의 실소유자와 주주명부상 명의자가 다른 경우를 말한다. 부동산의 경우 「부동산 실소유자 명의 등기에 관한 법률」이 시행된 1995년 7월 1일 이후에는 명의신탁을 주장할 수 없으나, 비상장주식의 경우 명의신탁을 규제하는 법률이 없어 명의신탁이 발생할 수밖에 없는 구조적 문제를 안고 있다.

법인 설립 시 주주는 1명도 된다.

상법상 회사설립시 필요 발기인의 수를 규정하여 1996년 이전에는 최소 발기인의 수가 7명, 2001년 이전에는 3명 이상의 발기인이 필요했으며, 2001년 7월 24일 이후에는 상법

개정으로 발기인의 수를 제한하지 않게 되었다.

발기인 연혁	1996. 9. 30일이전	2001. 7. 23일 이전	2001. 7.24일 이후
발기인 수	7명	3명	1명

명의 신탁은 과점주주에 대한 인식 부족에서 발생한다.

또한, 과점주주에 대한 책임을 회피하기 위해 주식을 명의 신탁하는 경우도 있다. 주식의 지분이 본인 및 특수관계자(상법 시행령제34조 4항 : 배우자, 6촌이내 혈족, 4촌이내 인척)가 보유한 주식이 회사가 발행한 주식 총수의 50%를 초과하는 경우 과점주주라고 한다. 과점주주는 법인이 납부하지 못한 세금(국세 : 부가세, 법인세 등)에 대한 2차 납세의무와 간주취득세 납부 의무(최초 설립 시 과점주주인 경우 제외)를 지기 때문에 이를 회피할 목적으로 제삼자 명의의 주주를 만들기도 한다.

모든 문제가 그렇듯 명의신탁 된 주식은 시간이 경과할수록 복잡한 문제가 발생한다. 회사가 성장함으로써 명의 신탁자의 변심에 의한 주식이전의 어려움, 명의 신탁자의 사망으로 인한 재산상속으로 명의신탁에 대한 입증의 어려움 그리고 가업상속시 가업상속지분요건(40%)을 충족하지 못할 수도 있고 시간의 경과에 따른 명의신탁을 입증할 수 있는 금융 증서의 미비에 따른 회수 어려움이 발생할 수 있다.

명의신탁 해지는 세금을 줄일 수 있는 가장 좋은 전략이다.

명의신탁 되어 있는 주식을 찾아오는 가장 좋은 방법은 명의신탁 해지다. 명의신탁 해지는 명의신탁 당시의 주식가격으로 증여세를 부담하고 주식을 이전 받을 수 있기 때문에 증여나 양도보다 세금에 대한 부담이 현저히 낮다. .

세금에 대한 부담이 현저하게 낮기 때문에 명의신탁에 대한 입증은 명의신탁자가 해야 한다. 명의신탁 입증은 회사 설립 및 자본금 증자 시 대금 납부를 명의신탁자 통장으로 납부했다는 것과 명의신탁 해지를 위해 당사자 간에 명의신탁 했던 주식을 실제 주주 명의로 돌려준다는 명의신탁 해지약정서를 작성해야 한다.

[명의신탁주식 이전 검토 방안]

• 명의신탁주식 해지
• 명의신탁주식 실소유자 확인제도
• 주식 양도 또는 증여
• 자기주식 취득

입증하지 못한 명의신탁 해지 신청은 증여세 부담을 가중시킨다.

만약, 명의신탁 해지로 주식변동사항을 신고하였는데 입증을 하지 못하게 되면 현재 주식평가액으로 증여세를 부담할 수 있어 확실한 증빙자료를 가지고 진행해야 한다.

상속세 및 증여세법에서는 '명의신탁재산'에 대해 실질소유자가 명의자에게 증여한 것으로 의제하여 증여세를 부과하는데 이를 '명의신탁재산에 대한 증여의제'라고 한다. 실질과세 원칙을 어기면서 제3자 명의로 주식을 신탁한 이유는 이를 이용해 출자자가 제2차 납세의무나 금융소득 종합과세를 회피하기 위한 목적으로 보기 때문이다.

2001년 7월 이전 설립 법인은 명의신탁 실소유 환원제도를 활용하자

명의신탁 주식에 대한 문제는 중소기업 가업상속에 대한 문제와 연관되어 있고, 이를 해결해주기 위해 정부는 명의신탁 실소유 환원제도를 2014년 6월 23일 시행하고 있다. 2001. 7월 23일 이전 설립한 법인으로 실소유자와 명의 신탁자가 변동이 없는 중소기업의 경우 세무사를 통해 주식변동을 신고하게 되면 간편하게 명의 신탁 주식을 환원할 수 있다.

[명의신탁 실소유 환원제도 : 상속세 및 증여세 사무처리규정 제9조의 2]

아래 각 호의 요건을 모두 충족하여야 함.

1. 주식발행법인이 조세특례제한법 시행령 제 2조에서 정하는 중소기업에 해당할 것.

2. 주식발행법인이 2001년 7월 23일 이전에 설립되었을 것.

3. 실제소유자와 명의수탁자(실명전환 전 주주명부 등에 주주로 등재되어 있던 자)가 법인설립 당시 발기인으로서 법인설립 당시에 명의신탁한 주식을 실제소유자로 환원하는 경우일 것.

4. 실제소유자별 주식발행법인별로 실명전환하는 주식가액의 합계액 제한 없음

현재 2023년 기준 20년 이전에 설립한 기업이 대상임으로 증여세에 대한 문제는 없으나, 배당한 사실이 있는 경우 금융소득종합과세에 따른 추가 세금을 납부할 수도 있다.

주식 양도소득세를 줄이기 위해서는 주식가치 조정이 필요하다.

명의신탁 증명이 어렵다면 주식 양수도를 검토해야 한다.

비상장 주식의 양도 소득세는 10% ∽ 25%의 세금을 부담해야 한다. 만일, 자본금 1억 회사를 설립하여 20년 후 주식평가 금액이 100억의 회사가 되었다면, 30% 주식, 즉 30억 주식가치를 양도 받아야 한다. 양도차익은 30억 - 3,000만원을 제외한 29.7억에 대해 3억 이하는 20%, 3억 초과하는 금액은 25% 약 7억 2,750만원의 세금을 부담해야 한다.

주식 양도 시 양도금액 및 양도소득세를 줄이기 위해서는 주식가치 조정을 검토하여야 하고, 특수관계인 또는 비특수관계인에 따라서 저가 양도, 즉 주식평가 금액보다 싸게 주식을 이전하는 방법을 검토해야 한다.

주식 양도의 경우 주식 취득자금이 있어야 가능한데 취득자금에 대한 출처가 명확하지 않으면 증여세가 부과될 수 있기 때문이다. 개인 명의의 양수도가 어렵다면 회사 명의의 주식을 취득하는 자기주식 취득을 검토할 필요가 있다.

명의신탁 된 주식은 향후 법인 소유권에 대한 분쟁, 상속세 부담에 대한 상속인과의 분쟁이 발생할 소지가 매우 높은 리스크다. 이에 대한 검토는 필수적이고 명의신탁 해지, 주식의 양도 또는 자기주식 취득을 면밀히 검토하고, 시간을 두고 분할 매수하는 방법을 사용하더라도 기업의 영속을 위해 반드시 해결해야 할 일이다.

[특수관계 여부에 따른 저가양도 가능금액]

양도인(차명주주)	상증세법	소득세법	저가양수도 가능금액 (시가대비)
직계 존·비속	특수관계	특수관계	5% 미만
임직원	특수관계	비특수관계	30% 미만 (단, 최대 3억원 미만)
퇴사한 임원(3년이내)	특수관계	비특수관계	30% 미만 (단, 최대 3억원 미만)
퇴사한 직원 (지분 30% 미만)	비특수관계	비특수관계	3억원 미만
친구 (지분 30% 미만)	비특수관계	비특수관계	3억원 미만
퇴사한 직원 or 친구 (지분30%↑)	특수관계	비특수관계	30% 미만 (단, 최대 3억원 미만)

명의신탁 주식은 시간이 경과할수록 문제를 해결하기 어렵다. 오래된 법인은 명의신탁 간소화 대상인지 확인하고, 설립 5년 내 법인은 자본금 납부통장이 있다면 세무사와 상의하여 명의신탁 해지를 위한 절차를 밟아야 한다. 명의신탁 해지가 어려운 법인은 주식가치 조정 그리고 저가 양수도를 통해 지분의 이전을 검토해야 한다.

법인 성장과 재무관리

03.

급여책정 어떻게 해야 하나?

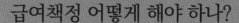

법인 CEO는 얼마의 급여를 수령하는 것이 적정한지 쉽게 결정하지 못한다. 법인세와 소득세가 이중과세 된다고 생각하기 때문인데, 법인세는 법인이 내는 것이고 소득세는 CEO 개인이 내는 것으로 세금 부과대상이 다르다. 그리고 급여는 충분히 생활할 만큼 책정되어야 안정적인 생활을 할 수 있고 개인 재무관리(자산형성)가 가능하다.

법인 이익의 환원은 급여·상여의 근로소득, 배당에 의한 배당소득, 퇴직 시 받는 퇴직소득이 있다. 이외의 방법으로 법인의 이익을 회수하게 된다면 앞에서 이야기한 가지급금이라는 상처를 남기게 되거나, 법인 자금 횡령의 문제가 발생하여 처벌을 받을 수 있다.

급여는 반드시 생활비 수준으로 책정하자.

CEO의 급여는 매월 발생하여 생활비를 충분하게 사용할 수 있을 만큼 책정하는 것이 기본이다. 사업을 통해 이익을 창출하여 내 삶의 질을 높이는 것이 사업의 목적이라면 이 목적을 실현하기 위한 충분한 급여는 필수적이다.

다만, 법인CEO의 급여는 "상법 388조(이사의 보수) 정관에 그 액수를 정하거나 주주총회를 통해 정해야 한다." 이러한 절차적 행위 없이 급여를 수령한다면 세무조사 시 가져간 만큼 손금 불산입이 되어 법인세와 가산세를 추징당하게 되고, 가지급금으로 인식하여 갚아야 되는 불편함을 감수해야 한다.

법인세와 소득세를 비교하여 급여를 책정하자.

일반적으로 CEO는 본인이 급여를 가져가게 되면, 법인세와 개인소득세를 이중으로 낸다고 생각하는 경우가 많다. 이것은 잘못된 인식이다. 대표의 급여 증가분은 법인의 비용을 늘려 법인세를 줄이는 효과가 있다.

법인세 과세표준 구간에 따라 급여의 법인세 절세 효과가 다르게 나타난다. 당기순이익 2억 이하 법인은 9%, 당기순이익 2억 초과 법인은 19%의 절세효과가 발생한다. 지방소득세 포함 시 당기순이익 2억 이하 10%, 2억 초과 200억 이하 20.9%의 법인세 절세효과를 볼 수 있다.

[당기순이익 2억 초과 법인의 법인세 및 소득세 부담 간편 계산]

손익계산서	A대표	B대표	비고
매출액	10억	10억	
인건비		2억	소득세 부담세율 약 + 4,000만원
영업이익	10억	8억	
법인세(20%가정)	2억	1.6억	법인세 절세금액 약 - 4,000만원
당기순이익	8억	6.4억	개인 소득 1.6억

　A 대표의 경우 급여를 처리하지 않게 되면 계속해서 이익 잉여금은 증가한다. 하지만, 개인 생활비가 부족하여 가지급 금이 쌓이거나, 개인부채가 늘어날 수 있다. 이익잉여금이 계속 늘어나고 청산을 통해 법인 이익을 CEO가 환원 받을 때 고율의 배당소득세를 부담해야 한다.

　B 대표의 경우 급여로 처리하게 되면 소득세 부담만큼 법인세 부담이 줄어들기 때문에 세금부담에 대한 효과는 동일하고, 이익잉여금이 줄어들지만 개인 자산 형성이 용이하게 된다. 법인을 운영하는 CEO는 법인의 성장과 더불어 개인 자산의 성장이 동시에 이루어져야 함을 반드시 인지하자.

당해 연도 당기순이익의 50%를 임원급여로 책정하자.

법인의 이익은 청산하거나 양도하게 될 때 고율의 세금 부담이 필수적이다. 이를 해결하기 위해 급여의 책정은 매우 중요하다. 일반적으로 당기순이익의 50%를 CEO(임원 포함)의 몫으로 책정하기를 권장한다. 만일 당기순이익이 1억이라면 5,000만원, 3억이라면 1.5억으로 책정하는 것이 적정하다.

임원도 연봉계약서를 작성하자.

3월 재무제표 승인을 위한 정기주주총회시 임원에 대한 보수를 얼마로 책정할 것인가를 고민해야 하고, 주주총회 결의를 통해 임원 급여를 책정해야 한다. 법인세 부담에 따라 임원 급여의 적정성을 검토하자. 이에 따른 임원 연봉계약서를 절차에 따라 꼼꼼하게 작성해 둔다면 향후, 세무 조사에도 문제가 없을 것이다.

법인사업자의 경우 개인사업자와 달리 소득을 분산할 수 있다는 이점이 있다. 실제 근무하는 가족(배우자, 자녀 등)들도 적정한 급여를 결정하여 지급하는 것이 필요하다. 특수관계인 임직원의 보수 결정시 급여의 적정성 여부는 동일 직위의 임직원과 비교하여 형평성을 따져보면 된다.

[임원 연봉계약서 예시]

임원 연봉계약서

○○○○○주식회사와 ○○○은 아래와 같이 연봉계약을 체결하고
본 계약을 성실히 이행, 준수할 것을 서약합니다.

제1조 [연봉계약기간] : 201 년 1월 1일부터 201 년 12월 31일까지

제2조 [연봉금액] : 일금 _____ 원정 (₩ _____)
　　　상기 연봉금액은 계약기간에 따른 산정금액이며, 기본급, 기본급 이외
　　　의 급여(이하 "제수당"이라 한다.) 및 상여금을 포함한다.

제3조 [연봉책정 및 조정]
　　　연봉은 매년 1회 정기적으로 책정함을 원칙으로 하되, 연봉계약 기간
　　　중 승진, 징계 질병휴가 등 인사상의 처우 변경 시에는 회사의 규정에
　　　따라 연봉을 조정 지급한다.

제4조 [연봉지급]
　　　연봉은 12개월 균등 분할하여 매월 지급한다.

제5조 [연봉 외 수당 및 복리후생]
　　　중식대, 연차휴가보상금, 자가운전보조비, 제수당 및 복리후생비는 현
　　　행과 동일하게 지급한다.

제6조 [연봉계약기간 중에 퇴직한 자의 취급방법]
　　　상기 연봉계약기간 중에는 별도의 퇴직금을 지급하지 아니한다.
　　　퇴직금은 당사 임원퇴직금지급규정을 적용한다.

제6조 [준수사항]
　　　1. 회사 근무 기간 동안 본 계약서 내용을 준수한다.
　　　2. 연봉에 관련된 사항을 타인에게 공표하지 않으며, 기타 본 계약서에
　　　　 명시되지 아니한 사항은 회사의 제반 기준을 따른다.

20 　 년 　 월 　 일

위 本人 _____ 서명 _____ (인)

가족에게 급여를 지급할 경우 법인세를 줄일 수 있다는 것과 본인 명의의 부동산을 취득하거나 자산을 매입할 때 자금 출처를 확보할 수 있어 취득자금 소명에 유리하다. 실제 출근하여 법인에서 업무를 수행한다면 반드시 급여를 지급하는 것이 유리하다.

종업원들은 근로계약서 작성을 통해 급여가 책정된다. 이와 달리 임원의 급여는 주주총회 결의나 정관에 그 액수를 정할 수 있는 기준이 있어야 한다. 종업원이나 임원의 급여는 회사에서 부담하는 인건비이므로 법인세를 줄이는 효과가 있다. 회사가 성장하는 만큼 정당한 보수를 책정해야 한다.

법인 성장과 재무관리

04.

장기적인 주주배당의 이익

주주는 매년 배당을 받는 것이 좋다. 배당 실행이 법인세 절세의 효과는 없으나 장기적 배당으로 현재 시점 이익의 실현과 장기적인 배당소득세의 절세효과를 기대할 수 있다. 2,000만원 초과 배당으로 금융소득종합과세 및 건강보험료가 부담이 된다면 분리과세(2,000만원)되는 범위 내 배당을 받는 것은 반드시 필요하다.

중소법인의 초과유보소득에 대한 과세가 세법개정안에 포함되어 2020년에서 2022년까지 중소법인의 쟁점 이슈가 되었다. 당기순이익의 일정 금액 이상을 회사 내에 쌓아 두면 이를 배당한 것으로 보고 배당소득세를 부과한다는 것이다.

취지는 기업에 쌓아 둔 이익잉여금을 줄이고 경제활성화에 기여하자는 것인데, 중소기업은 기업 경영에 대한 재정적인 우려가 있고, 법인세 납부 이후 배당소득세를 또 납부하는 이중과세 때문에 반발해 초과 유보소득 과세에 대한 논란은 잦아 들었다. 하지만, 언제 다시 이슈화 될지는 알 수 없으므로 이에 대한 대비는 필요하다.

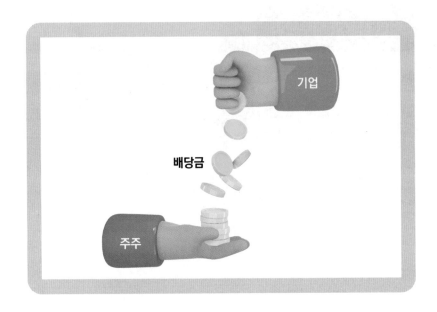

배당소득세에 대한 이중과세를 조정해 준다.

수십년 기업을 영위하고도 배당을 하지 않는 중소법인은 예상외로 많은 편이다. 이유는 법인세 납부 후 배당소득세를 또 납부하여야 한다는 이중과세와 급여와는 달리 배당금 지급금액을 비용처리할 수 없어 법인세 절세 효과가 없기 때문이다.

배당소득은 이자소득과 합산하여 2,000만원 이하는 분리과세 된다. 또한, 종합합산 금융소득에 대해서는 Gross - up 제도를 통해 이중과세를 조정해준다. 쉽게 설명하면 법인의 소득은 법인세로 과세되고 이후 이익을 배당하였는데 배당소득세를 낸다면 하나의 소득에 두 번 과세가 되기 때문에 이

중 일부를 차감해준다는 제도로 배당세액공제를 해준다는 것
이다.

[배당소득 그로스업(Gross-up) 제도]

개인이 내국법인으로부터 받는 배당소득금액에 그 배당금에 대한
귀속법인세(Gross-up)을 더하여 종합소득산출세액을 계산한 후,
산출세액에서 귀속법인세를 세액공제하여 종합소득결정세액을 산정하는 방법

배당소득총수입금액 = 배당금 + 귀속법인세

종합소득결정세액 = 종합소득산출세액 − 귀속법인세

　　기업의 이익잉여금은 법인을 청산하게 될 때 자산을 시가
로 계산하는 재평가의 과정을 거치게 된다. 이때 부동산을 보
유한 기업은 부동산(토지) 가치 상승에 따른 재평가 금액의
상승으로 재무상태표의 자산보다 훨씬 높게 평가될 가능성
이 있다.

　　높아진 평가 금액에 따라 이익잉여금은 더 늘어나고 늘어
난 이익잉여금은 잔여재산 분배권이 있는 주주에게 배분되는
데 이에 주주는 고율의 배당소득세를 납부할 가능성이 매우
높다. 그러므로 매년 배당의 실행은 절세효과를 높일 수 있다.

배당에 대한 절세는 가족 간의 지분증여를 통해 할 수 있다.

배당소득 절세효과는 가족 간의 지분증여를 통해 극대화할 수 있다. 1인 주주의 경우 2,000만원 까지만 분리과세 되지만, 4인 가족기준 지분을 30%, 30%, 20%, 20%로 분산한다면 매년 6,000만원을 분리과세로 받을 수 있다. 10년 합산한다면 6억 즉, 1인일 때는 10년간 2억만 분리과세 되지만, 주주분산으로 총 6억의 분리과세 효과를 기대할 수 있다.

주주	지분비율	주주	지분비율	주주	배당금액
본인	100%	본인	30%	본인	1,800만원
배우자		배우자	30%	배우자	1,800만원
자녀1		자녀1	20%	자녀1	1,200만원
자녀2		자녀2	20%	자녀2	1,200만원

배우자나 자녀에 대한 배당은 가족의 자산 형성에 매우 유효한 전략이다. 공기업이나 대기업에 취업한 자녀나 배우자를 임원으로 등재하여 급여를 발생시키면 세무적인 문제가 발생할 수 있지만, 비상장주식을 배우자나 자녀에게 증여하는 것은 합법적인 자산 형성에 좋은 소득원이 된다.

또한, 법인의 이익잉여금은 법인 청산 시 고율의 배당소득세를 부담할 가능성이 매우 높은데 매년 배당을 실행하면 이익잉여금을 줄이는 효과는 물론, 사전 증여의 효과가 발생하여 자산이전에 매우 유효한 전략이다.

배당의 적기는 3월 결산시점이다.

배당은 매년 결산기에 하는 정기배당과 수시로 가능한 중간배당이 있다. 주주총회 결의를 통해 배당금을 정할 수 있고, 주주가 보유하는 있는 지분만큼 배당금을 수령하는 정률 배당이 일반적이다. 2021. 1. 1일 이후 초과배당에 대해서는 소득세와 증여세를 모두 과세한다는 것을 알아야 한다.

회사가 성장할수록 비상장 주식 가치는 늘어나고 주식지분 증여에 따른 비용이 증가할 수 있다. 하지만 설립 3년 내 법인은 액면가로 주식증여가 가능하므로 가족간 유대관계에 문제가 없다면 자산이전 효과를 극대화하기 위해 자녀로 주식지분 이전을 검토할 필요가 있다.

이익잉여금은 법인 청산 시 고율의 배당소득세를 납부할 가능성이 매우 높다. 배당은 주주들이 현재 시점 이익을 실현할 수 있으며 법인 청산 시 고율의 배당소득세를 줄일 수 있는 수단이다. 주주분산을 통해 배당 효과를 극대화할 수 있고, 자녀 재산형성을 위한 수단으로도 활용할 수 있다.

법인 성장과 재무관리

05.

임원퇴직금 얼마나 받나?

오랫동안 영속한 기업의 CEO가 은퇴를 위해 퇴직금을 준비하는 것은 바람직한 일이며, 회사를 위해서도 해야 할 일이다. 누구나 평생 일할 수는 없다. 아름다운 은퇴를 위한 장기적인 준비가 필요하며 CEO의 퇴직금은 은퇴를 위한 가장 든든한 자금이 되어야 한다.

은퇴에 필요한 자금 산정 규모는 남은 여명까지의 생활비, 의료비 및 간병비 그리고 은퇴 후의 풍요로운 삶을 위한 여행자금 또는 취미생활에 사용될 자금일 것이다. 이러한 비용은 개인마다 다르겠지만 월 평균 500만원 ~ 800만원 기준, 평균 여명 100세에서 은퇴시점 나이를 감안하여 산정하는 것을 검토할 필요가 있다.

든든한 은퇴준비

임원 퇴직금

퇴직 후에도 잘 먹고 잘 살려면

1인 법인도 CEO 퇴직금을 준비하자

1인 법인이라 해도 본인을 위해 퇴직금을 준비할 수 있다. 퇴직금은 자금의 규모가 크고 퇴직소득세로 분류과세 되기 때문에 이익잉여금에 대한 배당소득세 보다 절세 효과가 크다.

종업원의 퇴직금은 근로기준법 또는 근로자퇴직급여 보장법에 의해 보호를 받는다. 평균임금을 기준으로 사유가 발생한 날 이전 3개월 동안 그 근로자에게 지급된 임금의 총액을 그 기간의 전체 일수로 나눈 금액인데, 대략 한 달 치 급여를 기준으로 보면 된다.

정관에서 위임한 퇴직급여 지급규정을 만들어야 한다.

임원의 퇴직금은 일반 종업원들과 달리 정관이나 정관에서 위임한 별도의 퇴직급여 지급규정에 따라 지급해야 한다. 법인세법 시행령 44조 ④항에 법인이 임원에게 지급한 퇴직급여 중 정관에 퇴직급여(퇴직위로금 등을 포함한다)로 지급할 금액이 정하여진 경우에는 정관에 정하여진 금액을 지급할 수 있다.

또한 ⑤항에 정관에 임원의 퇴직급여를 계산할 수 있는 기준이 기재된 경우를 포함하여, 정관에서 위임된 퇴직급여지급규정이 따로 있는 경우에는 해당 규정에 의한 금액에 의한다고 세밀히 규정하고 있다.

임원퇴직금 한도는 점점 줄어들고 있다.

임원 퇴직금 한도에 대한 규정 소득세법 22조 ③항은 2012년, 2013년, 2014년에 이어 2019년까지 축소되는 방향으로 개정되어 왔다. 그 이유는 거액의 자금을 세금 부담을 줄여서 수령할 수 있기 때문이다. 현행 임원 퇴직금의 한도는 퇴직한 날로부터 소급하여 3년간 지급받은 총급여의 연평균환산액 × 10% × 근속년수 × 2배수로 규정하고 있다.

물론, 퇴직소득한도를 초과하여 퇴직금을 받을 수 있지만, 초과한 금액은 근로소득으로 과세하므로 절세효과가 현저히 떨어진다. 초과하여 가져가는 것 보다는 급여를 인상하여 받아가는 것이 유리하기 때문에 지급배수를 2배수 이상으로 할 필요는 없을 것 같다. 만일 초과하여 수령하기를 원한다면 임원 퇴직위로금 또는 공로금 규정을 제정하여 퇴직소득 한도 외 추가로 가져갈 수 있는 여지를 남기는 것이 좋다.

만일 정관에 별도의 퇴직급여 지급규정이 없거나, 적정하지 않을 경우에는 법인에서 지급한 퇴직급여 중 '퇴직직전 1년간의 총 급여 × 10% × 근속연수' 만큼 퇴직금이 인정된다. 이 경우 퇴직금 지급 금액이 최대 2배수 이상 차이가 날 수 있어 반드시 정관에 퇴직금 지급규정을 두거나, 별도의 퇴직금 지급규정을 만들어야 한다.

[임원퇴직금의 예시]

구분	3년간 평균연봉 2억원, 근속년수 20년 기준
퇴직금 지급규정 無	2억원 × 10% × 20년 × 지급배수 1 = 4억원
퇴직금 지급규정 有	2억원 × 10% × 20년 × 지급배수 2 = 8억원

임원퇴직금 중간 정산할 수 있다.

현행 세법상 임원에게 지급하는 퇴직급여는 실제적 퇴직 또는 임원이 현실적으로 퇴직하는 경우에 한하여 가능하며 현실적인 퇴직은 법인세법 시행규칙 제22조 ③항의 규정에 의한다.

법인세법 시행규칙 제22조 ③항에 있는 퇴직금 중간정산 사유를 정리하면 1) 무주택자가 본인명의 주택을 구입하는 경우 2) 임원이나 그 부양가족(배우자, 자녀, 생계를 같이 하지 않는 임원의 부모, 배우자의 부모)이 3개월 이상 치료, 진단, 요양이 필요한 경우 3) 천재지변에 해당하는 경우이다.

현실적 퇴직이 아닌 사유로 중간정산을 하는 경우 가지급금으로 볼 수 있다. 그러므로 현실적 퇴직에 해당하지 않는 경우 퇴직금 중간정산을 피해야 한다.

[임원과 근로자 퇴직금 중간정산 사유의 비교]

근로자 (퇴직급여 보장법 제8조 ② 항)	임원 (법인세법 시행규칙 제22조 ③ 항)
무주택자의 주택구입	무주택자의 주택구입
6개월 이상 요양 및 연간 임금총액 12.5%초과 의료비 지출	3개월 이상 치료
채무자 회생 및 파산	천재지변

퇴직금 중간정산 이후 기간에 대해 퇴직금을 받을 수 있다.

과거 퇴직금을 연봉제로 전환하는 조건으로 중간정산을 한 임원이 또다시 퇴직금을 받을 수 있는지는 최근 질의한 국세청 예규 (서면-2017- 법인-0411)를 참조하여 판단해야 한다.

연봉제를 호봉제를 변경하는 시점을 기준으로 퇴직금을 발생할 수 있을 것으로 판단되며 연봉제에서 호봉제로 전환하는 이사회 의사록 또는 주주총회 의사록을 작성해 두어야 한다.

국세법령정보시스템
National Tax Law Information System

질의회신

| 세 목 | 법인 | 문서번호 | 서면-2017-법인-0411 | 생산일자 | 2017.06.22 |

제 목

임원 퇴직금 중간정산 후 퇴직연금 불입액 손금 여부

요 지

내국법인이 임원에 대한 급여를 연봉제로 전환하면서 향후 퇴직금을 지급하지 아니하는 조건으로 그 때까지의 퇴직금을 청산하여 지급하고 추후 주주총회에서 임원의 급여를 연봉제 이전의 방식으로 전환하되 그 전환일로부터 기산하여 퇴직금을 지급하기로 결의한 경우 퇴직연금 손금산입 가능함

회 신

내국법인이 임원에 대한 급여를 연봉제로 전환하면서 향후 퇴직금을 지급하지 아니하는 조건으로 그 때까지의 퇴직금을 청산하여 지급하고 추후 주주총회에서 임원의 급여를 연봉제 이전의 방식으로 전환하되 그 전환일로부터 기산하여 퇴직금을 지급하기로 결의한 경우,

내국법인이 임원에 대하여 「근로자퇴직급여보장법」에 따른 확정기여형 퇴직연금을 설정함에 따라 지출하는 부담금은 「법인세법 시행령」 제44조의2제3항에 의하여 손금에 산입하되 퇴직시까지 부담한 부담금의 합계액을 임원의 퇴직급여로 보아 같은 법 시행령 제44조제4항을 적용하는 것이며, 내국법인이 임원에 대하여 「근로자퇴직급여보장법」에 따른 확정급여형 퇴직연금을 설정함에 따라 지출하는 부담금은 「법인세법 시행령」 제44조의2제4항에 따라 손금산입하는 것입니다.

이 경우에도 법인이 임원에 대한 퇴직금을 정관의 위임규정이 없이 이사회결의로 정한 퇴직급여규정에 의해 지급하는 경우 「법인세법 시행령」 제44조제4항제1호의 규정을 적용하지 아니하고 같은 항 제2호에서 정하는 금액을 한도로 손금산입하는 것입니다.

관련법령 법인세법 시행령 제44조【퇴직급여의 손금불산입】

임원이 퇴직금을 현행 소득세법에 규정한 한도만큼 수령하려면 정관 또는 정관에서 위임한 별도의 퇴직급여 지급규정이 있어야 한다. 퇴직금은 퇴직소득세로 분류과세 되고 연분연승법이 적용되므로 절세 효과가 매우 크다. 그러므로 적법한 규정을 잘 정비해 두어야 한다.

06.

임원의 사망과 정기보험

최대주주이자 CEO인 대표가 사망하면 어떻게 될까? 종업원은 근로기준법이나 산업재해보상법으로 법적인 보호를 받는다. 하지만 임원은 산재가입 대상이 아니므로 법인 스스로 임원 유고에 대비한 정관규정을 제정하여 회사의 주요 인적자원인 임원을 보호할 수 있는 법적 제도를 마련하여야 한다.

근로기준법 82조(유족보상) ①항 근로자가 업무상 사망한 경우에 사용자는 근로자가 사망한 후 지체없이 그 유족에게 평균임금 1,000일분의 유족보상을 하여야 한다. 산업재해보상법에서는 유족급여, 요양급여, 휴업급여, 장해급여 등 업무상 사고 시 체계적인 보상금을 지급하도록 법제화되어 있다.

하지만, 임원에 대한 보상은 별도의 규정을 두지 않고 있다. 물론, 임원은 사용자이기 때문에 보호할 의무는 없지만, 법인의 구조가 사적 자금의 사용을 허용하지 않는 공적 기능이 강하기 때문에 회사는 임원에 대한 보장을 마련해 두는 것이 필요하다.

법인 대표의 상속세 준비는 필수다.

특히, 대부분 주주이면서 CEO인 중소법인의 경우 CEO 유고에 대비한 보장은 필수적이다. 법인 CEO의 유고 시 CEO가 보유한 주식은 상속인에게 상속되고, 그에 따른 상속세는 현금으로 납부하여야 한다.

원칙적으로 비상장 주식의 물납을 허용하지 않기 때문이다. 다만, 해당 비상장주식 외에 다른 상속재산이 없거나 상속 재산 중 국공채 등 국내 소재 부동산으로 물납에 충당하고도 부족한 금액이 있으면 해당 금액의 한도 내에서 물납을 허용한다. 부연하면, 비상장주식 이외의 모든 재산을 상속세로 납부하고 모자란 경우 물납으로 받는다.

당기순이익 증가 시 주식 평가금액도 증가한다.

비상장 주식이 높게 평가되는 이유는 주식 평가 방식 때문이다. 순손익 가치를 평가할 때 당기순이익의 10배를 3년간 가중 평가하는 방식이다. 간략하게 정리하면 당기순이익이 3년간 5억인 법인의 평가액은 50억이다.

중소법인의 당기순이익은 대표가 왕성하게 일할 땐 높게 평가되지만, 사망하게 되면 사업에 대한 존망을 예측할 수 없다. 즉, 비상장주식의 가치는 대표가 살아있을 때를 기준으로

평가하기 때문에 높게 평가되는 것이고, 사망이후 주식 가치
는 줄어들 수밖에 없는 구조다. 기업의 자산은 대부분 비유동
자산 또는 유동자산 중에서도 매출채권이나 재고자산이 대부
분이라면 실제 가치는 낮을 수밖에 없다.

[비상장주식 가치 평가 예시. 일반법인, 영업권 평가 제외]

순자산가치 (재무상태표)		순손익가치 (손익계산서)		순자산가치 (재무상태표)		순손익가치 (손익계산서)	
자산 100억	부채 80억	당기 순이익	5억원	자산 100억	부채 80억	당기 순이익	1억원
	자본 20억	순손익가치 50억			자본 20억	손손익가치 10억	
[(20억 ×2) + (50억 ×3)] / 5 = 주식가치 38억				[(20억 ×2) + (10억 ×3)] / 5 = 주식가치 14억			
대표 생존시 회사의 주식가치 38억				대표 사망시 회사의 주식가치 14억			

사례와 같이 부채비율이 400%이고, 순자산(자산-부채)이
20억인 회사가 3년간 가중평균한 당기순이익이 5억이라면
주식가치는 38억으로 평가된다. 상속세 과세표준이 30억을
초과하면 상속세율은 50%를 부담해야 한다. 대표 사망이후
매출액이 줄어들어 3년간 가중평균한 당기순이익이 1억으로

줄어든다면 주식가치는 14억으로 줄어든다. (유의 : 비상장 주식 평가 시 순자산의 80%를 최저 평가금액으로 함. 이때 기준 평가금액은 16억임)

법인 대표의 부재는 은행대출상환, 가지급금 상환, 상속세 납부 등으로 인한 법인 유동성에 문제를 발생시켜 법인 운영 능력이 축소되고, 기업은 존폐의 위기라는 치명적 리스크가 발생한다. 그러므로 유가족의 안정적인 생활 유지와 기업의 영속을 위해 CEO의 유고에 대비한 준비는 반드시 필요한 일이다.

근로자는 산재보험, 임원은 정기보험으로 준비해라.

근로자가 퇴직할 때 퇴직금을 보장하기 위해 국가는 퇴직연금 가입을 권장하고 있고, 사업장에서 일어나는 사고와 재난을 보장하기 위해 산재보험과 더불어 단체보장성 보험도 강제하고 있다. 하지만 회사와 운명을 같이하는 CEO에 대한 보장은 법인 스스로 준비할 수밖에 없다. 대표적인 보험이 정기보험이다.

정기보험 전액 비용 처리할 수 있다.

예전에는 정기보험을 전액 손금산입하는 것에 대해 세무사들 마다 이견이 있었지만, 최근 국세청 예규 서면-법인-2020-03181(2020. 8. 14)에 의거 전액 손금처리 하는 세무사들이 늘어나고 있다. 또한 보험사들이 회계증빙용 납입증명서를 발급해 줌으로써 비용처리가 일반화되고 있다.

정기보험은 만기 시 해약환급금이 없는 소멸성 보험이지만, 보험의 기능을 잘 이용하면 CEO 리스크 관리에 매우 유용한 선택이 될 수 있다. 보험료를 불입하는 동안 불입금액을 전액 손금처리하고 일정한 기간(환급금이 100% 시점)이상이되면, CEO를 위한 퇴직금으로 활용하면 되고, CEO의 유고 시에는 기업의 유동자금 또는 퇴직금(퇴직위로금 포함)으로 활용하면 된다.

임원이면서 주주인 대표가 사망하게 되면 주식은 유족에게 상속이 되고 상속세는 현금으로 납부해야 한다. 비상장 주식의 평가 금액은 실질적인 자산의 가치보다 높게 평가되는 경우가 많아 상속세 대비가 필수적이다. 종업원의 사고나 질병을 단체보험으로 준비하듯이, CEO를 위한 정기보험으로 상속세 대비가 필요하다.

~ 3장 ~
법인 주식의 이전

법인 주식의 이전

01.

비상장주식 관리와 양도

비상장 주식을 이전하게 되면 주식이전에 따른 양도소득세 부담이 만만치 않다. 비상장 주식은 시장거래 가격이 없으므로 세법에서 정한 보충적 평가방법을 이용하여 주식가치를 평가한다. 회사의 자산가치보다 손익가치(당기순이익)에 대한 평가 가중치가 더 높으므로 조금만 노력한다면 주식이전에 따른 세금부담을 얼마든지 줄일 수 있다.

회사 설립 시 공동으로 투자한 주주의 주식을 인수할 때, 회사 설립 시 직원에게 배분해 준 주식을 인수할 때, 명의신탁 해지 요건을 충족하지 못한 명의신탁 주식을 인수받을 때, 자식 또는 배우자에게 CEO의 주식을 증여할 때 등등 비상장 주식을 이전할 때 주식가치를 평가하여야 하고 평가된 금액에 따라 세금이 결정된다.

비상장주식의 가치는 재무상태표와 손익계산서에 있다.

주식가치 관리는 주식변동을 통한 소유권의 변화, 주식 증여를 통한 절세, 상속 발생 시 상속세 부담을 줄이기 위해 매우 중요하다. 상장주식(유가증권시장, 코스닥시장)은 평가기준일 전후 2개월 종가 평균으로 평가하고, 비상장주식은 평가기준일 현재 사례 가액 등 시가가 확인되지 아니한 경우 상증세법상 보충적 평가방법을 활용하여 기업 재무상태표의 순자산 가치(자본)와 순손익가치(순이익)를 가중평균 하여 평가한다.

비상장 중소법인의 경우 주식거래 사례가 없어 보충적 평가방법으로 평가하게 되면 주식가치는 기업 내부 요인에 의하여 평가되므로 예측 및 관리가 가능하다.

[비상장주식 보충적 평가방법]

구분	산정방법
순자산 가치	평가기준일 현재 법인의 순자산(자본) 가액
순손익 가치	최근 3년간 가중평균 순손익액 [1년전 순손익 ×3 + 2년전 ×2 + 3년전 ×1] ÷ 6

순자산가치와 순손익가치의 적용 비율은 회사의 자산총액 중 부동산이 차지하는 비율에 따라 결정된다.

회사 자산 중 부동산 비중이 50% 미만인 기업은 순손익 가치를 60% 적용하고, 순자산 가치를 40% 적용한다. 부동산 비중이 50% 이상 80% 미만인 기업은 순손익 가치를 40%, 순자산 가치를 60%로 적용하고 부동산 비중이 80% 이상인 경우 순자산가치의 100%를 적용한다. 다만, 순자산 가치의 80%를 평가 하한선으로 설정하고 있다.

[비상장주식 가치평가]

자산 중 부동산 비율	가중 평균	
	순자산 가치	순손익 가치
50% 미만	40%	60%
50%이상	60%	40%
MAX(주당 가중평균액 or 주당 순자산가치의 80%)		

주식 평가 관리는 당기순이익 관리와 지속적인 배당이다.

주식가치는 시간을 두고 당기순이익을 조절함으로써 조정할 수 있다. 주식가치 평가에서 1년전 순손익액의 비중(3배 가중치)이 가장 높기 때문에, 해마다 당기순이익을 떨어뜨리면 주식가치는 점점 줄어들게 된다.

주식 가치를 떨어뜨리기 위해 일시적으로 배당하는 것은 배당소득세(6% ~ 45%)의 부담이 너무 크다. 배당소득세 부담을 낮추면서 순자산가치를 떨어뜨리기 위해서는 지속적인 배당을 활용하는 것이 좋다. 주식의 양도소득세는 20% ~ 25%인데, 1억 이상의 배당은 35% 이상의 세금을 부담해야 한다.

또한, 주식평가 금액의 하한선을 순자산 가치의 80%로 설정한 것을 고려한다면, 일시적인 배당을 통한 관리보다 매년 정기배당을 통한 꾸준한 관리가 필요하다.

[비상장주식 평가 사례]

구분	재무상태표		손익계산서	
[부동산 비중 50% 이하 법인]				
재무현황	자산 100억	부채 50억 자본 50억	1년전	6억원
			2년전	5억원
			3년전	2억원
순자산가치	100억(자산) − 50억(부채) = 50억(자본)			
순손익가치	[(6×3) + (5×2) + (2 ×1)] ÷ 6 = 5억 5억 × 10(순손익가치 환원율) = 50억			
가중평균	(50억 × 2) + (50억 × 3) ÷ 5 = 50억			

구분	재무상태표		손익계산서	
[당기순이익 조정 후 2년 경과]				
재무현황	자산 104억	부채 50억 자본 54억	1년전	1억원
			2년전	3억원
			3년전	6억원
순자산가치	104억(자산) − 50억(부채) = 54억(자본)			
순손익가치	[(1×3) + (3×2) + (6 ×1)] ÷ 6 = 2.5억 2.5억 × 10(순손익가치 환원율) = 25억			
가중평균 적용평가	(54억 × 2) + (25억 × 3) ÷ 5 = 36.6억 순자산 가치의 80% = 43.2억			

성장하는 회사는 시간이 경과할수록 순자산가치와 순손익 가치가 증가하는데 회사 가치의 증가는 주식의 양도에 따른 세금 부담을 증가시킨다. 주식양도에 따른 적용세율은 중소기업의 경우 10% ~ 25%인데, 대주주의 경우 20% ~ 25% 이다. (중소기업 대주주 : 지분율 4% 또는 주식 보유 가치 3억) 즉, 대주주의 경우 주식이전에 대한 비용은 20%이상의 세금 부담을 고려하여야 한다.

[비상장주식 양도 시 양도소득세율]

비상장주식		세율
대주주 이외		10%
대주주	과표 3억 이하	20%
	과표 3억 초과	25%
단, 중견기업 대주주 1년 미만 보유		30%

주식이전에 따른 세금 부담을 줄이기 위해서는 앞에서 살펴보았듯이 두가지 측면을 검토하고 관리해 나가야 한다. 즉, 재무상태표의 순자산을 줄이기 위한 노력과 손익계산서 당기순이익을 줄이는 노력이 선행되어야 한다.

재무상태표의 계정과목을 관리하고 손익계산서의 비용 항목을 관리하자

회수 불가능한 매출채권에 대한 대손상각, 지속적인 배당의 실시로 회사의 자산은 줄어들고 부채가 늘어나게 되어 회사의 순자산가치를 줄일 수 있다.

손익계산서상 순손익가치를 줄이기 위해 판매비 및 관리비의 관리가 필수적이다. 임원 및 직원의 급여 증대, 광고선전비 및 접대비(기업업무추진비)를 세법상 허용 한도까지 사용, 임직원을 위한 소멸성 보험 가입 등을 검토할 필요가 있다.

주식의 양도 시 특수관계자(직계 존비속)의 저가 양수도 거래는 5%미만, 특수관계자가 아닌 타인의 경우 30% or 3억 미만 中 적은 금액을 기준으로 양수도가 가능한다. 그러므로, 주식의 양도를 고려하고 있다면, 지속적인 주식가치 관리와 저가 양도 가능성을 검토하여 결정하면 세금 부담을 줄일 수 있다.

비상장 주식에 대한 관리는 주식이전 및 상속 증여 시 세금을 줄이기 위한 수단이 될 수 있으므로 관심을 가져야 하고, 주식관리는 법인 이익의 환원과도 일치한다. 합리적 급여의 책정, 주주 배당을 통한 주주 이익의 실현은 자연스럽게 주식 가치를 조정하는 방안이 된다.

법인 주식의 이전

02.

가업 상속

중소기업 최대주주이면서 대표인 *CEO*가 사망하게 되면 고율의 상속세가 부담될 확률이 매우 높다. 정부는 중소기업의 원활한 가업승계를 돕기 위해 정상적인 승계인 경우 최대 *600억원*까지 상속공제를 하고 있는데 가업상속에 대한 요건을 잘 충족하면 상속세 부담을 현저히 줄일 수 있다.

중소기업을 물려주는 경우 보충적 평가방법으로 주식가치를 평가한다. 상속세를 납부하고 나면 실질적으로 사업을 계속하지 못할 수 있다. 이를 개선하기 위해 세법에서는 10년 이상 사업을 하던 CEO가 사망하면서 물려준 사업장을 그 상속인이 사업을 승계하는 경우 일정 요건을 갖추면 상속세를 줄여주는 가업상속공제 제도를 두고 있다.

가업상속공제를 활용하면 상속세를 현저하게 줄일 수 있다.

가업상속공제는 1997년 중소기업의 원활한 가업상속을 돕기 위해 도입되었는데 매년 요건이 완화되는 추세로 제도

를 변경하고 있다. 특히 2022년 개정세법은 가업상속공제에
대한 실효성을 높이기 위해 가업상속의 지분요건, 공제한도,
사후관리 요건을 대폭적으로 완화하여 가업상속공제에 대한
관심을 높였으며 향후 가업상속공제를 적용받는 기업이 점점
늘어날 것으로 기대된다.

[가업상속공제 관련 주요 변경 내용]

구분		이전	2023년 이후
기업	자산 및 매출	4,000억미만	5,000억미만
	공제한도	200억 ~ 500억	300억 ~ 600억
피상속인	최대주주지분	50%	40%
사후관리	기간	7년	5년
	고용유지	7년 100%	5년 90%

매출액 5,000억 미만의 중소기업 또는 중견기업으로서 실
효가업에 직접 사용되는 재산만 가업상속재산 공제 대상으로,
가업 영위기간에 따라 최저 300억에서 최대 600억까지 상속
공제를 해줌으로써 상속세 부담을 크게 경감시켜준다.

가업영위기간	공제한도
10년이상 ~ 20년 미만	300억
20년 이상 ~ 30년 미만	400억
30년 이상	600억

가업상속공제 기업은 3가지 요건을 충족해야 한다. 중소기업으로서 피상속인이 10년 이상 계속하여 경영한 기업, 상속개시일이 속하는 과세연도의 직전 사업연도 말 현재 '조세특례제한법 시행령' 제2조에 따른 중소기업, 중소기업을 영위하는 법인의 최대주주인 경우로서 그와 친족 등 특수관계에 있는 자의 주식 등을 합하여 해당인의 발행주식 총수의 40% 이상의 주식을 소유하면 된다.

피상속인은 상속개시일 현재 거주자이면서 중소기업을 10년 이상 경영한 자, 가업의 영위기간 중 50%이상의 기간을 대표이사로 재직하거나, 상속개시일부터 소급하여 10년 중 5년 이상의 기간을 대표이사로 재직하여야 한다.

가업을 물려받을 상속인의 요건도 충족해야 하는데, 상속인은 18세 이상이면서 상속개시일 2년 전부터 계속하여 직접 가업에 종사해야 하지만, 천재지변, 화재 등 인재로 인한 피상속인의 부득이한 사유가 있는 경우 예외를 인정하고 있다. 상속인은 상속세 신고기한까지 임원으로 취임하고, 신고기한부터 2년 이내 대표이사로 취임하면 된다.

가업상속공제는 사후관리가 핵심이다.

10년 이상의 사업을 영위하면 가업상속공제를 받을 수 있는 요건을 충족하는 것은 어렵지 않다. 하지만 가업상속 이후 가업상속에 대한 사후관리 요건을 충족하는 것이 매우 중요하다. 가업상속공제를 적용받은 중소기업은 상속이 개시된 이후에 5년 동안 사후관리 의무를 이행해야 한다. (단, 2022년 12월 31일 이전에 상속이 개시된 기업은 7년, 2019년 12월 31일 이전 기업은 10년) 해당 기간 이내에 의무사항을 위반한 경우에는 공제받은 세금을 모두 반환해야 한다.

사후관리 요건을 크게 3가지로 구분할 수 있다. 사업용 자산 처분금지, 상속인 가업 종사 및 지분 유지 그리고 고용유지 요건이다. 원활한 가업승계와 가업상속공제를 통한 상속세 부담을 줄이기 위해서는 고용유지 요건에 대한 검토가 매우 중요하다. 성장하는 회사이거나 사람이 지속적으로 필요한 기업의 경우 고용유지 요건에 대한 부담은 별로 없다. 하지만, 사람보다는 기술에 투자하고 시설 투자를 많이 해야 하는 기업의 고용유지 요건은 매우 신중하게 검토하여 가업상속공제를 받을 것인가를 생각해야 한다.

[가업상속공제 대상 기업 사후관리 요건]

구분	상세요건
사업용 자산처분 금지	사업용 자산의 40%(상속개시일부터 5년 이내에는 10%) 이상을 처분한 경우
상속인 가업 종사 및 지분유지	상속인이 대표이사 등으로 종사하지 않는 경우 가업의 주된 업종을 변경하는 경우(대분류 내 업종변경 허용) 해당 가업을 1년이상 휴업하거나 폐업하는 경우 주식 등을 상속받은 상속인의 지분이 감소된 경우
고용유지	상속개시 된 소득세 과세기간 말 또는 법인세 사업연도 말부터 5년간 정규직 근로자 수의 전체 평균이 기준고용인원 90%에 미달하고 5년간 총급여액의 전체 평균이 기준총급여액 90%미달하는 경우(5년 후에 판단함)

가업상속대상 기업은 가업상속공제 대신 납부유예제도를 활용할 수 있다.

가업상속공제대상 기업으로 가업상속공제를 적용받지 않는 기업은 상속세 납부유예제도를 활용할 수 있다. 2023년 1월 1일 이후 상속개시되는 가업상속공제대상 기업을 위해 신설된 제도로서 상속인이 상속받은 가업상속재산을 양도, 상속, 증여하는 시점까지 상속세를 납부유예해주는 제도이다. 사후관리에 대한 부담을 가지는 가업상속기업의 경우 납부

유예를 활용하면 시간을 두고 상속세 납부재원을 마련할 수
있다.

가업승계 상속세 납부유예
가업상속공제 요건을 충족하지만
공제 혜택을 받지 않은 중소기업은
기업승계 상속세 납부유예 제도를
이용할 수 있습니다.

원활한 가업 상속을 위해 중소기업 또는 중견기업을 대상
으로 가업상속공제 제도를 시행하고 있다. 요건을 갖춘 가업
상속공제 대상 기업은 가업상속공제를 선택하거나 가업 승계
에 따른 상속세 납부유예 제도를 선택할 수 있으므로 가업상
속에 대한 준비가 필요하다.

법인 주식의 이전

03.

가업 승계 주식증여세 과세특례

회사를 물려줄 자녀가 근무하고 있다면 주식 증여를 통해 회사에 대한 책임감을 부여함은 물론 회사의 성장 시 상속세 부담을 줄일 수 있는 좋은 전략이다. 최근 매출이 늘고 있고 가업을 물려줄 생각이 있다면 증여세 과세 특례 제도를 활용하면 증여세 부담을 현저하게 줄일 수 있다.

회사가 안정적으로 운영되고 있고, 향후, 성장 가능성이 기대된다면 자녀에게 회사의 주식을 물려주는 것은 절세 측면뿐만 아니라 회사의 성장에 기여할 자녀에게는 크나큰 동기 부여가 된다.

하지만, 비상장 주식을 증여하는 것은 유동화가 어렵고, 배당에 대한 니드가 크지 않은 중소기업의 경우 주식에 대한 증여세 부담이 고민스럽다.

가업 승계를 위한 주식 증여는 세금을 현저하게 줄일 수 있다.

가업승계를 돕는 제도로 가업상속공제는 중소기업 대표가

사망할 때 승계를 도와주는 제도라면, 생전에 기업을 물려받을 자녀에게 주식을 증여함으로써 가업승계를 돕는 증여세 과세 특례 제도가 있다. '증여세 과세특례'는 가업에 해당하는 주식을 사전에 증여할 때 일정 요건을 충족하면 증여세를 10%~20%의 세율로 적용받을 수 있는 특례다.

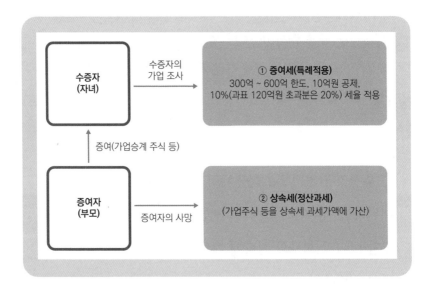

증여세 과세특례 역시 2022년 세법개정으로 한도가 확대되고 요건이 완화하는 방향으로 개선되었다. 증여자의 요건은 60세상, 중소법인의 최대주주로 10년 이상 계속하여 가업을 경영, 특수관계자 포함 해당 가업 법인의 발행주식 총수의 40%(상장법인 30%) 이상 소유한 자이다.

증여세 과세특례 요건은 가업상속공제 요건과 비슷하다.

수증자의 요건은 18세 이상의 자녀 또는 자녀의 배우자 1인이 증여받은 달로부터 3월 이내에 가업에 종사하고 증여일로부터 3년 이내 대표이사 등에 취임하여 5년 동안 대표이사직을 유지하면 된다. 증여세 과세특례의 한도는 가업상속공제와 동일한 한도(가업영위기간별 : 300억 ~600억)로 증여세 계산 시 10억 공제 후 120억 이하는 10%, 120억 초과는 20% 세율을 적용한다.

[증여세 과세특례 주식 증여 시 세부담]

증여가액	증여공제	과세표준	적용세율	증여세
10억	10억	0	0	0
70억	10억	60억	10%	6억
150억	10억	140억	20%	28억

위의 표와 같이 중소기업의 증여세 과세 특례를 활용하면 주식가치가 높은 기업도 세부담을 크게 줄여서 주식을 증여할 수 있다. 증여세 신고 방법은 증여세 신고기한(3개월)까지 과세표준 신고서와 함께 주식 등 특례신청서를 납세지 관할 세

무서장에게 제출하여야 하며, 신고기한까지 신고하지 아니하면 과세특례 적용을 받을 수 없다. 증여세 과세특례를 적용받았다 하더라도 수증자가 증여일 이후에 정당한 사유 없이 사후의무 요건을 이행하지 아니한 경우에는 증여세가 부과된다.

[수증자 요건]

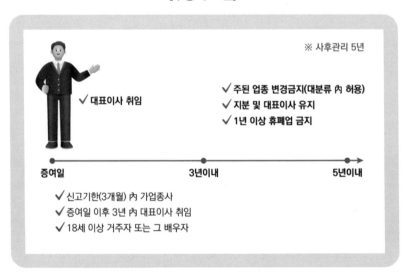

일반 재산의 증여는 10년이 지나면 상속재산에 합산하지 않지만, 증여세 과세특례가 적용된 증여재산가액은 증여 기한에 관계없이 모두 상속세 과세가액에 가산하여 상속세로 정산하는 특징이 있다.

하지만, 증여세 특례대상인 주식 등을 증여받은 후 상속이 개시되는 경우, 상속개시일 현재 가업상속 요건을 모두 갖춘 경우에는 가업상속공제도 받을 수 있기 때문에 가업상속 요건을 갖추어 놓으면 세금 없이 증여한 주식에 대해서 상속세도 면제가 된다. 그러므로 세 부담이 전혀 없는 10억 원까지는 증여하는 것을 검토해야 한다.

증여세 과세특례 제도를 활용하면 증여세 부담을 현저하게 줄여 주식을 증여할 수 있다. 가업을 승계할 계획이 있고 자녀가 회사에 근무하고 있다면, 주식 증여로써 자녀에게 회사 성장에 대한 동기 부여와 더불어 상속세 절세도 가능하므로 충분히 고려할 만한 제도이다.

법인 주식의 이전

04.

자기주식 취득과 증여 후 이익소각

법인은 자기회사의 주식을 취득할 수 있다. 법인 주주는 회사
에 자기의 주식을 매도할 수 있다는 것이다. 주식 이전에 따라 양
도소득세 또는 배당소득세를 납부해야 한다. 배당소득세보다 주
식 양도에 대한 양도소득세 부담이 낮다. 또한, 배우자에게 주식을
증여한 후 회사에 양도할 수도 있다.

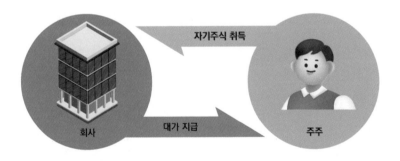

과거에는 비상장법인의 경우 자기주식 취득과 처분을 허
용하지 않았다. 하지만, 2011. 4. 14(시행 2012. 4. 15일) 상
법을 개정하여 상장법인과의 형평성을 고려하여 자기주식을
자유롭게 취득할 수 있도록 하고 취득한 자기주식도 무기한
보유할 수 있도록 하였다.

회사에 주식을 매도하여 자금을 유동화 할 수 있다.

자기주식취득이란 주식회사가 자기가 발행한 주식을 주주로부터 취득하는 것을 말한다. 시장에서 사실상 거래하기 힘든 비상장주식을 회사 자금으로 매매가 가능하다는 것은 주주 자산의 유동화 측면에서는 매우 유익한 일이다.

[자기주식 취득에 대한 주요 상법 규정]

> **상법 제341조(자기주식의 취득)** ① 회사는 다음의 방법에 따라 자기의 명의와 계산으로 자기의 주식을 취득할 수 있다. 다만, 그 취득가액의 총액은 결산기의 대차대조표상의 순자산액에 서 제462조 제1항 각 호의 금액을 뺀 금액을 초과하지 못한다.
>
> **상법 제342조(자기주식의 처분)** 회사가 보유하는 자기의 주식을 처분하는 경우에 다음 각 호의 사항으로서 정관에 규정이 없는 것은 이사회가 결정한다.

매매를 목적으로 한 자기주식 취득은 양도소득세가 부과된다.

자기주식의 취득목적에 따라 세목과 세금부담이 달라진다. 매매(손익거래)를 목적으로 자기주식을 취득하게 되면 양도소득세가 과세된다. 예를 들면 경영권 강화, 보유 후 매각

목적, 임직원 상여 또는 주식매수선택권 지급 목적 등으로 취득하는 경우이다.

소각(자본거래)을 목적으로 자기주식을 취득하게 되면 배당소득세가 과세된다. 자본금 또는 이익잉여금을 재원으로 주식을 소각하기 때문에 배당의 효과가 발생한다.

중소기업 자기주식 취득에 대한 세금 분쟁

중소기업은 절세 측면에서 자기주식 취득을 매매 목적으로 취득하였다. 그러나 현재까지 자기주식 취득에 대한 세법상 논란은 지속되고 있는데 이 논란의 핵심은 세금 부담의 문제로 자기주식 취득을 매매로 볼 것인가 또는 소각으로 볼 것인가 하는 문제다.

국세청은 자기주식 취득을 거래의 실질내용에 따라 매매

거래인지 소각거래인지의 판단한다는 모호한 입장을 취하고 있다. 또한 세무 당국이 이익소각을 한 법인을 대상으로 배당소득세를 부과한 다수의 사례가 있어 계속적으로 논란이 되고 있다.

[비상장 주식 양도소득세 변천]

구분			2015년 이전	2016년 ~2017년	2018년 ~2019년	2020년 이후
대주주	중소기업	상장·비상장	10%	20%	20%	과세표준 3억원 이하 20% 3억원 초과 25%
	중소기업 外	상장·비상장	20%		과세표준 3억원 이하 20% 3억원 초과 25%	
		1년미만 보유	30%			
대주주 外	중소기업	상장 & 장외 거래 비상장	10%			
	중소기업 外	상장 & 장외 거래 비상장	20%			

※ 비상장 중소기업의 대주주 기준 :
지분 4% or 시가총액 10억원 (소득세법 시행령 167조 8)

자기주식에 취득에 대한 양도소득세 상향 조정

중소기업이 2015년 이전 자기주식을 대주주로부터 취득한 경우 양도소득세는 10%로 종합소득세 대비 절세효과가 매우 높았으나 2016년 이후 주식 양도 시 20% ~ 25%의 세금 부담을 해야 한다. 양도소득세율 인상은 자기주식 취득에 대한 절세 효과가 줄어들게 하였고, 자기 주식 취득에 대한 논란은 점진적으로 줄어들 것으로 판단된다.

세금 부담을 줄이기 위해 실행한 자기주식 취득(손익거래)

이 국세청으로부터 부인 당하지 않으려면 자기주식취득과 관련한 명확한 근거와 규정을 만들어야 한다. 자기주식 취득은 배당가능이익의 범위 내에서, 각 주주가 가진 주식 수에 따라 균등한 조건으로 취득하고 상법상 절차를 철저히 준수하여야 한다.

[자기주식 취득에 대한 상법상의 절차]

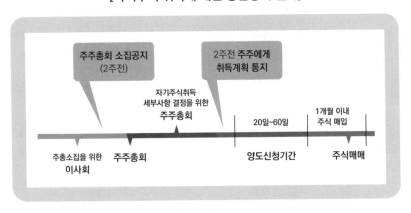

자기주식 취득에 따른 자금의 귀속은 분명히

자기주식 취득으로 유동화한 자금은 주식을 양도한 자에게 귀속되어야 하며 이를 대표이사의 가지급금 상환 목적으로 사용하지 않아야 한다.

또한, 보충적 평가방법으로 주식가치 평가를 하여 시가로 거래하여야 하며 만약 시가보다 고가로 취득하면 배당소득세, 저가로 취득하면 양도소득세 부당행위 계산부인에 해당될 수 있으므로 유의하여야 한다.

> **소득세법 제101조(양도소득의 부당행위계산)** ②거주자가 제1
> 항에서 규정하는 특수관계인(제97조의2제1항을적용받는 배우
> 자 및 직계존비속의 경우는 제외한다)에게 자산을 증여한 후 그
> 자산을 증여받은 자가 그 증여일부터 5년 이내에 다시 타인에
> 게 양도한 경우로서 제1호에 따른 세액이 제2호에 따른 세액보
> 다 적은 경우에는 증여자가 그 자산을 직접 양도한 것으로 본다.
> 다만, 양도소득이 해당 수증자에게 실질적으로 귀속된 경우에
> 는 그러하지 아니하다.

세금을 현저하게 줄 일 수 있는 배우자 증여 후 자기주식 매매

양도소득세 절세는 양도차익을 줄여야 가능한데 배우자 증여를 활용하면 취득가액을 높여 양도소득세를 줄일 수 있다. 부동산을 배우자에게 증여 후 5년 내에 양도하면 배우자 취득시점의 가격으로 양도소득세를 계산한다. 이것을 회피하기 위해 5년 후 양도하면 증여시점 가격으로 취득가격을 계산한다.(소득세법 97조 2)

위와 같은 규정은 부동산에만 적용되었으나 2020. 12. 29

일 기준 소득세법이 개정되면서 주식 등에도 배우자에게 증여 받은 주식을 1년이내 양도하면 취득가액을 증여가액으로 인 정받을 수 있게 되었다.

> **소득세법 제87조의 13(주식 등 필요경비 계산)** ①거주자가 양 도일로부터 소급하여 1년 이내에 그 배우자로부터 증여받은 주 식 등에 대한 양도소득금액을 계산할 때 양도가액에서 공제한 필요경비는 그 배우자의 취득 당시 제87조의 12 제1항 제1호, 같은 조 제2항 및 제3항에 따른 금액으로 한다.

시가로평가한 주식을 대주주가 배우자에게 6억을 증여하 면 배우자 증여공제가 6억까지이므로 증여세가 과세되지 않 는다.

배우자에게 증여받은 비상 장 주식을 증여받은 증여가액 그대로 양도하면 양도차익이 발 생하지 않아 양도소득세가 발생하 지 않고 양도가격과 취득가격이 같 아 의제배당소득으로 볼 수 없어 배 당소득 역시 과세할 수 없다.

[증여 후 이익소각 프로세스]

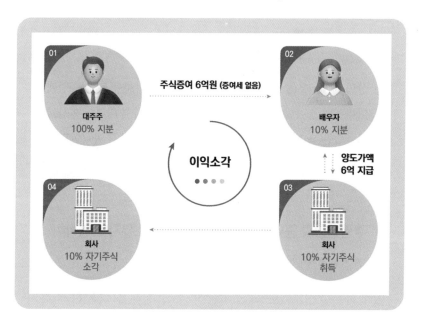

자기주식 소각에 따른 상법의 절차 준수

회사가 취득한 자기주식은 소각이 가능하다. 자본감소의 규정에 의한 감자소각, 주주에게 배당할 이익을 재원으로 하는 이익소각이 있다. 감자소각의 경우 주주총회 특별결의사항이며 채권자보호절차를 반드시 거쳐야 하지만 이익소각은 그러하지 않으므로 일반적으로 자본금 감소가 없고 절차상 덜복잡한 이익소각을 선호한다.

이익소각은 해당기업의 누적된 이익잉여금을 재원으로 하여 기존에 발행한 주식 중 일부를 매수하여 소각하는 것으로 안전하게 소각하기 위해 상법상 절차를 준수하여야 한다.

> **상법 제343조(주식의 소각)** 주식은 자본금 감소에 관한 규정에 따라서만 소각할 수 있다. 다만, 이사회의 결의에 의하여 회사가 보유하는 자기주식을 소각하는 경유에는 그러하지 아니한다.

주권발행과 증여 후 배당을 통해 실질 소유자를 명확히

중소법인의 경우 회사 설립 시 자본금만 납부하고 주권을 발행하는 기업은 드물다. 비상장 주식 거래를 명확하게 하기 위해 주권 발행이 필요한데 매매 또는 증여한 주식을 명확히 구분할 수 있기 때문이다.

배우자 증여 후 배당 등을 통해 실질 소유임을 명확하게 하고 증여일로부터 일정 기간(1년) 경과 후 소각하여야 하며 소각대금에 대한 귀속을 명확하게 하여야 한다.

자기주식 취득은 법인자금으로 대주주의 주식을 유동화할 수 있는 좋은 대안으로 상법 절차에 따라 적법하게 취득하여야 한다. 배우자 등에게 지분 증여를 통해 재산이전에 따른 절세효과도 얻을 수 있다. 또한, 공동 창업자의 지분인수를 위한 방안으로 활용 가능하다.

법인 주식의 이전

05.

법인 이전과 청산

평생을 운영한 회사를 물려받을 자녀가 없다면 법인을 이전하거나 청산의 절차를 거쳐야 한다. 법인 이전은 주식의 양도에 대한 세금을, 청산을 해야 한다면 청산에 따른 절차와 청산소득세 및 잔여재산 분배에 따른 배당소득세를 검토해야 한다.

중소기업을 정리하는 방법은 자산을 매각하여 청산하는 방법과 주식을 이전하는 방식으로 나누어진다. 매각하는 방법은 회사의 자산(부동산, 기계장치, 재고자산, 영업권 등)을 매각하여 현금으로 유동화하고 남은 부채를 상환하고 잔여재산을 주주에게 배분하는 방식이다. 이때는 법인 청산이라는 절차를 거쳐야 한다. 주식을 이전하는 방식은 회사의 자산 및 부채를 고스란히 다른 회사에 넘기고 주식의 양도 대가를 받는 형식이다.

법인 이전과 청산절차에 따른 세금을 비교하자.

회사를 정리할 때 주식을 이전하는 것과 법인 청산절차에 따라 정리하는 것에 대한 세금이 달라진다. 주식이전시에는 양도소득세가 부과되고 청산절차를 거쳐야 할 때는 법인소득세 및 잔여재산 배분에 따른 주주 배당소득세를 납부해야 된다. 회사의 재무상태 또는 기업의 사업 현황에 따라 회사의 정리방법이 다르겠으나, 잔여재산이 많다면 주식을 이전하는 방법이 훨씬 세금 부담을 줄일 수 있다.

[법인 이전과 청산절차 및 세금]

구분	절차	적용세금	비고
주식이전	개인 or 법인간 양수도	양도소득세	20% ~ 25%
자산 매각 후 청산	잔여재산 배분 후 청산	배당소득세	2,000만원 초과 종합소득세 + 건강보험료

주식이전 방식을 선택한다면 비상장 주식의 거래가격은 보충적 평가방법에 의해 결정된다. 그러므로 시간을 가지고 양도소득세 부담을 줄일 수 있는 방법을 찾아야 한다. 이전하는 기업을 이어받아 잘 영위하여 계속기업으로 운영할 수 있는 사업자를 찾아야 하는 숙제 또한 가지고 있다.

주식이전은 저가 양도를 활용하자.

주식이전에 따른 세금 부담을 줄이기 위해 3년간 당기순이익을 줄이는 과정을 거친다면 주식 거래 가격을 떨어뜨릴 수 있다. 또한, 타인과의 거래 시 저가 양도 (30% 또는 3억)를 활용하면 양도소득세를 줄일 수 있다. 다만 특수관계자간 거래에서는 부당행위계산부인(5% 또는 3억이상의 차이가 날 경우 시가로 양도세 계산)이 될 수 있기에 주의해야 한다.

자산 매각 후 청산은 실행 전 잔여재산에 대한 재평가를 하여야 하는데 부동산 특히, 토지의 경우 취득시점의 가격으로 재무상태표에 반영된 경우 현재 시가로 재평가할 경우 회사의 자산가치가 높아지고 이에 따른 법인세 부담도 늘어나게 되므로 장기적인 계획수립이 필요하다.

법인 청산을 위해서는 청산인을 선임해야 한다.

법인 청산 절차는 먼저 관할 세무소에 폐업신고를 하고 과세연도 부가세 및 법인세를 납부해야 한다. 다음은 법원에 가서 법인등기부 등본을 폐쇄하는 청산 종결 등기를 진행해야 한다. 법인의 청산절차를 진행하기 위해 ①해산 및 청산인 선임 및 등기 ②해산 신고 ③공고 ④청산종결 등기를 해야 한다.

청산인이라 청산이 끝나는 시점까지 회사의 대표자 역할

을 하는 사람으로 주주총회 특별결의로 기존 임원이 아니더라도 선임할 수 있다. 청산인은 해산 사유 발생일로부터 2주이내에 본점 소재지 지방법원에 해산사유와 재산목록, 재무제표 등의 서류를 신고해야 한다. 취임 후 2개월 이내 공고방법으로 정한 홈페이지 또는 신문에 채권자에게 청산을 알리기 위해 2개월 이상, 총 2회 이상의 청산 공고를 하여야 한다

[법인 청산 절차]

공고된 채권 신고기간 종료 이후 채무를 변제하고 나면 주주들에게 잔여재산을 배분한다. 이때 주주는 잔여재산 배분에 따른 차익이 발생할 때 배당소득세를 납부해야 한다. 모든 정리 작업이 완료되면 결산보고서를 작성하고 주주총회의 승인을 받은 후 2주 이내에 본점 소재시에 청산종결등기 신청하면 된다. 이로서 법인격은 소멸하고 등기부등본은 폐쇄된다.

법인의 청산은 법인 운영의 결과를 한꺼번에 보상받을 수 있는 좋은 기회다. 타인에게 사업권을 완전히 넘기는 주식이전 방식을 선택할지, 주요 자산을 매각하고 청산을 할지 선택하여야 한다. 다만 부담해야 하는 세금의 규모를 검토하는 것이 선행되어야 한다. 주식 양도소득세를 줄이기 위해 저가양도를 검토할 수 있고, 청산에 따른 배당소득세를 줄이기 위해서 임원 퇴직금을 활용하는 방안을 검토할 수 있다.

은퇴와 자산이전 CEO 자산관리 이야기

초판	1쇄 발행	2023년 6월 28일
개정판	1쇄 발행	2024년 2월 23일

저자 김기홍 김정훈
감수 정원준 세무사
편집·디자인 홍성주
펴낸곳 도서출판 위
주소 경기도 파주시 광인사길 115
전화 031-955-5117~8

ISBN 979-11-86861-34-9 03320